U0085409

月落人天涯

——思情與懷念

何秀煌　著

三民書局

國家圖書館出版品預行編目資料

月落人天涯:思情與懷念／何秀煌著.－－初版一
刷.－－臺北市:三民,2004
面;　公分.－－(人文叢書:1)

ISBN 957－14－4143－0　(平裝)

1.沈宣仁－傳記

782.886　　　　　　　　　　　　　　93017747

網路書店位址　http://www.sanmin.com.tw

© **月落人天涯**
—— 思情與懷念

著作人	何秀煌
發行人	劉振強
著作財產權人	三民書局股份有限公司 臺北市復興北路386號
發行所	三民書局股份有限公司 地址／臺北市復興北路386號 電話／(02)25006600 郵撥／0009998－5
印刷所	三民書局股份有限公司
門市部	復北店／臺北市復興北路386號 重南店／臺北市重慶南路一段61號

初版一刷　2004年10月
編　　號　S 811260
基本定價　伍元肆角
行政院新聞局登記證局版臺業字第〇二〇〇號

有著作權‧不准侵害

ISBN　957－14－4143－0　(平裝)

月落人天涯 (代前言)

生命如絲如煙，人生如霧如夢。
沈宣仁先生走了。沒有揮手，也沒有道別。

如絲如煙，故人如此離去。
如霧如夢，故人這樣永別。

如絲如煙，如霧如夢。
思情不斷，懷念無窮。
思情漸遠，形影孤單。
懷念漸深，空虛寂寞。

有什麼言辭可以寫來解除孤單？
有什麼話語可以說出安慰寂寞？

在如絲如煙中，莫非自言自語託付淒淒清風；在如霧如夢裡，怎堪獨白獨話留交冷冷明月？

可是，就在如絲如煙的清風裡，只聞故人逐漸遠去的聲音；又在如霧如夢的明月中，重見故人含笑悠悠歸來。

沈宣仁先生遠遠地離開了，但他卻無時無刻不在我們的身邊。我們再也聽不到他那宏亮明朗的聲音，但他的形影卻永遠存活在我們的內心裡。

八月初的那一天。現在回想起來如絲如煙。雖然遠隔太平洋兩岸，然而如霧如夢的生命演繹卻在天上人間，渾然一體，絲縷相連。

好似在霧樣的夢中，那晚我靜靜地坐在如絲如煙的名湖岸前的路邊。湖畔到處擠滿了人。除了後頭馬路上並排站著的人牆外，人牆內有的盤坐，有的跪蹲；也有的半躺半臥。周圍人群那此起彼落的言語，似懂非懂，增加了一層神祕的輕紗；他們之間你追我逐的談笑，平添夏夜「花火」節日的戲劇氣氛。大家忙著尋找最佳的位置和角度，等待觀看令人興奮，令人著迷，令人陶醉，令人蕭然起敬的煙花。

像是個人的生命一樣，一幕接著一幕的煙花總在人們著急的等待中，姍姍遲來。可是那啟幕的第一陣聲響，第一串顏色和第一道光芒，又那麼出乎人們的逆料，像是突然之間平地冒起，沒

有加以佈置，沒有受人引導。然後，在間續的此起彼落中，在沉寂之後又再躍動，熾熱未去又再冷清的輪迴交替裡，一朵接著一朵的火光，一叢接著一叢的花樣，一響接著一響的浪聲，一團接著一團的流光，一呼接著一呼的讚嘆，一陣接著一陣的喝采，一起接著一起的歡呼，一浪接著一浪的歌頌，一縷接著一縷的如絲如煙，一襲接著一襲的如霧如夢。

回想那天夜晚的煙花，不禁驚訝。並不是沒看過煙花，可是為什麼那個八月初的那個夜晚的煙花，在燦爛的背後，令人感到一份孅細；在熾光的內裡，令人體認一種冷美；在吵雜淺薄的笑聲浪語之外，令人領會到滿山滿谷、滿天滿地的空虛和幽深。那晚，在那靈山之下的名湖的煙花，最是令人著魔，令人入迷，令人沉醉。那晚的煙花也最是如絲如煙，最是如霧如夢。

原來那晚……。

在煙花璀璨的一陣光芒和另一陣璀璨的光芒之間，在人們歡愉喜悅的一片讚嘆和另一片歡愉喜悅的讚嘆之外，在遙遙遠遠的頭上的高空，

在遠離又遠離人間煙火的天上，在清清淡淡的如絲如煙如霧如夢的國度裡，只見不再熟悉，不再成形，不知屬於什麼星座的兩三點稀疏無光的星星。

正在遲疑之間，正在尋思之下，猛然記起：這不是夏秋之交，物換星移的時刻嗎？這樣的夜晚，這樣的時刻，不正是古來傳說中，天上最淒美的戲劇，人間最親愛的期盼嗎？可是今晚，人群這樣興高采烈，湖上如此花火怒放，然而蒼穹何以如此平淡，天上何故這麼清冷？一切為何如此如絲如煙，萬般怎會這樣如霧如夢？

原來……。

最後一幕在湖上的耀眼燦爛終於消失無踪。最後一陣山下的感動呼聲逐漸隱沒平息。可是冷冷的天空仍然如絲如煙，暗暗的星星依舊如霧如夢。

原來……。

原來在那太平洋的彼岸……。

人群散了，黑夜深了。

雲開星萬里。

山城睡了，接著又懶洋洋地在淡淡的第一道晨光中甦醒。

湖是醒了，但是分外的冷清；山是醒了，但卻爽然若失地洗淨粉飾打扮了萬年的明麗潔白的雪妝。可敬的大地為什麼如此黯然失色，可畏的山峰何以突然返璞卸妝？

原來……。

原來在那太平洋的彼岸……。

原來！那個夜晚，在湖邊眾人的讚嘆聲中，遙遙遙遙在一處平靜清寂的人家，家族正在守護著即將永別的親人。原來！那個清晨，正是那位親愛的人永別家族的時刻。

頭上月已西下，人在天涯。

親愛的沈宣仁先生在那太平洋彼岸的加州，在 8 月 5 日入晚時分離我們遠去。那是我們 6 日的上午，煙花過後湖山失色的時刻。

雲開星萬里，月落人天涯。

2004 年 9 月 2 日

月落人天涯
——思情與懷念

【目次】

月落人天涯（代前言） *1*

● 幸會沈宣仁先生——遙遠的接觸 *3*

●《三十年來情與理》的餘音 *34*

● 知識份子的精神飛揚和知識份子的精神墮落：論大學的教育理想、教育行政和教學文化——講沈宣仁先生的故事賀他七十大壽 *48*

● 人性的喜悅——寫在《三十年來情與理》之前 *71*

● 文學院同樂日 *84*

● 院長公開信㈠ *86*

● 院長公開信㈡ *88*

● 一封沒有回音的信 *90*

● 輓歌朗頌的聯想——日記節錄 *112*

● 把目光投向天上！——寫給初進哲學的年輕學子 *150*

● 哲學教給我們什麼？——寫給就讀中學的年輕學子 *152*

● 人生·哲學·人生——寫給哲學系的新同學 *154*

● 充實自己迎接新時代——九七前夕寫贈香港中文大學同學 *156*

● 我們所要的只是一個有情的世界 *159*

● 我們遺忘了多少「人情」？ ——代發刊辭　*161*

● 時移世易話人文——慶祝中文大學建校三十週年獻辭　*165*

● 誰來照顧人文的價值？ ——我們的憂心，我們的呼籲和我們的
　抗議　*167*

● 二十一世紀的人文天地——認識危機，迎接挑戰，開創未來
　172

● 記號文化・多元社會與世界和平——從中國傳統的記號行為
　看世界和平的問題　*183*

● 人生的詩　*209*

交流鄉思之旅　*214*

● 寒山寺的鐘和橋　*215*

● 令我老師魂牽夢繞的成都　*224*

● 成都平原的文思與豪情　*236*

● 青年的思想與老年的制度　*258*

● 清華園裡的沉思　*270*

待焚集——代後語・獻在沈宣仁先生的靈前　*294*

● 懷傷・傷懷・懷念　*295*

銘謝・感激　*325*

　　（附錄一）雲開星萬里──□書人和□書人的情牽小記　*328*

　　（附錄二）空心詞的思考和字頻研究　*333*

　　（附錄三）「空心詞」的引介意義──論構詞函數與構詞規律
　　　　　　　343

教學網頁　*345*

　　（附錄四）教學網頁重整感言　*346*

　　（附錄五）日記例示　*353*

獻給永恆的
沈宣仁先生

　　——也寫給受他精神感召
　　　辛苦堅持自己原則的後人

未曾相識已知音
——密切接觸生敬意

説來神奇，想想好似命運註定。
未曾謀面已知心情，
不待共事早踏後塵。

多少人因為遙遠私淑而結合，
卻因密切共事而分開。

● 幸會沈宣仁先生

——遙遠的接觸

紙上的印象令人傾心，
當面的接觸生發感動。

有誰如此細心對待同仁？
有誰如此熱忱教育學生？
有誰如此謙卑服務大眾？
有誰如此投入不計自我？

1972 年 3 月 9 日在加州莫城首次收到沈宣仁先生的航空信。英文寫的，密密麻麻的打字。小號字體，兩張薄薄的「香港中文大學崇基學院」的航空信箋。發信地址：「哲學與宗教系」（英文）。寫信日期：1972-3-6。信封上朱紅色的沙田郵局郵戳：同日。

展讀此信，印象深刻。兩張信紙的打字，由頭到尾（信尾只留一行的打字空間。再打下去，就會印到打字機的滾筒上。）密密麻麻的字。兩張紙都在左邊各有兩段補充，使用鋼筆反向筆尖寫成。細幼的藍色字跡，與深黑的打字留痕形成明顯對比。信末幾乎沒有空間可以署名簽字。他留下中英各一的簽名。因為絕對沒有了空間，只好不照體例習慣，簽到信的超角落——角落的角落。中文像疊羅漢似

的，壓在英文的右肩上。

沈氏怎會有這樣的細緻與耐心？他哪裡來的這種時間？他也許在午夜過後，他的夜晚我的晨早開始這封長信，否則那時崇基學院地處窮鄉僻野，到沙田交通不便，怎可能信裡的日期和信封上的郵戳同日。沈氏晚睡晚起，加以那時除了擔任「宗教與哲學系」（正式名稱：「哲學與宗教知識學系」）的系主任外，也兼任文學院院長。白天有課要上，有會要開，有同事和學生要諮詢討論，一定沒有那種時間和那份清神，坐在打字機前，安靜地寫這封長信，然後立即著人趕往沙田投郵。

因為是第一次通信，而且是他主動寫的，不是回我的信。他在信上稱呼我「何博士」。他沒有比照和學習他母校芝加哥大學神學院的教員，不管有無博士學位均互稱「先生」、「女士」。（我的母校密西根州立大學的哲學系亦然。他們甚至更進一步，相熟之後，不論男女，不論師生，彼此概用小名，使用暱稱。他們不太熟悉中文的姓名結構，有的稱我為「秀」，有的叫我作「煌」。）

在此，我把正式信件起頭稱呼的「親愛的」，非直譯也非意譯，而只根據「語用」推想，變作「台鑒」。但信裡所用第二人稱代名詞，不採「閣下」，只直稱「你」。

何博士台鑒：

昨日與劉述先博士同座開會，他提起你的事，交給我看你遞交新亞書院的申請書影印本，也有一份你的博士學位證

明。

　　很高興你有意來此。我們剛發出一份 1972-8-1 開始招聘前來講授西方哲學的講師職位的廣告。我附寄一片由昨日的本地報紙剪下的資料，供你參考，也附寄崇基學院的應聘表格一式二張（三張）。我們極為歡迎你來應徵。煩你詳細填寫，並儘快擲寄下列收件人：（略）。

　　讓我略加說明，以釋疑念。(1)你填寫給新亞書院的應徵表格屬於他們的文件，我們雖然可以拿來參考，但卻無法取來應用。所以你還是需要填寫我們的表格。此外，我們所詢問的資料，在他們的表格上未必出現。故希望你不要介意為我們再次動手，重做一次幾乎同樣的事。(2)為便於我們應用，請以中文和英文各填一份。(3)可能的話請在表上填寫出版作品的清單，若不夠地方填寫，則以另紙為之。(4)我們可以取用你交給劉博士的博士學位證明，照片亦然。因此你不必重新再寄。不過，若再寄照片一幀我們也歡迎。(5)煩你請求方東美博士和 G. 梅西博士寄來保密的推荐信。此信寄崇基學院 R. 雷恩先生，他掌理人事事務。倘若密州大學存有你的應徵履歷卷宗，雷恩先生望能獲得一套影印本。

　　對了，我也忘了提起，劉博士已交給我們你的《規範邏輯導論》一書，以及論文〈翻譯的語用觀〉。我展讀後者，引發興趣，在此不妄情急，提出幾點學知而非專業的意見。(a)你並沒像（某些）邏輯家或哲學家一樣，把翻譯這種藝術當成一個「封密體系」（你在別的場合從事過這種翻譯活動，不過未在文中提及），他們一開始將記述性的或規約性的規

則應用到人類活動的領域時，總將之以封閉系統視之。不過我這個一般印象也許不對。(b)你從哲學觀點或邏輯觀點出發，為翻譯一事提出一個清晰而又精確的概念。不過問題在於，若從那些實際從事翻譯的人士的觀點看，該一概念到底有多廣含完備──我想在理論上你想要提出一個廣含完備的概念（不僅是自我一貫而已）。在實踐上是否有些情況落為這個推廣規律的例外呢？我只是心生好奇罷了。(c)你強調此一問題的「歷史文化上」的面相，此點極為重要。（不過這是否也包括心理學上或語言心理學上的面相呢？）你也承認有些題材（或語句）無法翻譯。此點在我看來亦極重要。那大概也源於歷史文化的因素。雖然你沒明說，我以為你也蘊涵此意：「可翻譯性」具有「等級」之別（不一定依單一標準定奪）。比方，像某些數理上的語句或邏輯上的語句可能最可翻譯，而其他像詩的語句，神話裡的語句，則最難翻譯，（神學上的語句呢？）這點是否值得研究下去？(d)為了方便討論，你只涉及「語內上」和「語際上」的翻譯，這樣做我想是對的。不過，倘若我們走深一層，或走遠一步，兼而討論意含上的傳播和作用上的交流，討論人的關切之念及其表達方式（這些語詞未必依連納德的專技意義為之），那麼像印刷出來的東西，書寫出來的東西（我心目中想到的是像中國書法之類的東西），講述出來的東西（比如，戲劇裡的朗頌），唱出來的東西（如宗教上的詩歌），以及表演出來的東西等等，全都可以包含其間，它們各有特定的功能和力量。如此一來，翻譯之概念可能變成傳播理論的一環。我不知道

你對這樣的可能的研討方向是否感到興趣？

　　因你那篇引人思考的文章而引起的題外話就在此打住。你或許知道，我們大學設有一處翻譯中心，他們無疑必將歡迎像你這樣具有哲學背景又有翻譯實務的人前來參與，做出貢獻。該中心的主任是我們的好朋友孫述宇博士。我們這間大學，由於位處香港，扮演起所謂溝通「東西」觀念的獨特角色。在這樣的脈絡裡，哲學跟其他學科同等重要（甚或更加重要）。除了教育那些入讀我們學校的學生外，這也是我們種種關切的論題之一。我們尤其歡迎那些除了開展自己的學科之外，也盡心盡力從事教學的學者。在崇基，我們特別盡心盡力於中西的交流和通才教育，兩者並重。

　　我們的哲學系規模小，但卻不斷增長。事實上，這裡廣義的哲學宗教系區分三個學科領域：哲學、宗教和神學。我負責前兩領域，而 P. 紐曼負責後者。他同時也是較廣義的哲學系的系主任，而我目前也擔任崇基學院的文學院院長（大學則另有學院院長）。我們所開授的課程以及教員之遣用，都有交叉重疊的情況。比如，「宗教哲學」一課開給哲學主修生，也開給宗教主修生；教員的跨域遣用上，在一個小系之中乃無可避免，而且我認為是件好事。我們期望教員能夠開授幾個不同科目的課，不要老是僅僅集中在狹窄的特殊領域——雖然教員應該盡可能講授最接近自己所受的訓練，最接近自己的興趣的那些課。（在這樣的基礎上，我們大家全都參與崇基學院的通才教育課程。日後再將我們的哲學課程和通才教育課程的情形告訴你。）因此，一個人能夠教愈多

的課，他就愈有貢獻。通常每一位教員一年開設兩門或三門課（跨越兩個學期的學年課）。也就是說，大約每星期上六到九個鐘頭的課。這也要看情形而定，比方，需要多少備課時間，多少像改卷等等的工作時間，該課以前有沒教過等等。一般說來，我們期望教師能留駐辦公室一段不低於某一限度的時間，比方說，每星期至少六小時。這樣，同事大家可以彼此聯繫，也可用以接見學生。此外，教師通常也會參與學院方面和大學方面的種種委員會裡的事務，這點要看一位教師的興趣和才能而定。我們也鼓勵同事參加社區活動，但並非強制規定。我個人相信一位教師的貢獻往往在於課堂之外，而一位真正的知識份子的關懷居心，歷歷顯現於他之所肯為，而非他之所應為。我們系裡的學生特別看重自己的責任，也特別賞識他們老師的個人榜樣。事實上，我相信我們的系，到目前為止在整個崇基學院，甚至在整個大學裡的各個系別中，培養出最高比例的學生領袖，其中有的學生對於充當知識份子一職來說，信念堅定，熱誠不移。簡言之，你若前來共事，定會發現此地充滿著極大的挑戰性。

若有任何其他詢問，自當欣然奉答。

沈宣仁敬啟

1972 年 3 月 6 日

又及：劉博士將能為你解答有關在香港的教學和生活的其他問題。不過日後我樂於為你回答任何問題。

初次通訊，如此真摯，如此有心，如此細膩，如此翔

實。我深受感動。兩天之後，「提筆」回信（也是英文打字）。我也寫兩張信箋。不過我的打字機字大行疏，全信內容不及他的一半，更無需在信邊加註，信尾「又及」。

我在覆信中，除了對翻譯問題做出四點申述，並謝他提問批評外，最重要的是對他的基本理念的共鳴。我支持他的理念：知識份子的職責，教師的責任以及學生的社會角色。我明白表示「我願前來，共襄盛舉」。記得那時充滿熱心，只是萬萬沒有料到，一到崇基，感受精神上的磁力，一佇腳，就是這一生的主要三十年。

事實上，從大學時代開始，我們同學就以充當有心有志的知識份子自許。自己在六〇年代任研究生時，於臺北的《文星》雜誌上所發表的文章，以及 1965 年出國留學後，於香港《大學生活》上刊載的文字，全都以扮演批判社會的知識份子自居。後來我才知道，沈氏早已讀過我的著作，並且將我在 1970 年所寫，刊登於《大學生活》的〈讀書人的責任與品德〉一文收輯在他所講授的崇基學院通才課程的講義之中。難怪，尚未謀面，似曾相識；難怪，一經相會，三十年來同一理想，同一志願，同一心懷。

那年的 4 月 27 日，我又收到沈氏 4 月 24 日所寫的信。這回不是使用信箋，而是更密密麻麻地打在崇基學院的「郵簡」之上。現在有許多年輕人不慣使用這種為求經濟、節省郵資的信封與信箋的連體郵件。有人甚至沒看過，沒聽過。從這封信開始，沈氏幾乎清一色以郵簡方式寫信給我。他是個提倡節省、力行節儉的人。上回第一封信，郵資港

幣 6 元。郵簡一通港幣 5 角。

何博士台鑒：

　　我要謝謝你 3 月 12 日的來信，也謝謝你應徵我們的教職。期間 R. 雷恩先生也收到由密西根州立大學的履歷處寄來的檔案副本，也收到方東美教授和劉博士所寄的推荐信。我不知梅西教授是否另外寫信，不過他在檔案中對你語多誇獎，大概這就夠了。所以，目前我們已經獲得所有的必要文件，可以開始著手處理。由於過程費時，我趕緊寫信請你耐心等待，並且希望你在計劃來年之動向時，將我們這裡的教職當作第一首選。這件事我不認為會遭遇任何困難，雖然嚴格說來，我無權保證此一聘任之事。不過前景看來如人所望。

　　上個星期，本系的哲學同仁舉開會議，計劃明年的工作分配。現在考慮此事，適逢其時。其他有些系已經完成教員的工作分配。我們假定到時你已獲聘，願見你能開設下列課程：

　　「哲學概論」：這是一門開給初入大學的哲學主修生和副修生的課。「它用以考察哲學的主要領域和主要問題。並由歷史的脈絡和批判的眼光討論種種不同理念的哲學功能、哲學方法和哲學價值。」這是我們概覽上所描述的。這是個學年課。每週講課二小時。每學期十五週左右（一學年三十週）。講課最好用華語（你的情況，用「國語」），不過閱讀的資料若無中文寫成的，則用英文資料，班上學生不少於十名，可能二十名左右。

「哲學問題」:「對於傳統哲學的基本問題加以考察與分析,包括形上學問題、知識論問題、美學問題等;也可能考察當代哲學問題,如語言哲學、科學哲學、歷史哲學、政治哲學、文化哲學、社會理論、高等邏輯等。」此課為小班課,為高年級學生而設。五、六人一班。每週三小時,二學期。

在這樣的課程大綱下,我們可以依選課學生的需要和授課教師的偏好,而多所定奪。今年我們開設了知識論,以及劉博士在新亞書院開設的文化哲學;去年我們開了分析哲學——不過,抱歉,是用「西方哲學選讀」的課名為之。今年這一選讀課教的是存在主義和實用主義。我們在想,你或可開設形上學(順著今年所開的知識論)。你若喜歡,也可開語言哲學,甚至高等邏輯——如果學生有此需要。

此刻我還說不定到底開設形上學好,或開設其他的課。目前我還不知學生的意向和你的偏好。請給我意見。

除了上述由你完全負責策劃的兩個課,我們希望你能幫助一個通才教育課的計劃和授課。此課名為「思想方法」(Art of Thinking),是開給大約二百五十名的崇基一年級新生。課裡有不少初級邏輯的內容,也有科學方法的東西,以及一點知覺心理學、思想心理學和知識社會學等等成分。目前主持此課的是 J. 歐里博士。他是理論物理學博士,後來成了神學家(專攻《聖經》研究)。他歡迎你從一個邏輯家和哲學家的觀點,參與此課。(他同時也講授科學的哲學。)不過你在抵此之前,不必費心,因為這是第二學期的課。

開設給新生在第一學期修讀的通才教育課稱為「大學修

學指導」(Idea of a University)。這是個開導新生的課，介紹給學生大學裡的學習研究之種種。（如圖書館的基本運作，如何使用參考書，如何寫作有註有釋的文章，如何進行討論等等。）這個課也探討大學教育較為理論性的方面：大學的發展史及其社會效應、大學的結構、大學的功能等等。我主持此課，歡迎你在講課上的參與（比方說）。同樣地，我們可以等你抵達後，才討論此事。

　　日後雷恩先生會通知你有關你的聘任事，假定大學當局對此加以批核。不過，此刻你若有何疑問，我將樂於解答。劉博士也會就其所知回答你的問題。

沈宣仁敬上

1972 年 4 月 24 日

　　不到兩個星期，我給沈氏一信。答應將崇基學院當作第一考慮。

　　那時我在美國教書，下一年的課表已經付印，我教的課也定了下來，不過我仍然可以設法安排準時於秋季開學前抵達香港。（就是訪問教學也是一個辦法。）不過，一般大學在八月前已經開始忙碌，我不知可否趕上，因為那年暑期在美國的新英格蘭有個全國講授知識論一課的教師之暑期研討營，為期六週。由於名額限於四十人，機會難得。我若飛往美國東部去參加，就不夠時間充分準備舉家搬到香港的事。我寫信給沈氏，很快得他回音：

何博士台鑒：

倘若雷恩先生仍然未就你的聘任事寫信給你，就讓我通知你。你可以無需多慮開始準備辭去目前的教職，前來香港——當然，我假定你接受我們的徵聘——我們全都最真摯地希望你接受此聘。在此，讓我寄去大家最熱誠的歡迎之意！

通常我們大學職位的上任時間是學年之始，也就是八月之初。然而，由於種種不同的因由，並非所有應聘的人都在那時上任。比方，我自己是在一月到職，上一次我們聘請的教師是在十月報到。如果系方並沒有特別理由反對，我想沒有關係。

就你的情況來說，我全心全意支持你，認為你無論如何都應該接受邀請，前往參加知識論的研討營，就算這樣意味著你會推遲一個月才能前來。不過有一點，假若我們未能安排你入住校園之內，到校外居住可能帶給你適應上的難題。香港居住的情況有如市內停車的空間：你必須趕在適當的時刻，在別人駕車退出之時，將你的車停泊就位。你至今有無機會和劉博士討論過這個問題？有個小小的可能性可以入住校園，不過你定可想像等待的人目前排成一張長長的名單。或許你可以等在劉博士搬出之後，隨即入住他租用的公寓。不過，我尚未問他何時搬家。我甚至也不知道他所付的房租到底多少。

我知道房子的事多費周章，不過遲早需要加以面對。我提議你在正式的層次上和雷恩諮商，另在私底下跟劉博士和我聯繫。平常這是香港的一大難題，不過對崇基的教師來說，

情況不是非常嚴重。

據我所知，你和家人搬到香港的交通費用可由學校支付：40立方英尺（可能更多）的海運貨物，一些航空的後寄行李。過去我們有人使用郵包服務寄送書籍。這樣做最不昂貴。另一種作法是以較小的超市紙箱寄運書物，不過這種辦法已經價高難當。還好你身居美國西岸，此法或許依然合理可行，因為不牽涉到多少陸路運輸。

如果可以的話，我們樂意看到你開設「語言的哲學」一課，而非「形上學」或「高等邏輯」。此外，你可能需要負責指導一個或兩個畢業班學生的研討課。此課主要在做個別的專著導讀討論。請你儘快送我「哲學概論」和「語言的哲學」之暫定課程進度大綱，至感至盼。特別是我們要送出訂書單，訂購你要學生購買的教科書。我們訂書可能長達三個月，始見書來！當然有平裝本最好，但不是絕對必須如此。其他你為此等課程而要圖書館購買的書（若有需要，可以每書兩本）也一併通知我。如果我們圖書館未有你所要的書，我將立即著人訂購。

這些時日，學生不常出現，因為遇上考試的緣故。有些學生熱烈參與釣魚臺抗議集會，那是上星期六的事。抗議和平進行，因此事後無多報導傳播。我們渡過了一個興奮刺激的一年，未來的一年可能也是多事之秋。

祝好。

沈宣仁敬上

1972年5月16日

　　沈先生實在是個有心人。為了令我的香港之行程及崇基之應聘順利愉快，不惜盡心盡力，多方奔走，力謀暢通。他的航空郵簡是 5 月 16 日寫的，次日的沙田郵戳。他在信上一開頭所提的副校長雷恩卻直等到 5 月 31 日才發出一通電報。這通電報單紙明文，直送我教書的學校（不是我的辦公室），不像沈氏的信，全都寫到我家裡。此事令我有些尷尬。內容只有五個英文字。比沈氏採用郵簡寫信，還更節儉：（在此，將之譯成五段字。）

　　「（學院）（聘任）（講席）（停止）（寫信）」

　　我有點莫名其妙，大概別人也看不懂內涵所指的究竟，於是我的尷尬之感也略略減輕。

　　簡短的電報自然不是校方正式文件，何況已是五月月底，我逕自決定前往美國東北，位於麻省，風景秀麗，曾有名詩人佛洛斯特駐校的安姆斯特學院，參加機遇難再的全美暑期知識論（教學）研討營。我帶著妻子與分別為兩歲和一歲的兒子，將他們安置在另一個州費城附近的友人家，六個星期的研討營，在週末長途乘車前往團聚。

　　研討營的收穫有如當地山野森林的風光，豐富又多樣。由於這次的經驗見聞，此後，一有機會我就設法回到那片新英格蘭的大地原野，也推荐友人前往觀光旅行。有一回，還在安姆斯特學院所在的安城裡的一個中國餐廳，間接又迂迴地尋找到一位失散遺忘多年的農夫。

　　沈氏所以如此熱心，鼓勵我無論如何都要前往參加研

討營，就是遲一個月報到就任也無妨，原因在於他深明一
個道理：知識份子（學者亦然）要能不閉塞，不故步自封，
不自大，不狂妄，不自以為是，一定要與人溝通，參與討
論，開放自我，投入相互觀摩的活動。幾十年來，他身體
力行。無數的校內校外的研討會、演講或座談，他都努力
認真，投入討論。當年我自然還不知道他兼備此一知識份
子的美德，只覺得他慈祥寬大，但又仔細認真，體貼入微。

遲至 6 月 5 日，我才收到雷恩先生的信，他這次寄來
崇基學院的校長容啟東先生簽署的聘書。為了不辜負沈氏
的厚望，我立即寫信告訴他我會簽名接受聘約。（事實上，
我雖然在大學教書，但對於英式制度的大學行政事務，尤
其是其用字遣詞，不甚了了。我不假思索，沒有細察地簽
字應聘，主要大概感動於沈氏的真誠與熱心，因而對英式
制度下的淡然無人情味和學術卻帶有官僚氣，也就不覺不
問。到了香港教書之後，雖然發現自己損失不小，但是一
想起沈氏的風範，也覺無悔無怨。後來，在教務上——尤
其在崇基的教育委員會的工作上，也和雷恩副校長合作無
間，共事愉快。）

致書沈氏，附上他所要的課程進度大綱和教材與參考
書的書目外，也簡短回信接受聘約。這時已是我要啟程前
往知識論研討營的時候。等到沈氏 6 月 21 日寫信，寄到加
州莫城家裡，我們一家早已東去。那張郵簡上，有郵差的
鉛筆字跡，將信轉到麻省的安城（郵遞編號 01002）的安姆
斯特學院暫時安排供我使用的 59 號郵箱。

何博士台鑒：

6 月 5 日來信收悉，所附課程大綱和書目亦收妥，謝謝。我們極感欣喜：你決定前來與我們共事。讓我向你及家人致以最熱烈的歡迎。歡迎加入崇基學院！

讓我簡單說明聘書何以如此姍姍來遲。這是大出所料，意想不到的事。我們聘請任何人都必須將受聘人的資料送交「校外評審委員」過目，請給予批核。可是這一次，他沒有收到校方去函及附件。（郵寄遺失？）我們不但只好打電報，還得以長途電話與他談論。（他住匹茲堡！）這樣也就空等了一個月之久。今年聘任之事意外偶生，不過這次你的聘任在過程上，已算無風無浪。其他科系遭遇更大麻煩。此次若引致你額外不便，我謹在此表示歉意。不過我們的憂慮已過，甚感欣喜。

從你來信明白得知，目前只有一事憂慮，就是住屋問題。我要寫信告訴你，此事保證不必多慮。我去英國之前，往見雷恩先生，向他查詢。他向我保證，會分配一層校內公寓給你。最可能的是崇基教職員宿舍 B12 號。該宿舍有兩間臥房，另有一間很大的起坐間連著餐廳。還有一間傭人房，如果你請得到傭人的話。（這間宿舍以前是我們的校牧住的，他是就要離開的主管公關的副校長。）房租大約佔你薪金的百分之七點五。這樣的房租與到校外租屋相比，只算微不足道。我想你可參見雷恩先生於 6 月 12 日寫給你的信，其中第二節對此事說明得更為完整。由於在這之前你並沒有這方面的訊息，自然有理由憂慮此事。現在，此事變得不必再慮。大

學另外兩間書院的教職員就沒有我們這麼好運。即使對我們學院的多數同事來說，能夠在應聘時馬上就入住校內宿舍，而無需等待多年，也算是（或曾經算是）一件喜出望外的事。比如，□□博士就先在城裡住了兩年，去年才剛剛搬進來。當然，我們體認到教職員在外面支付高額房租所遭遇的難題，所以希望日後此一難題能夠一年比一年減輕，因為大學將提供更多的房屋津貼，蓋更多的宿舍。我敢說你定會樂於住到校內，不只因為財務問題。校內宿舍遠較安靜，風景極美。這樣的社區和平無爭，人與人之間交往和善（雖然我希望能更加密切）。這兒更有幾家人家來自臺灣。有不少人操說國語。

我們已經送出《經典哲學問題》之購書單，訂購二十本給「哲學概論」一課。（以前我們採用卡斯特爾的書，但它沒有平裝本。）另外為另一課訂購了雷勒爾、帕金森、森拿及伍德的書各五冊。除非你寧可採用耶爾斯桐的英文原著，否則學生可能希望採用你的翻譯本。其他的書將訂購給圖書館，每書一冊（除非你想額外多要一冊），將來留置在圖書館的指定參考書的書架上。（我們一般的規則是每五到十個學生，準備一冊供他們使用。）

大學有個教學負荷的一般規定。通常我們每個星期教六至九小時的書。不過這要視系方和學生的需要而定。（特別是在像畢業班的「專題討論」這樣的課，我們希望提供學生盡可能周到的個別指導。）你可能需要指導一個或兩個畢業班學生，進行個別論文導讀，不過目前我們無法確定，需等

日後再說。我曾經提過，我們的系也充當服務單位似的，多方參與稱為 IBS 的通才教育。你定會在其中的 IBS 102「思想方法」一課中，扮演主要角色。另外，我也希望你能分擔 IBS 101「大學修習指導」。前者是在第二學期開設，你將以（可以說是）專業哲學家的身份講課；後者在第一學期舉行，望你以有志通才教育的學者教師的身份參加。不過，我可以等你來到才說明 IBS 101 的詳情，因為當中你要分擔的部份，並無需在你抵達之前多作準備。

　　請你告訴我你抵達的時間和班機編號等等，以便讓我到機場迎接你。我會著人安排，令你的公寓在你抵達之前整頓好，有暫用的一些家具。9 月 11 日開始上課。你最好在此之前幾星期抵達，可能的話 8 月 1 日最好。我手上好像沒有你那知識論研討營的日期，我希望你能前往參加。那會在八月嗎？

　　請你不必遲疑，隨意詢問我們的生活情形和學術事務等等，任何在你抵達前你想知道的事情都可以問我。你妻子或許想問一些我們男人通常沒有多想的事，在這方面劉夫人定能幫助。若你需以電報聯絡，我們的電報地址是 CHUNGCHICOLKL。

沈宣仁敬上
1972 年 6 月 21 日

　　身在山光幽麗的安姆斯特學院，除了在週日每天的聚會聽講、研習討論外，我最愛走出宿舍，在起伏的丘陵高

地，遠眺河流山谷，靜聽鳥語蟲聲、松風水響。沈宣仁先生的信，從加州轉來誤了點時間，但在安靜的宿舍裡展讀遠方的訊息，令人由身邊的土地尋思到另一個遙遠的地方。我特別欣賞他說起教學的事，認真細緻；提到生活上的事，又那麼關心有情。於是我在那間美國數一數二、歷史悠久的文理學院散步時的沉思，也常常飛落在遙遠遙遠，只知校名，不諳地點，只聽沈氏，沒理會其他的崇基學院之上。有時我暗暗在想，倘若不是沈宣仁先生，我會選擇前來崇基嗎？那時崇基是教會學院，而我並非基督徒。就是來了，若不是感於他所信持的教育理想，若不是感於他所創造的教育行政，若不是感於他所經營的教學文化，我會一落腳就是三十年嗎？記得剛剛停落香港，就有故土的人前來說項，我為什麼選擇香港當成第二故鄉？

收到沈氏的鼓勵，我也就更加心安理得地徜徉漫步在如詩如畫的安姆斯特學院的校園中。我甚至想像，有朝一日，崇基也像這個學院一樣，受人愛護，受人尊重，令人欣喜，令人蕭然起敬。的確，在這裡短短的六個星期之間，令我久久難忘的不是所閱讀的論文，所聆聽的演講。令我永誌長存的是我所呼吸的空氣，我所感受的風範，我所見證的榜樣。

因為這是知識論的夏令研討營（全名：Summer Institute in the Theory of Knowledge），我自己又在開設這個課，到崇基後據說也可能會開此課。因此我更加認真以待。除了美國全國挑選出來的知識論教師數十人之外，更邀請那時

名重一時的哲學家講演助陣。蒯因、齊索姆、馬爾孔，以及其他五、六位知名哲學家都聯袂駐校，一起生活，一起交往，一起思考。我多年前翻譯過齊氏的《知識論》，未曾相識，已知心影。他是個溫雅近人、和藹可親的長者，令我印象深刻。我常在大家一起餐食、一起討論的時候感應到他那大智不露、德慧深藏的風範。他令我想起，也深深思念幾年前在密州大學的先師連納德教授。另一位令我印象深刻的是一個在性格上大為不同的哲學家。他是維根斯坦 (Wittgenstein) 在美國的朋友和傳人，也是愛跟維氏鬥嘴，爭論北天的天后座到底形如維氏姓氏的 W，或活像自己姓氏首字倒置過來的 M 的馬爾孔 (Malcolm)。他這個人比較愛尊嚴，好像傳自維氏。有一次他演講，大談維根斯坦哲學的基本概念之一：「家族相似性」。他好像要建立嚴格判準，用以說明何謂相似性。會中有一段短短的休息洗手的時間。我在廊下看見他像獨行俠似的走了過來，不知怎麼應對，忽然脫口而出，對他說：「事實上，宇宙萬物每一事物都可以和另外的任何事物相似，這完全看我們如何界定，像數學裡的『同構性』概念而定。」我們兩人站在那裡簡短討論一陣。我沒有想到，等下一節他的演講開始時，他竟劈頭直說：「剛才何先生說，每件東西和每件東西都相似！」

　　不過在研討營的期間，自己也為一件俗事所困擾。就在要啟程參加研討營之前，有天晨早，我聽到屋外轟然一聲巨響。最初不以為意，過了一陣，突然有人前來按鈴。

我啟門，是駕著巨大卡車收集垃圾的工人。他的大車在駛經屋邊的橫巷時，不小心撞上我的房子。屋簷的結構被撞離原位，需要請人勘查，請人估價，請人鑑定，才能送交保險公司，討論賠償修理事宜。我已經沒有時間理會這一長串的繁瑣事物。可是更令人心煩的是，即使研討營回來，有時間照顧房子的修理、整新和出售，可是崇基方面開課在即，如何是好？

7月4日，我寫了一封長信給沈宣仁先生，分析事態，提出幾個可行方案。那時我已經人在東岸，他立即覆信，寄到安姆斯特學院。他大概也一時心急，竟稱呼我為只有在美國留學的日子裡，聽到的稱呼：

煌博士台鑒：

　　昨日收到你的航空信。我和校長容啟東博士諮商一過，也和系裡其他成員討論了。對於你最近遭遇的不幸難關，讓我作出如下提議：

　　1.除了你提起的三種解決方式外，還有另外一種可能。那就是在現狀下出售房子。不過這表示買房子的人就得同時承繼官司爭訟——假定房子可以在了結爭訟前出售的話。當然這樣做，也就降低了房子的售價。不過這是跟其他可能性之間的輕重權衡問題。問題在於你目前可以抵受多少損失，日後可以抵受多少。可能這也要看房地產市場的走勢而定。

　　2.你說美國政府（稅務局）不會讓你繳清債務前「永久」離開美國。這是不是表示：(a)你有美國的永久居留權，而你

為了前來與我們共事，準備放棄它？或是(b)現在這個時候（八月或九月）前來，就意味著必須永久離開美國？我的意思是說，有沒有可能讓你前來一段時間（比如十一個月，或十個月？）而「無需」完全結清你的帳戶或債務？在這些事情上，是不是美國的永久居民會有所不同？（我們這裡有些華裔同事離開美國，但卻保留永久居留權。）

3.你肯定整件事可以在今年年底（十二月）完全解決？這種事會不會變成一拖再拖的事？像這樣的事，你可否要求補償你在時間上（因此是在薪金上）的損失呢？

4.容博士的信上說過，你的起薪時間是從你實際上人到香港那天開始計算。所以任何的延遲對你都構成薪金上的損失。這恐怕是條文上明定的。不過這點說出來或可助你決定到底如何選擇對你最好。比如，如果比較一下居留這裡和居留美國的花費，在第一學期之末返回美國的雙程機票可能不覺得那麼昂貴。

5.如果你最後決定延遲來此，那你的財務情況又會怎樣？你能否找到一份暫時的工作？那時的收入能否助你步出目前的困境？

6.另一方面，若你最後決定前來，那麼到底是隻身前來，或是帶同家眷齊來。這就要看你妻子到底是否亟需留駐那邊，照料像修理房子和出售房子等等的事務細節。我知道她是專業圖書館員，擁有長遠安定的工作。這樣你們兩人的收入足以應付裕如。（不過，我對她的工作情況或有誤解，因為她有個幼嬰，又有一個幼兒需要照顧。）話說回來，香港

也需要圖書館的管理人員，她若想要，不難找到工作。這事我們從未討論過，現在提起，希望不令你節外生枝。

我開列出以上種種，只為助你取捨定奪。為了讓你擁有最大轉圜的餘地，讓我接著說，我們樂意讓你「延遲一學期」到任——如果你認為這麼做，在你目前的處境下，最為可取，是最佳的可能性。這點你自然比我們更清楚情況，明瞭細節。容博士已經同意，原來分配給你的公寓，仍然會在你第二學期上任時，保留給你。所以你不必為此事擔憂。

至於已經分配給你教的課，我們可以做出調整如下：(a)將「邏輯」這一學年課程（喬基小姐所教）轉變成第一學期課程（四學分），而將「哲學概論」的學年課程（分配給你的）改為下學期課程（也是四學分，亦即每星期四小時）。我想喬基小姐不會介意，不過這或會打亂一些學生的課表安排和學習習慣。然而我們可以試試看。(b)將「語言的哲學」完全取消。這樣做不致嚴重影響太多人（他們可以選修其他的課來替代）。這課也可以等你到任後，改開成一門學期的課，假定你能在一個學期內教完。此事我們可以日後再討論。(c)其他的教學任務必須刪除或加以調整。（IBS 101 的教學，以及指導畢業班學生個別導讀研討之事。）至於 IBS 102（思想方法）等你來到時才開始，只是我們或許無法獲得你在計劃過程中的積極參與（在第一學期進行）。

總而言之，我們想要竭盡一切，以最妥善的方式，助你解決難題。當你下定決心，採取何種行動之後，請你正式地致書容博士。謹致衷心問候。

沈宣仁敬上

1972 年 7 月 12 日

副本送容博士

　　對於一個尚未見面的來日同事，如此關心，如此細緻。讀來令人感激，也令人欽敬。行政上的事往往如水上著墨，不見痕跡。沈先生能夠在收到我的信的次日，作出如此安排。往求校長，會見同事，給我完整周全的答覆。只有歷經行政職務的煎熬的人，始能明白個中況味。如果不是他的熱心奔走和全力支持，我不知在那時的困境下，我會否「知難而退」，改而選擇一條比較直捷了當，安排起來比較輕鬆便利的途徑。

　　每當想起沈宣仁先生的工作態度和待人熱情，我就沒有任何教學上和教務行政上的不滿。他的人格和他的理想形成一種讓人難以超越的尺碼。在良心的天平上，在他的面前，誰會覺得努力奉獻就會虧待自己？

　　我在尚未上任，已經多事相煩；我在做出任何貢獻之前，早已虧欠負債。

　　於是我努力設法看看修房賣屋和搬遷運輸的事要如何順利進行。我終於決定延遲半年，在原來服務的學校多教一個學期，處理身邊雜事，專心為新的工作努力。

　　那年的 7 月 24 日，我寫了一封長信給沈宣仁先生。除了感謝他的熱心奔走和細緻關懷外，一一說明我準備如何解決瑣事，克服困難，免他擔心。他身邊一定有許多更加

重要的事務，等待他用心費神，等待他妥善處理。

1972 年 8 月 14 日我接到他的來信：

何博士台鑒：

7 月 24 日來信收悉，謝謝。你的案件業經容啟東博士火速處理。你應已知悉詳情。這樣一來，我們寄望你大約十一月底前來就任。

像我所提過那樣，我們的安排就是在第一學期教完邏輯，第二學期教畢哲學概論，每週都是各四小時。至於語言的哲學一課，除非你想在一個學期內教完，否則可以不開設。不過學生仍有時間可以選修該課。你到了，我們再討論此事。然而早點知道你的意思也好，不知你是否願意將它開成一門密集的課程，每週上課六小時。或許每週上課三次，每次二小時？也許有學生會認真考慮選修這樣的課，雖然他們多少得挪動一下所修學分的數目，因為一般來說，每一學生每個星期上十五到十八小時的課，可是我們所開的課大部份是全年的課，不是一個學期的課。

最近書店通知我們，你要選給哲學概論課充當教材的《經典哲學問題》一書，尚未出版。假如此書直到十二月前還未出版，你只好推荐或訂購另一本書。

劉述先博士上星期五離此返美。他或許已見過你，並且代我們問候你。他對大學貢獻卓越，我們希望他能再來，最好長久留任。看起來日後幾年，香港可以迅速地佔據具有活力的知性上的領導地位——比對起大陸和臺灣來說；我們有

機會成就一些兩地各因政治環境，而沒法致力之事。美國怎樣，我不知道。我在美國停留將近十年 (1953–62)，然而像我的朋友□□□一樣（我們在芝加哥大學住在同一宿舍），我從未想要留在那裡──只有一次例外，因為有個獎學金的申請條件是留在北美服務。我多少認為那不是我貢獻生命的地方──那兒已經有許多像我這樣的人，從事像我一樣的工作。何事錦上添花？當然像□□□這樣來自臺灣的人，其處境又有點不同。就算他也無法在臺灣堅持太久。我有幸在感情上、在政治上或其他方面與該地沒有牽聯。

出乎意料之外，有人邀請我參加 9 月 1 日到 5 日，在洛杉磯召開的國際宗教年會。包機於 8 月 24 日由東京起飛，又於 9 月 7 日由洛杉磯飛返東京。（可能 8 月 22 日離開香港。）因此，在研討會前我有大約一個星期的時間，前面幾天會在舊金山，之後在克列爾蒙特。我希望住到舊金山唐人街的一個朋友家。他的名字是□□□博士，地址為傑克遜街○號。他的心理醫療診所的電話為 (415) ○○○ – ○○○○。他家電話是○○○ – ○○○○，或者 GAI– ○○○○。如果你把你的電話告訴我，我們或可以電話聯繫。

我很高興知道你可選擇第一學期在史坦尼斯學院開課。如果他們的校曆規定你必須停留到學期終了始可離開，那你或許不要堅持趕在 12 月 1 日之前來此應聘。當然也許另有其他可能，我並不知道。

即此致候。

沈宣仁敬上

1972 年 8 月 7 日

我手上擁有一冊《經典哲學問題》。而香港的書店卻通知沈氏此書尚未出版。我察覺到香港的書店對於美國的出版品，消息不夠靈通（後來我發現，他們對英國的出版界則遠較熟悉），於是再訂一冊準備一起帶往香港供「哲學概論」課的學生使用。

在我還沒收到沈氏這封信，從香港中文大學的新亞書院訪問教學一年歸來的劉述先教授偕同其夫人路過加州，前來我家小住。我們談論到香港的現狀與未來，也談到大學教書的種種。他告訴我沈氏會於八月底前來加州開會。於是我寫了一封短信，邀請他到我住的莫城一行，我提議帶他到著名的「幽西米蒂」（優勝美地）國家公園去郊遊。從我住處到那山明水秀的人間仙境，開車只要三個小時。

那時，除了母親和家人，我只開車帶過方東美先生遊覽該地。沈氏若能來，我要當他是知己。

我的邀請信和他告訴我會來加州開會的信在郵政旅途上交叉通過。後來我收到他來信，又於 8 月 14 日寫信給他。重申邀請之意。過了不久，接到一封沈氏的短信（8 月 21 日收到）：

何博士台鑒：

謝謝 8 日的來信。特別感謝你邀請我造訪你。劉述先博士來信也提起和你見面的事，也說你希望我前來一行。

我很高興前來探望你和你家人，如果那樣不會麻煩大家

的話。27 日和 28 日不知道好不好？我希望能在舊金山先停留幾天。

我最多只能住兩晚，因為我得南下，到聖塔巴伯拉見一位舊日同事（□□博士和其夫人），事實上他們住在哥勒他。之後參加 8 月 1 日至 5 日在洛杉磯的研討會。

等我抵達奧克蘭後，將以電話和你聯絡。倘若你要先與我聯絡（我看不出有此需要，因為由我來打電話給你比較容易；只防萬一有此需要），你可以打 (415) ○○○ － ○○○○，由□□□博士代轉。我希望停留他家，但至今尚未確定。

希望早日見面。

沈宣仁敬上
1972 年 8 月 16 日

我告訴沈氏由舊金山到我住的莫城，可以坐飛機，可以坐巴士。我沒有提火車，大概那時火車服務已經中斷，好多年後才又重開。當然也可以自己駕車。

現在早已忘記沈氏到底是不是選擇乘坐巴士。不過，我好像有一個模糊的印象：駕車到莫城中心的巴士站等待來客。不是方東美先生，就是沈宣仁先生，或者兩者皆然。

沈氏怎麼來的，我印象模糊。可是他在我家停留那兩天，他留給我的學者風範則深植我心，三十年來未曾或忘。

他為人謙虛，能夠包容異己。但他並非沒有主見，並非不知擇善固執。在這個詭異多怪的時代，他一定心居遙遠的崇高處，才能平和為人，才能熱心投入，而又與世無

爭。

　　開過洛杉磯的研討會後，沈氏在飛機上給我寫了一張明信片。這是我於 1972 年 12 月 20 日到崇基上任前，他寫給我的最後一葉短信。信寫在「大韓航空」的飛機明信片上。那時，飛機的乘客可以使用航空公司的信箋或明信片寫信，然後在下機前交給「空中小姐」，由他們付郵代寄。沈氏飛往東京，坐的顯然是大韓航空的飛機，信是他在 9 月 7 日在機上寫的。他們把這張明信片由東京再帶返洛杉磯，方才投郵。郵戳上標明 9 月 10 日（三天之後）。這樣做也許是為了省錢的緣故。當時明信片的國內郵資是美金 8 分。信中沈氏仍舊稱我為博士。幾年之後，等成了同事之後，特別是八〇年代後，他才直稱小名，無論中文英文。

何博士台鑒：

　　研討會過了——我覺得太快了。現在我正在歸家途中。研討會內容豐富，但我們時間不夠。我大部份集中參加宗教哲學部份，內裡雖含高度抽象的成份，但卻最具「人性特色」。
　　我要謝謝你們的熱心款待。與你們見面對我來說意義非常，深感滿足。代向勤勞苦幹的令夫人致候。

沈宣仁敬上
1972 年 9 月 7 日飛往東京途中

　　1972 年 11 月 3 日我收到沈夫人羅素琴女士寫給妻子的一封信（英文）：

何夫人尊鑒：

首先讓我介紹自己。我是八月在你家留住兩天的沈宣仁的妻子。他很高興能在你們處停留，很高興認識你和你丈夫。

我們學院的副校長雷恩先生請我寫信給你，以便在你們抵達之前告訴你一些你或想知道的事。比如，你們搬家時，到底帶什麼，不帶什麼同來。就算是一份打包行李的指引吧。

我的建議如下：

(1)不要特地為此行購買東西，除非是些你們需用，香港又買不到的特種藥品、特別牌子的衣鞋等等。差不多所有種類的消費品全都可以在香港買到，嬰兒用品亦然。

(2)所有的書都以有襯裡之書封裝起，以圖書種類付郵交寄。此種郵寄最為省錢。

(3)倘若你身邊有下列物品，不妨運來，因為在香港買起來較貴。Mermax 套（是不是這樣拼法？）捲髮組、煮水壺、煎鍋、床單、床氈、大衣（不過不是男士大衣，這裡沒人用）。另外就是有紀念性質的東西。我有個美國人的同事，他告訴我每一磅物品的海運費用約為美金 1 元。

分配給你們位於校園的公寓有兩間臥房，有洗澡間，有起居間連著餐廳，有間頗大的儲藏室，有廚房，有佣人房也連有洗水間。加起來大概有 1,200 平方英尺。香港用的電流屬 220 伏特，50Hz 的交流電。大學有免費醫療服務，有個小小的診所。

我相信你們抵達之後會要買家具。目前我們有多出來的雙人床和飯桌，可以供你們使用。你需不需要由我先為你物

色二手的嬰兒搖籃床?

我很樂意準備一些食物,供你們和小孩在抵達時應用。務請通知我該準備些什麼。比方,哪一牌子的牛奶、果汁和餅乾。這不會有什麼麻煩,因為賣雜貨的在週日期間每天都進來這裡送貨。

請勿客氣,寫信給我。我樂意告訴你或代你購買你們抵達時所需要的東西。宣仁囑我代筆致候,祝你們一切好。

沈羅素琴敬上

1972 年 10 月 30 日

又及:你可以將郵包的收件人寫上自己的名字,寄到崇基學院哲學系,由他們代轉。

差不多與此同時,我於 11 月 1 日寫了一封信給沈宣仁先生,保證於年底報到。這是我寫給沈氏的唯一中文信。我為什麼寫中文信呢?大概因為在加州莫城見面時我們全以中文討論的關係。

宣仁先生:

有幸在抵港之前會見先生一面,實一大樂事。聽先生語及教育理想與教育方式,益增前往崇基執教之興趣與信心。

日前去信雷恩氏,提及向校方借用家具事,請求開列可借用家具名目。但他覆信仍只約略提及大概種類。擬再信請求將可借用之項目著人搬入宿舍,免得抵達時手忙腳亂。

至今房子仍未售出,實極心急。因此最近與內子反覆商議,到底應該我先隻身赴港,或攜帶兩子前往,或全家同去。

各有困難，各有利弊。目前仍決定舉家同往。但若無法售出房子，則在經濟上打擊必大（每月得付銀行三百美金）。況且人遠居香港，定有困難找得適當租客。

因為有此類困難，故遲遲無法奉告行期，且拖且看。但不論如何，年底之前必會抵達，到時定以電報聯絡。專此。

敬頌

教安

何秀煌拜上

1972 年 11 月 1 日

我已完全遺忘了電報的內容，大概曾請沈氏不必接機。但是 1972 年 12 月 20 日夜裡，當我們一家飛抵香港啟德機場時，除了大學時代的幾位香港校友之外，沈宣仁先生伉儷竟親自前往接機，陪我們入住校園裡面向吐露港海灣的宿舍。我雖然沒有解決美國房子的問題，但在他倆的親切接待之下，我將世俗煩惱拋諸腦後，踏上沈氏的足跡，開始我一生最重要的教學生涯。

2004 年 9 月 8 日冬山

●《三十年來情與理》的餘音

我抱著思念他，懷想他，敬愛他，
　　以及和他一起尋思的心情，
引用他的講話，分享他的心懷。

沈宣仁先生送我一句留言，
　　沒有日期。
好似昨日，也好似永恆。

　　兩、三年前，在為祝賀沈宣仁先生七秩大壽的研討會上，在他面前，為了發揚他那「三十年來情與理」的內涵，自己順便信口玩笑，搶沾他一點光芒。我輕聲說，當年他定了那個題目的時候，自己好像也參與了意見。❶沈先生慈善恕人，當場點頭「認同」。事後，我愈想愈無把握，會不會是因為我希望分享他的光芒，記憶失誤。過後遍查手上資料，但卻毫無答案。

　　今晨，為了找尋另外的資料，竟意外起出編號 92-1 的文章寫作檔案。那是 1992 年的第一篇文章，題目正是〈人性的喜悅──寫在《三十年來情與理》之前〉。❷除了卷宗

----

❶　編按：參見〈知識份子的精神飛揚和知識份子的精神墮落：論大學的教育理想、教育行政和教學文化──講沈宣仁先生的故事賀他七十大壽〉，頁 49。

編號及文章篇名外，我還用鉛筆寫了如下附註：「沈宣仁：
《三十年來情與理》序」。

卷宗內裡附有下列簡要記載：

1991 年夏（註）　陳慎慶邀為沈氏文集作序。編輯委
　　　　　　　　員會所定時間過急（九月交卷?）故
　　　　　　　　難答應。

1991 年 8 月　據告：編委會決定等我寒假有空寫序。該
　　　　　　　書出版計劃可以推遲。據聞沈氏也希望
　　　　　　　我能寫。

1991 年 10 月 7 日　陳慎慶來（辦公室）談寫序事。正
　　　　　　　　　式答應 1992 年 1 月中旬交卷。囑
　　　　　　　　　其將沈氏文章之中文譯稿交我過
　　　　　　　　　目。陳並謂已將文集定名為我為沈
　　　　　　　　　氏一篇講辭所取的名稱「三十年來
　　　　　　　　　情與理」。

1992 年初　答應春節後交卷。

1992 年 2 月 9 日　開始寫。時斷時續。

1992 年 2 月 21 日　完成。交陳慎慶。

1992 年 2 月 24 日　略改數次之修訂稿送陳慎慶、陳永
　　　　　　　　　明。

1992 年 2 月 29 日　要求上述二人改正一字。

1992 年 4 月 13 日　信交陳慎慶並送還校稿。

---

❷　編按：全文見頁 71–83。

儘管起先答應一月中旬交卷，但推想那時不是文學院就是通識教育的公事忙碌，根本尚未開始動手寫。不到 7500 字的文章，竟寫了近兩個星期，可算蝸牛爬竿，日上夜下。不過查閱自己三十年來的寫作記錄，此篇已屬努力趕工，不是懈怠之作。大概是寫沈宣仁先生的緣故。本來我還在暗地裡計劃，在他八十大壽的時候，還要好好寫篇祝壽文字。就在賀他七十大壽的文章裡，好像埋了伏筆。我說：「……這是他三十年來情與理，也是他四十年來情與理，……是他一百年來情與理。」沒料到，真的沒料到。

在卷宗裡，也掉出一張給陳慎慶的信件影印本，紙已發黃：

慎慶同學：

排印機構已將我寫的〈人性的喜悅〉之末校稿傳真給我，校對過。我已改了幾個錯處並補充遺漏之字。希望你們在付印前認真注意有無依照訂正意見處理。這類文字，有時一字之差令人唸起來意味大異。

我所以特地提出此點，因為此文送排過程中，顯然有點疏忽之處。記得我將原稿送你之後，曾經補送一份修訂稿，並要求依修訂稿排印。可是這份排出來的校樣卻完全依照最初之原稿！（後來我又通知你改正一個字，此事倒是做到了。）因為有此一失在先，所以現在我特別請你多加留意。匆此，即祝

好

何秀煌字

1992-4-12

那次交請改動一字之事，大概源於我的筆誤。送出的「備
忘錄」日期為 1992-2-29，那時註明的校內內線電話為
7136，推想是在哲學系的辦公室（研究室）重讀該文原稿的
修訂版本（而非校樣）時發現的錯誤。備忘錄的主要內容
如下：

> 請在〈人性的喜悅〉修訂稿之最後一頁，最末一段，做
> 如下之更動：
> ⋯⋯好榜樣激勵人生，⇒ ⋯⋯好榜樣激勵人心，
> （'生' ⇒ '心'）

　　（註）卷宗裡除了〈人性的喜悅〉一文的修訂稿之手
寫本外，還有已經快要褪色的熱感傳真紙印出的校樣。在
這份校樣中，原文有「形形色色的」一語，編者或校對人
擅自將它改為「形形式式的」，也許受了香港流行的粵語讀
音的影響。情有可原，不一定值得原諒。（「可以」的，未
必「應該」，更不要演變成「值得」一味從事。）此外，卷
宗裡，也找出一張該書主編有簽名（英文）但卻沒有摺痕
的信。上面也沒有我收信時一般順手標寫的日期加註。很
可能是主編（他自稱 Chief Editor）為表慎重，親手送過來
的。信上寫明 26th June, 1991。

　　信是以英文寫成，書卻要用中文出版。好在主編雖然

是中文大學的畢業生，但不是主修中文，也不是文學院的
學生（至少寫信那時不是），也大約沒有修讀過我的課，我
也就沒有要他補交一張中文信。當日我大概一手收信，一
手馬上將它放入已編號的待寫文章卷宗中，跟著就和他聊
天談話。

　　如果這樣的推理不錯，則上面簡記中的 1991 年夏，當
比信中註明的 6 月 26 日為早。因為我一時（極其例外又例
外的一時）忘了註上收信日期，現在除了詳細翻查當年六
月後的日記外，已無從決定和該書主編見面的準確日期。

　　不過，要查哪一本日記，當年 6 月 26 日之後那本？這
也要看該信打字時日期有無打錯。有時正式的文件上連年
代都打錯，更別提日期。（提起翻查日記，也有傷心往事。
有一年，在老家通往臺北的火車上，我遺失了一本日記——
和其他有紀念意義的多樣東西。再怎麼問，再怎麼尋，都
找不回來。）

　　除此之外，最令我喜出望外而引發情思無限的，是另
外一份附加文件，上面寫有紅筆字句：「暫存。寫《三十年
……》序參考用」。那是一份雙面印刷的通訊，名為「崇基
牧箋」，第五期，1991 年 10 月 25 日出刊。正面是那時崇基
學院的署理校牧周天和先生的「四十院慶」感言。內有下
列兩段文字：

　　　　……正如沈宣仁院長在院慶四十週年小冊子的「前言」
　　　　中所說的，學院的創辦人在香港的前景不明朗的四十年

前，創辦了崇基。他們本乎基督教教育的傳統和精神，為現代中國提供最好的大學本科教育，這是一種憑著信念的冒險。……（我們大家）都應該本著崇基創辦人同一信念，滿懷信心去迎接未來的挑戰。

對於陷落在戀愛的迷惑、傷痛和左右為難（愛也不是，不愛也不是）的人，我常常提醒他們「走回當初的情懷」。大約人生的事業，以及人性的志業，情況也沒有兩樣。要麼我們不要自誇承先啟後，繼往開來，否則我們不要一方面踩踏有志有情的前人的足跡，另一方面卻無視於先師先哲的心懷。教育的事業，特別是人性教育的志業，最是良心的志業，最是承先啟後，繼往開來的良心志業。這就是沈宣仁先生最值得受人敬仰，令人懷念，使人感動情思不斷的原因和理由。周牧師的另一段文字如下：

（「四十」在《聖經》中是一個富有意義的數目……。但願《聖經》中所記有關「四十」的一些事蹟，在我們熱烈慶祝崇基創校四十週年慶典時，能給我們提供一些意義深長的啟迪。

周天和先生在文中所提的「小冊子」不知是指哪一本紀念刊物，所說的沈宣仁院長的「前言」不知指的是哪一篇頌慶文章。手上有三本崇基學院的校慶紀念特刊，分別是① 1971 年（或前後，原刊未註明出版日期）刊行的《崇基二十年》。②也許在 1981 年前後刊行（原刊無資料，有

「序」，不知出於誰的手筆，由序文推斷，該刊當在三十校慶的翌年之後的一年之後的某一時間出刊。或許是學生會或其他學生組織刊印的）名為《回顧崇基三十載——校慶特刊》。③大概是在 1991 年左右出版的《繼往開來四十年：崇基學院發展圖片集——40 週年校慶專刊》。這本特刊列出兩個有關的委員會會員名單，但也沒有註明刊印年月。不過明列了「文字撰寫」和「文字英譯」的人名。那時正是沈宣仁先生擔任崇基學院院長期間，因此開頭有一篇中英並列（不一定完全中英對照）的《繼往開來四十年》圖片集題辭」（原文如此）。我猜，英文版本可能是沈氏自己寫的，中文版本肯定不是他自寫自譯的。周牧師所指的「小冊子」是不是就是這本「圖片集題辭」，我無從推測，不過沈氏的英文版「題辭」的確含有周氏所說的内涵（中文譯本則不太吻合）。沈氏這篇短文（分四段，約六、七百字的題辭）有一個值得注意的特點，那也是整本精美圖片集的珍貴之處。沈氏強調大家利用此一圖畫集（該特刊不只收集創校四十年來的紀念「照片」，也有一大幅早年，大約六○年代末期的校園全景的水墨畫複印），「藉以懷緬先賢，感念幾位前任校長的功勞」（未全照中譯本引用）。他一個一個提起這些校長的名字和任職年代：李應林 (1951–54)、凌道揚 (1956–60)、容啟東 (1960–75)、雷恩 (1975–76)、譚尚渭 (1976–81，88–90)、傅元國 (1981–88)。短文的最後一段這麼說：

孔子說四十而不惑。四十年來我們學院的發展，以及我們畢業生在殊多領域的成就，表明我們過往的努力有所收穫。現在我們又要走向未來的十年，讓我們仍然本著早年的精神，堅定不移，充滿信心，走向未來。

　　整本圖片紀念冊到處充滿歷史的感觸和前人的遺跡。有幾幀照片的文字說明非常引人注目（未悉照原來字句）。比如：

（頁2）　　唐代基督教傳入中國，〈大秦景教碑〉係當時所立，記述基督教東傳源起。原碑現存西安「陝西省博物館」，此圖為（原）拓本，懸於崇基牟路思怡圖書館大堂。碑上之徽號正是崇基學院之院徽。（左上校徽圖中之）校訓「止於至善」，則出於《大學》。

（頁3）　　「小小書店」現在依然屹立澳門。此店原為創校人李應林博士所開設。本學院創辦人李應林先生、何明華會督、歐偉國先生，以及盡心協助的謝昭杰先生、王相廷先生等，嘗於此小小書店籌劃創校之事，可謂孕育本院之搖籃。惜年代遄遠，其活動之確實日期及進行情況，已無資料可考。

（頁5）　　1951年9月30日「崇基學院院長李應林」所公佈之毛筆大字，共58名第一屆新生錄取名單。

（頁6）　　創校之教職員（上圖）及第1屆同學（下圖），於開學典禮後攝於聖保羅男女中學利希慎堂。

（頁8）　　本校選址之主要考慮因素之一係水源問題。最後

決定自資興建九肚山水塘（上圖）。下圖為先賢巡視馬料水校園地盤情形。

（頁 10）　　1956 年 5 月 12 日，本校奠基。當日瑞雨綿綿，但盛情不減。

（頁 16）　　50 年代後期至整個 70 年代，每年都舉辦吐露港「渡海泳」，以及馬鞍山之攀登活動。後來，由於地區開發，景觀變易，前者於 70 年代末期取消，後者於 80 年代初中止。

（頁 17）　　早期校慶活動（之一）。每年都舉行環校跑等活動。左下圖為當年勇奪多屆「教職工」組冠軍之工友「良嫂」（暱名）。

（頁 24）　　70 年代崇基學院（下圖）及整個中文大學之對照景觀。

（頁 26）　　搬書運動：1971 年牟路思怡圖書館竣工。學生自動組織，列隊成為「運輸帶」的長龍，連綿數百公尺，手手相傳，將舊圖書館內的書籍搬往新館。

（頁 27）　　70 年代初期是本港「學運」及社會運動的高潮時期。本校學生積極參與。（上圖）保衛釣魚臺運動。（下圖）爭取令中文成為法定語文運動。

（頁 38）　　1989 年結業典禮。那年 6 月 4 日發生中國民主運動。典禮是日為悼念六四民運，與會師長取消穿戴禮袍，參加儀式。禮成後，部份師生聯袂前往中環遮打花園，參加紀念遊行。

（頁 40） 1976 年本校 25 週年校慶開始舉辦之「千人宴」。
師生在夜空下的操場上歡樂聚餐盛況。此一慶
宴已有 15 年的歷史，近年有二千師生參加。

在這本畫冊中，最令人欣賞的是充滿著「歷史的留影」，但
卻沒有院長沈氏的照片。不但沒有他單獨的「院長玉照」，
就是在歷年各種活動的檔案照片中，也難找到他的影子。
其實他三十年來活躍在崇基學院的每一個角落，理該存有
不計其數的活動照片，但他寧可讓別人的面孔上鏡，自己
不願存照留念。

現在我們看到有些人還在任內，就急於為自己存名立
「碑」。不過，「石碑」實在不如「口碑」，口碑更比不上「心
碑」。沈宣仁先生沒有讓人在他生前為他立碑，但是他卻存
活在無數人的內心裡。

文章的檔案卷宗愈翻愈發現歷史寶物。事實上，上述
的紅筆加註並非出現在「崇基牧箋」的正面，而在它背頁。
那原來是沈宣仁先生在四十校慶 (1991) 那年的 9 月 15
日，在「教育主日」所做的「崇基主日講章」。題目是「我
的教育信念」。該文是篇頗長的談話的記錄，由人錄音整理
而成。其中有些事，讀來宛若空谷足音，清新可喜：（經整
理援引，非刊出之原文。）

(1)三十多年前我到芝加哥大學神學院，攻讀博士學位。到校
後發現兩件有關老師的怪事。第一，他們之間互稱「先生」、
「女士」，而不稱「博士」──雖然他們大多數都有博士

學位。他們這麼做，也許不願令少數沒有博士學位的感到尷尬；又或許既然彼此都有，便沒有再提的必要。總之，在老師之間，看來有種平等的關係。第二，老師從來不說自己教什麼科目，若給追問起來，便說自己學習某某科目。他們均以學生自居。起先我很不解，後來終於體認一個事實：學無止境，當教師的在一個更重要的意義上說仍然是個學生。

(2)我寫完論文後，便到崇基從事教學。之後獲得博士學位。但我並沒有回母校參加頒授學位的典禮，當時覺得此事並不重要，內心反而不像更早十年初獲學士時，那麼興奮。為了博士學位，費盡千辛萬苦，如今一旦獲得，好像沒有什麼特別的感覺。整件事看來，似乎其過程遠比其結果更加重要。

(3)中國人稱學術工作為「學問」之事。此中意義深長。學生要做的就是從學中問，從問中學。這一點中西文化卻有所不同。在傳統的中國文化裡，學生有問題便問老師，由老師根據他所知作答。《論語》便記錄了孔子這種教學方法。西方，由蘇格拉底開始，卻另有一套。蘇氏自認無知，沒什麼知識可以傳授弟子。他有的是問題，拿來問學生。那麼他到底在教什麼呢？我想他教人如何去問，這就是做學問的方法。兩人都被尊稱為「萬世師表」。

(4)主耶穌在〈約翰福音〉4章23節說：「要出以心靈，在真理中崇拜上帝。」〈約翰壹書〉5章7節說：「靈就是真理。」即是說上帝的靈在人的心裡說話，作見證，鼓勵人指導人

的心靈去學習真理……主耶穌教訓我們說：「你們必須得曉真理，因為真理使你們得以自由。」《新耶路撒冷聖經》的英譯本把「得曉真理」翻譯成「學習真理」。用這樣的詞語表達起來，原文變得更為活潑，更為生動。我認為這也是對教育過程的一種更加準確的描述。

(5)事實上，我不相信老師教得了學生。因為學生要自己去追尋，自己去學，自己去問。這樣一來，學生或許可從老師那裡學到一點東西。……雖然我讀神學，亦受過牧師的訓練，但仍然是個平教徒，從來未受封立。我讀神學出於好奇心，出於一種求知的興趣。我要離開芝加哥大學，最後一次往見我的指導老師時，向他提起這件事。他對我說：「當教師就像當牧師，對學生而言是上帝恩典的工具。」……此話至今難忘。……教師在課堂的言語，他的行為，甚至整個人，都可成為恩典的媒介。這或許就是中國人所說的「身教」。

(6)我最近看到一句很有趣的話：「兒女永遠不會聽你口頭說的話，但他們肯定會跟著你所做的去做。」……也許教師也一樣，說話未必算數，教師所為（包括學問活動），正如父母之於兒女，學生總是了然於心。

讀他這篇長長的談話，想想上述的要點，沈氏那令人欽敬而信服的師表形象栩栩如生，躍然心頭。內心亦時常暗自歡喜，常以有此同事為樂，常以有此同類為榮。遠離他的時候，心生一份人間的喜悅；靠近他時，平添一份人性的

光芒。

《三十年來情與理》序的文章檔案裡，更有一份歷史珍品。那是沈氏用鉛筆所做的中文簽名。不知何年何月，他寄給我一份他在 1991 年 9 月 20 日的週會的講詞，題目是「教育與學術研究」。簡短的開場白如下：

> 過去八個月我休假，前往美國，在紐約的聖公會總神學院作客座教授，除了探問舊同事、朋友以及見校友之外，也利用時間訪問了幾間美國的高等學府，得知美國高等教育的情況，以及近來教育界的一些爭論。我想在此談談其中一些與我們有關的問題。

而最後的結語如下：

> 崇基學院像美國的文理學院一樣，從一開始就強調通才教育。兩星期前，我對新同學說過，崇基是基督教人士為繼承中國基督教大學傳統而創辦的。我們一向注重人格培育和服務精神，並且推崇自由、民主和開放的風氣，讓學生能夠均衡成長，成為自由而負責的人；並且在日後的時光中，能夠以其才智和學識，貢獻社會。今年，我們慶祝創校四十週年。我們應該重申崇基的教育理想，繼續肩負我們學院長久以來的承擔。

這篇講辭大概在秋季開學後不久草成，並交人譯成中文。他的講話則理應以粵語為之，但卻非逐字逐句依中文稿的樣本照唸。過去，沈氏若有重要講辭的中文稿，常要

我在遣詞用字上提供意見，我也立即放下手上工作，馬上遵命照辦。他的講辭一般不長，我很快就可完成覆命。這篇講稿要應用時，他擔任崇基學院院長，我自己可能也忙於文學院裡頭和大學通識教育方面的事，甚或人不在香港。總之，我並沒有提供中文版本的意見。現在，為了出版紀念他的文集，引用沈氏這篇講辭的前後兩段文字。我抱著思念他，懷想他，敬愛他，以及和他一起尋思的心情——不是為了修改原稿，沒有逐字逐句依照原稿來引用他的講話，分享他的心懷。

沈氏在中文稿的左上端寫著：「秀煌兄請指正——宣仁」。沒有日期。好似昨日，也好似永恆。啊，我多懷念，我多心傷。我再也無法收到如此標示的空谷足音。

2004 年 9 月 3–5 日冬山

●知識份子的精神飛揚和知識份子的精神墮落：論大學的教育理想、教育行政和教學文化

——講沈宣仁先生的故事賀他七十大壽

（講說版）

　　沈先生、沈夫人、主席、院長、兩位系主任、通識教育主任；

　　各位先生、各位女士：

　　今天我們在這裡開始進行一次非常特別的學術研討會。它的名稱是「沈宣仁教授七十大壽學術研討會」。它的副題是「宗教、哲學與大學教育理想」。

　　啊?! 大家沒有看錯。但是我也不能認錯。理由很簡單：在研討會的程序表上，排在上面的，誰說一定是主題；因此，排在下方的也不一定就是副題。正好像今天在討論會上第一個發表文章的，不一定是什麼重要人物；正相反地，事實上排在研討會的最後，明天才要發表壓卷之作的，才是我們大家的主角。說得更具體、更個人些。兩個月前，一聽說有個研討會就滿口答應寫文章來參加的，是「沈宣仁教授七十大壽學術研討會」。那時我想大家都尚未將它定名為「宗教、哲學與大學教育理想」的研討會。另外，現

在在我們手中的程序表上所公佈的研討會文章之中，事實
上並沒有一篇可以說是綜合聯貫起宗教、哲學和大學教育
理想的作品。道理很簡單：站在大師面前的我，或者坐在
大師面前的諸位，有誰想要自動請纓？有誰膽敢輕言嘗試？
我們雖然未經協調，沒有決議，可是大家都不約而同、一
致將這個題目加以保留。我們當然是要保留給今天坐在我
們面前的大師。所以，讓我在此大膽而不客氣地鄭重提議：
請大家將程序表上最後一篇文章的題目由「回應」改成「宗
教、哲學與大學教育理想」。至於副題，那最簡單，最自然
不過。當然是「四十年來情與理」！

　提起「四十年來情與理」，請大家不要隨意聯想、推論，
以為那只是隨便抄自《三十年來情與理》一書（陳慎慶編，
1992 年出版）。記得書中有篇文章〈三十年來情與理〉，是
沈宣仁先生在 1990 年 11 月 2 日崇基學院的感恩崇拜兼他
擔任崇基學院院長的就職典禮上的演說稿。當年沈先生在
草擬題目和潤飾內容的過程中，我也好像曾經積極地參與
過——我不是要在此談論如今愈演愈烈、愈變愈好笑的「知
識產權」的問題。我要說的是，事隔十年，當年曾經應邀
參加一起思考「三十年來情與理」，如今十年之後，不請自
來，擅自為沈先生草擬「四十年來情與理」的題目，其間
自然有一個完全合乎「情與理」的邏輯關聯——情的邏輯
關聯和理的邏輯關聯。簡單地說，沈先生是個純樸而又天
真無邪的學人。他是一位精神飛揚天上的知識份子。數十
年如一日。努力在追求，努力在工作，努力在奉獻。他秉

持一個知識份子的自許和堅持，不僅在過去的歲月裡「數十年如一日」；他也將在未來的年代中，照樣地「數十年如一日」。他永遠堅持，他永不放棄。所以，對他而言，對我們而言，他的「三十年來情與理」就是他的「四十年來情與理」！（所以，我雖未經他首肯，然而為他所草擬的明天的演講的題目，卻又顯得那麼自然，那麼貼切，那麼合理。）不但如此，這樣的「四十年來情與理」也將是他的「五十年來情與理」。將是……，將是……，將是他的「一百年來情與理」。那是我們大家的情與理，是知識份子共同、共有、共享的情與理。那是人間永遠永恆的情與理。

提起「情」與「理」，而沒有將它只說成「理性」與「感情」，這令人想起十七世紀那位法國的大天才巴斯噶 (B. Pascal)。的確，他那句名言至今仍然在我們的耳邊餘音繞樑。他說：“Le coeur a ses raisons, que la raison ne connaît point.” 記得很久以前在一本大約是數學的書上看過這樣的英譯：“The heart has its reasons of which the reason has no knowledge.” 我忘了中文怎樣翻譯（記得他的《沉思錄》曾有過中譯本問世）。不過，在剛剛結束的這個學期，為了給學生當作例釋，想出這樣的譯法：「感情自有理，理性不知情。」那麼沈先生的情與理俱在其間，而且論列次序一樣。可見英雄所見略同，豪傑不分古今！十七世紀的心靈和二十世紀、二十一世紀的胸懷之間，文化相繼，傳統互通。

不過（讓我在這兒說點非題外的「題外話」），除此以外，現代世紀的沈宣仁先生和脫離中世紀不久（三百年在

人性的演化史上只是宇宙的一瞬！）的十七世紀的巴斯噶先
生，兩人無論在心胸上，在識見上，在個人的身心健康上，
以及在家庭幸福上，全都有天淵之別。

　　沈先生是一位謙卑虛懷的知識份子，待人和藹而喜見
別人的成就；他對別人的優秀，敬重有加而津津樂道。巴
氏則是自小給當成天才教養，自己也變得孤癖自傲，甚至
妒忌才華（比如妒忌比他年長二十七歲的笛卡兒──後者
似乎也對巴氏不懷好感）。在文化，特別是宗教的包涵上，
沈氏和巴氏也可謂天淵之別。沈氏是一位虔誠的基督徒，
但他不以其他宗教為異端，容忍包涵而不敵對排斥不同信
仰的人。巴氏則除了生為固執的天主教徒之外，對於敵對
的「耶穌會派」，攻擊指摘，不遺餘力。此外，沈先生因為
處世圓融，待人誠敬，因此心寬體健，精神飽滿。可是，
巴氏卻長年臥病，身弱而心虛；就算在他自小給視為天才
的幾何領域，以及後來和另一位數學家共同發明創造的或
然率演算範疇，他都未能全心全力以赴，開創出數學史上
本來可望展現，而且古來一直為人津津樂道的空前奇蹟
──不像沈先生心無旁顧，奉獻教育，力盡知識份子的天
職，「三十年來情與理」、「四十年來情與理」……數十年如
一日，沒有間斷，沒有衰退，沒有回顧。巴氏在尚屬「年
壯」的晚年──他在三十九歲去世──有一次牙痛和失眠
症交加，於是在醫無對策之下，設法集中精神深入沉思一
些多年沒有專心致志的數學問題。他以此當作實驗，沒想
到在沉思冥想數學時，他的牙痛「居然」──不是「果然」

——緩和紓解了。他大概認為虔敬事神「果然」——不是「居然」——有報。他更進一步推論：上帝顯然不反對，更沒有處罰他專心於數學（而在敬神和事神上分心）。就在這樣以為上帝為他特別開恩的情況下，他終於得以在數學上完成最後一次的成就，為人類留下一點沉思的心跡。然而，此後不出兩年，他也就在身體虛弱多病，心靈辛苦掙扎之下去世，實在令人浩嘆不已！不過，除此之外，我認為比較起來，更重要的是，沈先生在長年從事教育工作，在不斷關心社會之餘，也能活出一個令人欣喜的快樂的人生，營造出幸福美滿的家庭。在大我和小我之間善做配合，既不因小而失大，也不因大而失小。這是天下眾多蒼生所難以達到的圓滿境地，也是多麼值得我們效仿，多麼值得我們羨慕的人性品質。相比起來，巴氏多麼不幸，他除了和他那位一樣才華橫溢的妹妹——那後來當了修女之後，依然念念不忘標榜天才的兄長的才女——惺惺相惜，互訴愛慕而外，終生未婚。孤單而生，寂寞而死。一樣是引人注目的兩種人生，一位遺留給人類概念上的寶藏，另一位激發起我們對於人間的希望。所以，每當想起我們所面對的人間難題——個人問題、家庭問題、社會問題、世界問題的時候，我就不禁發問：我們（尤其是當今的知識份子，特別是那些仍然秉持中國傳統「讀書人」的價值理想的知識份子）到底應該做出怎樣的選擇？（並且應該怎樣督促自己所屬的相關機構，令知識份子享有充分的空間，以進行選擇？特別是自己身為知識份子而「居廟堂之高」時，自

己到底是否為其他知識份子──包括「處江湖之遠」的知識份子，努力去爭取這種選擇的自由；或者不惜一切去妨害這種選擇的自由？）我們到底要努力去製造現實績效，追求概念深遠、複雜、豐富，甚至著作等身（或高過身高、重過體重），學術明星（學術「牛郎星」或學術「織女星」，但不一定是學術的「明日之星」）？或者應該認真去生活──認真立意、認真涵情、認真「愛物致理」（像認真格物致知一樣）、認真許願、認真想像；活成一個發光發熱的知識份子的榜樣？（每一個人都是生命的榜樣──好榜樣、壞榜樣，或是無關緊要的榜樣。）三十年來、四十年來，沈先生志不在「興」現實績效之「風」，不在「作」學術明星之「浪」，他一心發散情的光和熱，他不斷堅持理的光和熱。他是當今知識份子的模範。他是現代的讀書人的榜樣。

　提起巴斯噶，提起笛卡兒，令人不由自主地想起幾何數學──巴斯噶的著名幾何定理、笛卡兒的著名解析幾何。同樣地，提起沈宣仁先生，誰會遺忘他的著名「幾何藝術」──他的摺紙創作藝術。（那不只是幾何，而且還是「立體」幾何！我們都知道許多中學生讀起平面幾何，神采飛揚；可是一接觸立體幾何立即暈頭轉向。）幾何真是一種奇特的概念藝術和概念科學，一種精彩絕倫的「人文科技」（和人文科學）（在人類文明的演化過程中，像數學、像哲學、像文藝、像詩歌等等所衍生出來的人文科技，遠比製作毀滅性武器，或開發登陸月球工具的「物理科技」；或者吹脹泡沫經濟，或發動文化大小革命的「社會科技」，都要更為基

本、更加重要和更形深入而無所不在）——很少高科技（物理高科技和社會高科技）無需假定人文科技，無需預先解決相關的人文科技問題。幾何的奇特處和它的精彩處在於它連繫起古往今來的偉大心靈。我們可以從柏拉圖數起。有哪一位偉大的心靈沒有在概念上或應用上不和幾何發生密切的關聯，不和幾何科學或幾何藝術串連掛鉤（自然包括斯賓諾莎，自然包括畢加索，自然包括沈宣仁先生）？這的確是個有趣的現象。但那絕不只是種歷史現象。它照理是種文化現象——特別是種「記號文化」現象。那大約不會只是一種物理現象或生理現象。

　　讓我們繼續「大膽假設」：前面說過，巴斯噶是位充滿妒忌的天才。（世上的天才都難以相處，因為比起常人來說，他們的感覺、感情、理性、願望等等，不是過分複雜，就是過分簡單。他們的言行舉止——他們所演繹出來的「言的記號」體系和「行的記號」體系全都沒有一般正常的規則、規律可循。）笛卡兒當然更非等閒之輩。（他老早當起宮廷裡的私人教師。）可是不知是單純愛才惜英，或真的是兩人之間幾何科學一線相牽。有一天，年長可當父輩天才的笛卡兒終肯出現在小子天才住家的門口，並且善心忠告體弱多病的巴「子」天才（夫子是子，小子也是子），要他每天足睡，到十一時才好下床！這樣的忠告實屬善意、苦心無疑。它無疑是笛卡兒自己的「祕密武器」的傾囊相授。我們不是常聽說（「聽說」和「道聽途說」的區別：當「○聽○說」——唸成「x 聽 y 說」這個「空心詞」所含的兩個

變數皆為零——沒值可賦——的時候，那就是前者；而當
x 是「道」，y 是「途」的時候，那就是後者。當然，我們
不可以說，在上述的空心詞裡，只要 x 和 y 分別都賦了值，
那就是後者。除了「道聽途說」之外，我們還可以有——
雖然至今不一定有人用過——「又聽又說」、「既聽且說」、
「東聽西說」、「有聽無說」、「無聽有說」……「非道聽途
說」……「邊東家道聽西家長卻不邊西家途說東家短」…
…等等。）笛卡兒當年是躺臥（病臥?）在床，眼看一隻爬
在天花板上的小昆蟲——將那昆蟲明講，說成「蒼蠅」（烏
蠅也），好似未免有點太那個一點，未免有點懷疑笛卡兒家
裡的環境衛生！（還好只說笛氏看到「一」隻，雖然只看到
一隻並不一定只「有」一隻。）為了設法準確明晰地標示小
昆蟲的位置，笛卡兒沉思凝想，終於發明那種舉世跟用，
後來以他命名的「座標」法（以他命名的還有其他多種人
文科技）。「笛氏座標」（英文稱為「卡氏座標」——連笛卡
兒的尊姓大名到底為何，中西文化都可以有不同的演繹，
不同的記號表述）這個發明真可說是中古之後的十七世紀
才姍姍來遲，但卻既簡潔明快，又實效無盡的偉大的人文
科技。（躺在床上就能創造發明的，你說不是人文科學或人
文科技，是什麼?!）當然十七世紀、十六世紀、十五世紀
之前的宗教，也憑空（雖然不一定躺在床上）發明創造，
經營開發出許許多多的人文科學和人文科技。這些人文科
學和人文科技，結合當時的社會科學和社會科技，甚至活
用當時的物理科學和物理科技，演繹出影響深遠的宗教文

化傳統。這樣的文化傳統——尤其是它的記號文化傳統，即使在文藝復興的世紀和啟蒙與現代科學萌生的世紀裡，也不斷迴光返照，餘波蕩漾。我們不是明顯看到笛卡兒的《沉思錄》富有中古世紀的影子？（巴斯噶的《沉思錄》——不是我給的譯名——更不用說。）我們不也聽說——這次好像不必加「道」，無需說「途」——牛頓明明是在做「假設」（當今科學的哲學所採取的意義），但一定要說「我不做假設」。這分明也是（雖然當時可能並不自覺）在演繹舊時的、傳統的人文科技。其他諸如伽利略（「我說地球不轉，它照樣在轉」）、哥白尼（「使用太陽中心說只為充當計算工具——事不關是否為真理」）等等，比比皆是。提起牛頓我們又常聽說他看蘋果由樹上跌落，想出了「萬有引力」的概念。根據史家的查考，這回的「聽說」看來需要加上「道」和「途」了。可見文化傳統之事，尤其是記號文化傳統之事，一經建立，變作「約定俗成」，也就不再是當初要草創時那樣，可以任意而為，可以遂心從事。因此，當權者（尤其是知識份子——不論是有知有識、有知無識或無知有識——無知無識的，大概不叫做「知識份子」）當要發動文化大小革命的時候，最宜三思而後行。文化的事，特別是記號文化的事，特別特別是記號文化中價值文化上的事，在起建上也許舉步維艱，障礙重重，可是一經成立而風行，若要改絃更張，再訂方向，也不是易如反掌，一蹴而幾。知識份子切忌浮躁，避免意氣，不論自己的信仰多麼虔誠，不論自己的道理多麼堅實。除非「善」的問題已經於情於

理全面解決，否則「擇善固執」最多只標示一己的意志或願望，它並沒有明定努力工作的實際目標和確切內容。其他的「擇○固執」（唸成「擇 x 固執」）也是一樣：擇真固執、擇美固執、擇純潔固執、擇簡樸固執、擇神聖固執……。所以，我常覺得文化上的事，尤其是文明上的事，最宜「大處著眼、小處著手」，從高遠處見精深，從左（旁右）近處見真實。幾何這門人文科學看來似乎正具備這類的文化、文明的品質。幾何的證明令它深遠抽象，幾何的作圖還它親切平凡。也許因為這樣，儘管笛卡兒討厭巴斯噶，他仍然心存客觀，愛才有據（愛幾何數學的天才，有情與理的根據——空心詞：愛○有○據，愛 x 有 y 據。當 x=「才」，y=○時，則成「愛才有據」）。於是將自己那「看天花板的日子」或「看天花板，見小昆蟲的日子」所獲取的寶貴經驗傳諸後進的天才小子，望他由小子天才變成大人天才，為數學而長命，為人類多思多想多創多留更加精深，更加美妙，更加平凡近人的人文遺產。

不知巴子有沒有誠懇跟進。不過，一提到巴斯噶睡至十一點，我就想起沈宣仁先生睡到十二點！（如果他大大睡過頭，我們說睡到「一點」，不說「十三點」。文化有別之故。中西文化有別，男女文化有別，長幼文化有別。空心詞：○○文化有○，xy 文化有 z。）我常常勸人早睡早起，唯獨在沈先生面前，從來未敢「擇善固執」（「善本書」的善，不是善良的善）。

想來笛卡兒會站在沈先生一邊（不是沈先生站到笛某

某那邊），而同情他的晚起，不論是怎樣的「○晚起」：早睡晚起、晚睡晚起、不早不晚睡晚起……看天花板晚起、看小昆蟲晚起等等。不過，沈先生一定不需要笛氏的○晚起忠告。千古心靈一線牽。千古相傳的情與理。千古交遞的光和熱。

想起通過幾何的深奧和幾何的平凡的情牽理伴，除了對宗教虔敬的笛氏和巴氏而外，令人也想起對哲學的開發不遺餘力的柏拉圖。（這樣一想，我們就完全明白為什麼沈先生這麼多年來，不厭其○地，一年接著一年為學生、為崇基學院的通才教育理想，不斷開設「柏拉圖對話錄」的情與理的原因和理由了。）這樣，由幾何的科學、幾何的科技和幾何的藝術而笛氏、巴氏的宗教，而柏氏的哲學，而沈氏的大學教育理想，這不正是我們今日所要研討的話題嗎？那也正是我們明天還要在沈先生的開導下聆聽受益的題目：「宗教、哲學與大學教育理想」！（從年代排名上著眼，當然也可以叫做「哲學、宗教與大學教育理想」——沈先生多年前辛勞開墾的學系，中文名為「宗教與哲學系」（宗哲系），英文卻稱為「哲學與宗教知識系」（哲宗系）。可見兩者名二實一（○二○一，x 二 y 一：表二裡一、外二內一、看似為二實則為一）。也由於沈先生長年為這個學系勞累辛苦，無私奉獻，我特別留意後來的宗教系和後來的哲學系的發展；尤其是那些接受過他的薰陶（比如以往的學生），感染過他的精神（像我本人）的後來的同事，他們的表現如何，他們能否堅持原則，他們所依附的到底是哪一類型

的「擇○固執」等等。我常常在想：自從沈先生退休離開之後，我們有沒有秉承他的教誨而努力工作？我們有沒有違背他一直堅持的大學教育理想？我們這幾年的工作表現到底是令他感到欣慰，或是令他失望？我自己認為當我們在這裡裡聚會一堂，熱烈慶祝沈先生的七十大壽的時候，最能令他感到欣喜愉悅的就是我們大家立志努力發揚他的精神，努力追尋他所傳授的大學教育理想，努力以他為模範活出一個令人欣喜令人羨慕的人生榜樣。

自己有幸在沈先生擔任文學院長任滿之後（他當了三年院長之後，不肯接受讓人再選他連任；不是人家不再選他連任），步他後塵，料理文學院的事（這事也絕非所願。十年前早已在劉述先教授面前聲明過：「等我卸任，一定要寫文章罵劉述先！」）起先，這個突然由半空而降（空心詞：由○而降，如「由天而降」、「由直昇機而降」）的重任令我苦惱不堪。我全無心理準備，也未曾認真想過文學院應該怎樣發展。記得當年選舉開票之日，我正在美國探親休假，哲學系的職員不知是否為我轉信，附帶在一張小字條上寫道：「不知對你是好消息還是壞消息：你被選為文學院院長。」這位職員可算是半個知己！（半個知己好像就是半個非知己！）如果真知己，她會這樣寫道：「壞消息一則：你被選為文學院院長。」好像那個夏天也正是「六四天安門事件」發生後的酷熱的日子。大的憂愁和小的憂愁一起到來。

在苦悶憂愁的心情下，我第一個想起的「救兵」就是沈宣仁先生。那時，我開始認真回憶過往三年沈先生主持

文學院事務的種種情境。因為有時他所主持的會議，我也在場；我也在他任內當過文學院「電腦小組」的主席。有時沈先生想要多方面聽取意見，也會跑上我的辦公室來諮詢。他很忙，身肩繁重公務時，也仍然認真從事教學工作。所以，兩人要談話，好幾次都只好利用吃飯的時間。我記得他每次都用車載我到一家名叫「健一」的餐飲連鎖店。次次都是同一家。到「新城市廣場」是那家，到「第一城」還是那家。天晴的日子是那家，天雨的時候，也是那家。所以，我們老是和中學生比鄰而坐，一起進食，因為每逢午餐時候，那家餐廳總是坐滿和站滿中學生。這樣吃多了，我幾乎要開始懷疑沈先生的單調而不知變化。可是回頭一想，他摺紙時總是充滿創意，充滿變化，不會天天都在摺同樣的東西。因此雖然「幾乎要開始懷疑」，但卻未曾真正開始，未曾真正懷疑。很明顯地，簡單不知變化的，不是沈先生的言行舉止，而是我的頭腦──一條鞭，而不知變化。那家餐館不但標榜「衛生」、「健康」，而且比較起來也算價格廉宜。沈先生不僅自己勤儉，他也替我預留回請他的空間。因為他知道：第一，他請吃飯，為了要諮詢；可是我吃了飯，並不一定能說得出什麼好意見。若是這樣，幾次之後，我就不再跟他吃飯了──除非大家把觀念改一改，高唱「天下有白吃的午餐」。第二，他知道我窮，至少沒有他那麼富有。那時他有房子，我沒有；他有車，我沒有。只有一樣，我比他多──我比他多一個子女。

可是，只由過往既非全面也非有意尋求的個人體會，

並不足以令我對文學院的運作有一個充分的認識。現在大
〇臨頭（空心詞：大 x 臨頭）我要哪裡去「求〇問〇」呢？
加以沈先生和笛先生、巴先生一樣，都是「幾何派」（我們
以前常嘆：人生「幾何」，〇──「空心詞」宜寫為「空心
辭」，則像上面這個例子似的，它也可包括「空心句」），都
是「〇晚起派」。等沈先生過了中午起床之後，我已經走在
路上，帶著一批文件要開會去了。我當然不敢，也不忍午
前電話沈先生求救。所以，有時整個上午自己關在辦公室，
望著天花板沉思。記得那時我未曾想起笛卡兒，想來想去
都想到沈宣仁先生。心想：如果有沈先生來指點迷津就是
天下一大快事，一大樂事。（還好那時的院務室主任坐在隔
著走廊的另一房間，否則她見我呆望天花板，以為我想發
明第二種座標法。）

　　人真正孤獨的時候需要神靈的扶持。可是，在這方面
我又大大不如沈先生了。我不能合手禱告，無法擁抱佛腳，
也裝不出淡泊無為的模樣。「耶」、「釋」、「道」的神靈完全
遠離我，只好看看「儒」的傳統裡有什麼可以遵循的古訓。
一個人抱著一大堆文件趕著去開會，自然尋求不到「三人
同行」的師者。想想只好鼓起「不恥下問」的勇氣，一個
人走去當時的副校長徐培深教授的辦公室（因為這之前，
我在「大學通識教育主任辦公室」工作時，已有四年接觸
過徐教授的經驗）。他問明來意（或者是他並沒問，是我自
明來意），很仁慈地對我說：「沒問題。大約半年，半年之
後你就熟悉了。」我聽了之後，立即呼吸困難。天啊，我還

要進六個月，一百八十天的「先修班」！

在茫然中，內心突然出現一道曙光。前任的院長照例依舊是本屆院務委員。沈先生將會參加文學院的最高決策機構——院務委員會。每次院務會議，他都會來參加。倘若我執行院方事務出現不盡妥當或有失誤錯差之處，他一定會指出修正。這樣一想，我就有如「得救」一樣，不再孤獨，不再沒有依靠。（我想，信神的人最大的內心平安也在於此——他找到了依靠，他不再孤獨。）就這樣，沈先生留在院務會裡三年。我有過三年的平安和欣喜。

不幸，三年之後連任，前任是自己；又再一次連任，前任就是前任的前任的自己。沈先生走了，離開了院務會。雖然自己每次請假，都盡可能恭請他代理（不只文學院的事，還兼理大學通識教育的事）。可是在建制上，我失去了一位啟發和指導的先進，一位在公務上的良師益友。這是文學院院務後來六年間，最大的損失和遺憾。（對於自己從事十三年的大學通識教育工作，更是永恆無法彌補的遺憾。打從 1985 年起就應該由沈先生擔任大學通識教育主任。果如是，今日我們的通識教育一定有另一番氣象。說不定也就不會有兩年前的通識教育「革命」，把大學的通識教育改得東〇西〇，不〇不〇。）

有了精神上的依傍，人的生活變得豐滿踏實。有一位沈宣仁先生從旁教導，讓我可以有一個「精神交代」，文學院的事不再變得那麼沉悶煩瑣——每一個人都在追求工作的意義和生命的價值理想，不管當不當文學院院長。於是，

我建立了一套小小的情與理的邏輯。它的推論形式如下：

> 沈先生代表（就是）（大學教育）良心。
> 我的工作就是向良心交代。
> ∴我的工作就是要向沈先生交代。

提起良心，現代人多抱懷疑和無力之感。可是讓我在這裡提醒大家：第一，對良心抱持悲觀情懷的人（只是「情」懷，欠缺「理」據）多是些有良心的人。真正沒有良心的人，是那些肯定良心而進一步利用他人良心的人。這些人也就是把良心當工具，可以「用完即丟」的人。第二，（對於那些相信制度，不信任良心的人，我很想說：）我們當然需要制度，並且需要好制度；因此要修訂制度，不斷改善制度。可是我們要注意：在這個世界（天國或烏托邦是否如此，我不知道）並非制度保證良心的存在，而是良心保證制度的完善運作。

後記：⑴本文字體不恭，因為主要寫於跨越太平洋的飛機上。記得來回兩次飛越國際換日線時，我都在危坐書寫。第 1 次正寫頁 2，第 2 次寫的是頁 14。

⑵我未曾將手稿贈人。這是第一次，也是最後一次。沈宣仁先生是唯一的，他是獨特的──在我們的心目中。

2001 年 6 月 23 日

補　誌：

　　這可能是一篇永遠難以真正完成的祝壽文字。在人生裡，好像每有脈脈情牽，總帶著絲絲遺憾。

　　去年六月下旬，急急趕寫這篇祝壽文字，並從外地飛回香港設筵宴別沈宣仁先生伉儷和一些（主要是）文學院的同仁。在那晚宴上，親手將本文手稿當眾恭贈沈氏。

　　雖然自己未曾手持一筆一筆寫成的著作原稿贈人——這是空前的一次，也立志成為絕後的一次，不過，在那個六月裡的短短一兩個星期之中，自己卻有過兩次面對沈氏的贈稿行動。不知日後對沈氏的事跡追根究柢的歷史家，或者對考證有興趣的目擊者，會否發生爭論，懷疑記憶；到底是在什麼時間（2001 年 6 月 13 日或是 6 月 23 日），在什麼地點（崇基學院行政樓 M 字樓一號研討室，或是尖沙咀寶勒巷大上海酒樓〇廳——使用空心辭的另一「好處」），在什麼場合（在「宗教、哲學與大學教育理想——沈宣仁教授七十大壽學術研討會」上），或是在〇私人晚宴上——研討會本身於 14 日晚假尖沙咀東之富豪酒店三樓之〇，另外有一次正式晚宴。空心辭〇＝Maman Winebar & Restaurant）發生那〇幕鞠躬贈稿的事件。

　　事件真相：六月研討會時，正是自己最忙亂的一段日子的「高潮期」。七月底要退休，計劃返回臺灣的鄉間和三十五年來沒有一起生活的高齡母親共享一〇段懷舊的時光。可是，在大學的二十九年零七個月的漫長日子裡，積存著大量的書籍、文件、信函和有關教學、研究和學生輔

導等等的文物；加上長年在校園裡撿拾收藏，風乾處理、
壓扁成型的花葉、木頭和松果——那年大學為了興建〇夫
人樓而大砍松樹時，自己每日晨早趁著走上山路前往辦公
室，提著垃圾袋前後撿拾數百松果。二十年來積極贈送，
也只消化十分之一——三年前曾經分藏在哲學系、通識教
育和文學院三個辦公室的東西，這時全都集聚在一處。在
動手分類、裝箱和標記的過程中——自己立志由第一本書
的下架開始，直到最後離開大學之日，將辦公室打掃清潔，
歸還物主為止，全要自己一人動手而不借助他人。因此在
參加賀壽的研討會時，事先並沒有寫成文章，前往宣讀。
那時只寫了六頁，區分兩截，各自說明寫於 2001 年 6 月 13
日研討會當天的晨早（記得在那段日子裡，常常在校警仍
未清醒的清晨四時，已經到校開燈工作），而且也註明「未
完，待續」的字樣。這六頁的手寫稿就是在研討會的第一
天，自己發表了祝壽談話之後，當場宣佈並且鞠躬恭贈的
第一篇未完稿。

　　那個六月裡的那段日子還加進了另一個忙亂的因素。
身在海外的小女大學畢業。自己參加第一天的研討會後，
就得動身越洋高飛。除了前往參加畢業典禮之外，還得充
當卡車司機，為她將積存四年的書籍、電腦設備、家具、
廚具、衣物，以及大學生所特有的「珍奇寶物」，堆置滿滿
的一卡車——還好自己一向勇於勞動，勤於家事，深知儲
物運籌之道；不然的話，那些紛繁雜積的東西，大概需要
兩部卡車才能裝下——小心翼翼地駕駛在高速公路上。一

早出發，趕在黃昏之前帶回幾百哩外的家。所以，自己知道那次搭機越洋，旨在工作勞動，而不在休閒為文。因此，只能把握時間，在來回飛越太平洋的機艙座位上，分秒必爭地在一盞昏沉的個人小燈之下，急中生智，發明了白紙反光局部照明的方法，從事這篇祝壽文字的寫作。這就是為什麼明知寫來贈送敬愛的沈氏，然而有時機身不穩，有時鄰人相擾，寫起來依舊筆劃欠美，字體不恭的原因。

研討會上的初稿雖兩處明註「未完，待續」的字樣，但是原稿已在會上恭送沈氏，所以自己手邊並無原稿可續。這篇文字是從頭第一個字開始，重新寫成的。現在比對起來，當初的原稿有一段開頭語很能表達作者參加該次研討會的心情，但卻沒有收納到本文之中。特地將它抄錄在此，旁註當年心跡：

沈先生、沈夫人……；
各位先生、各位女士：

如果置身於「後沈宣仁時代」，我可能需要改口，改說：「各位女士、各位先生」，或者進一步莫名其妙、不知所以地說：「……其他各位女士、各位先生」！

我們的確走進一個注重表面和計較枝節的時代。可是，如果一個知識份子也一味跟風地注重膚淺表面，不加明察地計較不必要的枝節，那麼他很快地跌落在一種「繁瑣文化」的深淵，無以自拔。到那時候，一個知識份子整天只在忙於追逐解決枝枝節節的技術問題，他也就無暇懷想原則上和理

想上的事。於是他的心靈就困居於既成文化的天羅地網，他的精神也就無能突破自我的障礙，在天地之間飛揚。

想起沈先生，我就浮現出一幅知識份子精神飛揚的圖像。想起他，我就無法不認真思考大學的教育理想，大學的教育行政，以及大學的教學文化。這就是我滿口答應前來參加這個研討會的原因；也就是我為什麼以「知識份子的精神飛揚……論大學的教育理想、教育行政和教學文化」為副題的理由。至於我這篇文章的主題當然是「講沈宣仁先生的故事賀他七十大壽」。

談話一開頭，作者就創造了「後沈宣仁時代」一詞。這個小小的舉動絕非附會風雅，胡亂套用「後○」的發明。在那段日子，在那個年代，想想發生在中文大學（包括它那「通識教育」）的變革，想想發生在崇基校園（包括它的「校友園」）的新生事物，想想發生在文學院（包括它的「○選舉」）的風雲波瀾，好像遙遠的天邊有一個舊時代已經結束了，那是「沈宣仁時代」；橫在面前的是另一個時代的（早已）開始。因此那次的祝壽研討會的開辦，絕對不是應時點景之小作，那可以說是醒人警世的大筆。也因此，「後沈宣仁時代」一詞的發明，也絕對不是已成陳腔的「後○」之濫調填空，那可以說是情非得已的高聲呼籲。

有件事令自己終身遺憾：參加了研討會的開幕之日的活動之後，就得遠飛異地，無緣聆聽沈氏的壓軸演講，無緣參加正式的祝壽慶功晚宴。因為內心的歉疚，作者提議

返港後設宴道別。其實，那次的宴會，與其說是敘舊話別之聚，不如說是謝罪陪禮之宴。作者為了一己的兒女私情，竟然錯失無以彌補的人生際會。

揮別沈宣仁先生，揮別與會其他人士之後的一個月零一個星期，自己也從大學退休。退休之前曾經訂出兩個與研討會有關的計劃：一是著手撰寫本文的「論文版」，詳論大學的教育理想、教育行政和教學文化；二是補充這個「講說版」（或將它當成上篇而另寫下篇），以便正面道及知識份子的精神墮落。

進行第一個計劃的原因有幾個，但都很簡單明顯。首先，這根本就是當初決定為文與會的情懷（作者一向呼籲人在情困、情迷和情亂的時刻，為了撥雲霧而見晴空，首先要能「回到當初的情懷」）。那時的計劃是以講說版來清談沈宣仁那知識份子精神飛揚的故事，而拿論文版去發揮他對大學教育理想、教育行政和教學文化的理念和主張。因此（第二個原因），在這篇文字的加註裡，自己也清楚地說「本文另有『論文版』，日後發表」。此外，作者不希望標新立異，自作主張，在明言是「學術研討會」上，發表（或只發表）這種看似清談說笑的文字，破壞了學術研討會的論文形式傳統。尤有進者，本文初次試以作者提倡多年的「空心辭」入句，更令「非」傳統的學術文字變得更加一層的「不」傳統。不說別的，那天在研討會上發表了這篇談話之後，擔任該節主持，因此在每篇文字宣讀過後照例擔任評論的關子尹教授，聽了之後就直說不知如何下

手評論。這種不照牌理出牌的文章著實令人為難。（不過那天他還是講了不少話。）

　　補充或加寫講說版的計劃則事出有因，「查非原意」。

　　也許因為從小的家庭教育和師長薰陶，養成對於「人性的演繹」總是習而不察地觀看其光明面而迴避其黑暗處和盲點的處事態度。又加上自己深信「教育畢竟是種良心事業」，因此在從事教育行政，在面對知識份子的時候，總是寧可站在孟子這邊，而不願和荀子同調。所以，寫作這篇祝壽文章，講說沈宣仁先生的精神飛揚的故事時，也自覺或不自覺地認為只要人性的陽光乍現，生命的暗晦就會消失。在現時這個世代，這樣的假定或許失之天真，但卻不願放棄。

　　可是就在那謝罪的晚宴伊始，客人陸續到達，自己將本文的影印本致送前來敘聚的人士時，有位文學院的同事接過文章，立即開口說她想看看文中怎樣講說「知識份子的精神墮落」。她參加了研討會，大概在會中發現在講說版的初稿裡，對此全無發揮。後來自己對此一直耿耿於懷，歷久難忘。的確，在幾近三十年的大學教學和多年形形式式的教育行政裡，自己見證過不少知識份子精神墮落的事跡。難道沒有責任將這類經驗放置在提倡教育要講究良心，提倡辦學的人要正派、要有修養的框架下，為晚來的教育之士提供一點信心的支援和信念的註腳？想到這裡，自己也就開始構思如何補充或如何加寫這篇講說版的祝壽文字的內容了。

　　不幸的是，就在作者正要著手這項計劃（而且事先曾與應邀前來榮譽作客，參加去年十月崇基學院五十週年校慶的沈氏伉儷吐露計劃內容），正在重整資料，正要攤開稿紙動筆之際，最不像會中風的八七高齡、早起晚睡、清瘦勞動的母親，在春節的忙碌中，在送別了遠渡重洋前來享受新春愉悅的媳婦孫女的翌日，突然中風入院！十個月來自己還算有幸，已經退休，可以陪伴母親驚險度過免於「二度中風」的危機，走在縣縣永日和漫漫長夜的「復健」的辛苦的道路上。在這退休「陪病」的日子裡，內心思想的，身體力行的，雙手扶持的盡是「人生的病」的克服，以及「病的人生」的安排。寫作的計劃自然暫時擱置下來。

　　人生常常如此。好像每有脈脈情牽，總帶著絲絲遺憾。但是對於一個知識份子而言，就算脈脈私情和縣縣私欲，也能在遙遠處，在空靈中絲絲情牽著生命正義，默默涵蘊著人性理想。這正是作者想要道說的知識份子精神飛揚的故事，也許也正是知識份子在不慎失足或有意墮落之後，終究能夠重新振奮，重新學習飛揚的契機。我們正處在急速變化的時代，「人性的演繹」的腳步也不斷加速快步起來。現在我們早已不必苦等百年之後的蓋棺論定。現在，三年、五年，個人的人性面貌不停地真實呈現，無所遁形。只要我們堅持教育畢竟是種良心的事業，眼前仍然是一片足以令知識份子歡欣鼓舞的天空。

2002 年 12 月 20 日晨早

● 人性的喜悦

—— 寫在《三十年來情與理》之前

0

人類的生命有許多層次，個體的生活呈現種種不同的
面相。對於一位你所喜愛和尊敬的人，你用什麼方式來祝
賀他六十歲的生日呢？

他的妻子一定有她親愛的方式。

他那兩個長大的兒子自有他們感激的祝福。

他的學生決定編印他平日關心世間人事而發的情與理
的短文和演說。

而我，一個認識他二十年的同事和朋友，常常因為接
近他而感受到一份光和熱，希望在這裡輕輕地描寫一種內
心的喜悅——一種做為他的同事的喜悅，一種做為他的朋
友的喜悅，一種做人的喜悅，一種人性的喜悅。

1

其實，我並不知道哪一天是沈宣仁先生的六十歲生日。
因此，並沒有在他面前表示慶賀。其實，他和我並沒有這
一類的私人過從。可是，正好像其他喜愛他和尊敬他的人
一樣，從他那兒感染而來的人生的光和熱，並不是起於私

下親密的交往。那一份令人振奮的喜悅類似比賦相知的愉悅，好比不待言傳的互通相信的欣喜，也像沒經約定而竟然同步共調的興奮：像是不約而同的理的追求，宛如相形益彰的情的互證。那是令生命的愛好者和人生的追求者覺得有光在前導引，有熱溫暖心懷的喜悅。美好的人生不就是情和理的藝術展現？有意義的生命不就是理和情的巧妙安頓？情和理的喜悅不正是生命的喜悅？那不正是人性的喜悅？

2

沈先生是位基督徒。

今天，在科學和科技主導學術方向，而消費主義和享樂思想又霸佔一般社會潮流的時代，要當一個令人喜愛而又令人信服的基督徒，實在是件不大容易的事。他除了要真誠信仰上帝之外，還得在信仰之間，具有批判的精神和開朗的心態；他除了要愛神而愛人，還得要愛人而愛神；除了要敬神而擇善固執，還得要擇善固執而敬神；除了要畏於神而追求真理，還要因真理而不畏於神；他除了「吾愛世人，吾更愛上帝」之外，還要「吾愛上帝，吾更愛世人」；他除了要在「一切榮耀歸於上帝」的歡呼聲中，接受上帝的拯救之外，還要在「上帝已經死亡」的宣判聲裡，捨己拯救上帝；他除了要因敬而生愛，還要因敬而割愛；除了因愛而有畏，還要因愛而無畏；除了敬神而責己，還要愛人而責人。除了自信，還要謙卑；除了進取，還要知

足。

多麼不容易！在這個科學和科技的時代，在這個工商主導和消費享受至上的世界，要做一位虔誠的基督徒，要做一位真真正正的基督徒。

有一些人，你接近他多年，仍然不知道他原來是個基督徒。那可能是一種隱藏式，有時不欲人知，有時略帶不好意思，甚至有時略帶歉意的基督徒。另外有一些人，你明知他是基督徒，但是多年來卻沒有感受到他那裡散發而來的上帝的光和熱。這大概是一種「至善止於自己」、「至真止於自己」、「至愛止於自己」的基督徒。但是，在過去二十年的交往認識之中，沈先生給我的印象卻完全兩樣。

記得多年前，在一次給學生的小小演講會上談及他時，我曾經玩笑道：「沈先生什麼都好，就是講話聲音太大！」引起一陣大笑。的確，他的聲音比什麼人都宏亮，不管是說電話、講課或者開會發言：和他一起開會，聽他發言，即使內容枯燥，聲音也會振人心弦。和他隔壁講課，除非你也振作精神努力提高嗓子，否則你的學生一定兼獲他講的內容，甚至轉而改聽他的課。萬一你的辦公室與他比鄰，那麼他所講的電話內容一定完全與你分享！（我們現在都知道他怎樣在電話裡稱呼沈夫人，使用那一種聲調和頻率——像軍隊點名的一樣。聽他電話——包括「旁聽」他電話的人，要保持心湖平靜，精神不為之一大振者，實在差點沒變成「邏輯上」的不可能！）可是，最要小心注意的卻是你自己也要在這時候講電話。你最好設法訓練自己的

注意力，心無旁鶩，不要辜負你的對方。你更要放大聲量，干擾清晰宏亮的「沈氏之音」，而且切記不可對著電話停頓太久，不然的話，他的聲音變成你的信息，你的對方可能在不知不覺之間，轉而和他交談對話去了。

沈先生就是這樣：凡開口必定理直氣壯，凡講話一定聲音宏亮。我想他一定是胸懷坦蕩，心地光明；或者專談正事，不涉隱私；或者言之成理，信心十足；或者言之有情，滿懷真摯；或者大公大義，不偏不倚；或者力求功效，不允拖泥。總之，和他一起做人做事，單純清澈磊落透明；無需低聲私語，不必轉彎抹角。這真是人生的喜悅。我在想：他從哪裡獲得這份堅定而不動搖的自信呢？想來想去令人想起他所信仰的上帝。

我自己不是基督徒，也不知上帝是否存在。可是每當我接觸到像沈先生這樣清新可喜的信徒，從他那裡感受到一份生命的光和熱，我就不禁思想那種生命的高貴品質起源何處。當我在人類的生命中，體驗到神性的影子，我也就更明白至真、至善和至愛的可能。這時上帝是否存在已經不再是問題的核心——只要我們見證了一個一個可愛的生命正在放射那種至真的光，正在發散那種至善的熱。當我們體驗到至愛流傳人間，我們何事尋求追根證明？

3

令人感動欣賞的是，沈先生不僅是一位信心十足的人，他更是一位萬分謙卑的人。

　　大多數的人的謙卑來自傳統的品德修養。有些人甚至基於無可奈何的向人認同取向。可是一個充滿自信的人，尤其是一個中國傳統意義下的知識份子和「讀書人」，很難不在老是以天下自許，總是以濟世為己任的胸懷中，跌落在「文人」精神飽滿，還未自問是否博學多能，就搶先彼此「相輕」的習性裡。有些甚至更進一步，對自己同類的讀書人則低貶輕視，對外邊異類的權勢則卑下謙恭。於是謙卑不再是美德，它轉而淪為取寵進階的工具。

　　今天，時代改變了。我們已經不必再跌落古老的窠臼。現在，我們普遍看到一種不斷進取，不甘後人的精神發揚；甚至在在見證了只見自己，不顧他人的行為表現。在這樣的潮流風氣之下，一個信心十足的人為什麼仍然謙卑視己，虛懷待人呢？

　　跟沈先生有過來往的人一定知道，他雖然不是個輕易附會「自己」傳統的人，但是他卻真誠而虛心地尊重「他人」的傳統。他自己所做、所思、所願、所行，顯然是傳統中國知識份子（讀書人）的一個小典型。我相信他也能深深地以此自許、自勉和自豪。可是他卻一點都不拘泥於自己對中國讀書人所持的概念內涵。記得二十年前，我正準備前來香港，第一次與沈先生見面。那次我們談論很多事情，包括大學的通才教育和中國知識份子的社會責任和時代處境等等。在談及中國的讀書人的時候，我頗感訝異，聽到他說：傳統的讀書人都寫得一手好字，從這個標準看，自己就不算是一個（標準的）讀書人。沈先生就是這樣的

自省、自覺和自謙——他那時甚至連「標準的」三個字都沒加進去。事實上，他的中文書法並不像他自己想像的那麼差（而他的英文書法則剛勁挺拔，龍飛鳳舞，全校無雙——像他的摺紙創作一樣），絕不像時下許多人那種不顧筆畫、不照筆順、不講結構、不理美感的盲目自繪自創。可是每逢比較正式或比較重要的場合——比如他的小書上的題名、他的摺紙創作展的標語，甚至他辦公室門前比較長久性的告示，他都請人代筆。他的自謙來自對於他人的賞識，他的虛懷起於對於外界客觀標準的尊重（雖然他自己不一定同意）。在今天這種「絕對主義」已被打爛地上，「權威崇拜」幾乎成為道德罪狀的時候，多少人全心全意地擁抱著形形色色的「相對主義」和種種不同的「多元主義」，並且盡量將這類思潮和觀點拿來令其為己而立和為己而用。可是，沈先生卻努力在尋求不是可以由自己意志所左右的真實，他謙虛地尊重那些存在於個人意願之外的客觀。

不僅在平日的為人與處世裡如此，三十年來沈先生對於生命中的每一件重要的事：宗教信仰、教育理想、學術與學界發展以及社會前途和國家政治的問題上，也莫不秉持這樣的虛懷與謙卑。二十年來，我在公事上有時與他意見相左，做法互異。他經常容忍含蓄，克己求全，對於別人的抵觸和冒犯，不以為忤，包涵接納，絲毫不影響事後的溝通瞭解和通力合作。所以能夠如此，想來主要是因為他的謙卑與含忍，絕非自己的合理和正確。

沈先生對自己信心十足，但卻一點也不自以為是。這

一點在他處理公務的態度和做法上，表現得鉅細靡遺，淋漓盡致。本來他因為性情純真，不善交際，而且坦白率直，難敵糾纏；因此總是不願意擔當難以擺脫「官僚」習氣，容易介入「政治」爭論的高層公務。可是由於他的公正無私和認真奉獻，別人又不斷要把他推向高層的領導職位。二十年前我初到中文大學時，崇基書院（正式名稱是崇基「學」院）仍然自己有它教學的科系單位。那時沈先生擔任崇基書院的文學院院長。記憶所及，那時他常常為了決定教務上和人事上的事，走來商議討論，徵求意見。記得有一次，他連自己寫就的助教職責規定，都拿來一起討論。就從這時候——我加入中文大學之初開始，我不斷有機會在他面前表示對學校公務的意見；也從這時候開始，我發現他虛懷若谷，容納異己。

二十年前的崇基書院，師生關係遠較現在密切，其他人事也比較單純。因此我猜想這段日子是沈先生從事學校公務生涯中，精神最感愉快的時候。他除了熱心教學，認真行政之外，最令人難忘的是在崇基書院創建了書院通才教育的一套有系統的課程——稱為「綜合基本課程」。這是日後中文大學的通才教育（正式名稱為通「識」教育）的先驅。

後來中文大學在教學行政上採取統一的體制，所有書院各自的科系分別合併集中，形成一個中央統籌，甚至中央集權的大學（直到最近，大學發展得龐大了，為了激發主動性和創造力，又開始進行學院——不是書院——的「地

方」分權）。那段時間，沈先生秉持自己的教育理想，繼續熱心致力於書院的通識教育，在人力資源難以自由調配的情況下，努力不懈，慘澹經營。他經常超時工作，不辭勞苦，事無大小，親作親為。一心相信人際交往比較融洽，師生關係比較密切的較小規模的書院，在整個大學教育的環節中，具有獨特的作用和不可輕易被取代的貢獻。他相信足以充當未來社會棟樑的有知、有識、有志、有才和有情之士，不是只靠無需講究品德教育，不必強調人格培養的龐大高等學府所能獨立造就出來的。三十年來，沈先生為了這樣的教育理想，不計成敗，全心投入。他是中文大學正視書院價值，倡導人格和品德教育的典範。

中文大學變得龐大複雜之後，沈先生一方面不改初衷地繼續熱心教育，另一方面卻視高層行政公務為畏途。但是，有理想、有見識、有熱情的人不起而領導，誰來領導呢？因此，六年前，在他不情不願之下，大家公推他為大學文學院院長，擔當那經常繁重而又有時惱人的行政職務。

沈先生在位的三年之中，為大家樹立了一種清新可喜的榜樣。他既不過分「無為」，也不過分「有為」；他只計較公理，全不理會私情；他自己說話大聲宏亮，也不聽別人低聲私語；他開朗，公正，熱心為人服務，但卻謙虛聽人意見。這樣的三年帶給文學院祥和的正氣和穩定的發展，可是卻為他自己增加多少無眠的日子，平添無數銀灰的髮絲。

辛苦的三年過後，他以為可以卸下滿肩行政公務的重

擔，專心從事教學的工作。沒想到，不久大家又違反他本來的意願，將他推上崇基書院院長的職位。他又轉入另一個行政公務的高峰，繼續為大家辛勞奉獻。沈先生真辛苦，可是我們大家真有福。

在人生的旅途上，感動人的常常不是深奧的道理，而是鮮明的榜樣。和他共事二十年，沈先生像是走在前面的光，發散著激勵人心的熱。我常常以他為借鏡，拿他當典範。所以，三年前我開始接替他擔任文學院的職務以來，時時以他為榜樣，反求諸己。我常常反躬自問：我有沒有像他一樣公正無私？有沒有像他一樣光明磊落？有沒有像他一樣謙卑視己？有沒有像他一樣虛懷待人？我會不會敗壞他所建立的優良品質？我有沒有將他的精神進一步發揚？我的作為是否得他贊同？我有沒有令他失望？

走在人生的路上，有人在前面開路指點，引導方向，這是人生的幸運，也是生命的喜悅！

4

沈先生是位極端認真的教師。他不但在教學上熱心投入，全力以赴，而且更視教育為終身職務──是他生命裡最基本最重要的人生責任。他絕不基於任何原因而忽視教育，也決不讓任何理由妨礙他的教學活動。所以，他不僅在平日教學的實施與策劃各方面一馬當先，任勞任怨；就是在他擔任行政高職，忙於計議規劃，帷幄運籌的時候，也不忘教學活動，更不輕易因此減輕自己的教學負擔──

有時，由於學生的需要或是系裡調配安排上的困難，額外增加自己的教學負擔。有這樣的榜樣在身邊，我們兼任公職的人誰敢隨便奢求減輕自己的教學負荷，而那些身無兼職的人，誰又敢輕易放棄教學的職責？

崇基書院的校訓是「止於至善」。沈先生自己就是一個完美主義的榜樣。他待人寬，但卻責己嚴——對於自己所做的事，總是一做再做，一改再改，尋求至善，追求完美。

記得二十年前，我就獲悉沈先生講課之前必定準備講稿，而且每次重教該課之前，一定重新改寫。歲歲如斯，年年依舊。所以，十多年前我開始建議他將課程講稿加以整理，送去出版，公諸同好，嘉惠學子。我空等了好幾年，終於忍耐不住。於是在十年前，認真地和他說定了出版計劃，「規定」他三年內交卷。可是一年又一年過了，他繼續開課，繼續修訂講稿，但他卻仍然對自己的寫作不感滿意，不能定稿。他寫了十個三年，現在還在繼續求善求美；而他的學生早已搶先要在一年之內出版他三個十年的情的言論和理的短文了。沈先生忙於公務，忙於教育，忙於關心學生的學業和品德，忙於關心社會的正義和政治的合情合理，但卻忘了照顧自己的寫作和出版。

沈先生熱心教育，在教學上認真投入。但他的一切努力全都基於他對學生學業發展和品德增進的情和理出發。他對學生態度和善，但卻要求嚴格，他關懷學生，但卻不縱容放任。他更不製造友善來討好學生，不假借民主平等放棄了為人師表的責任。

三十年來，沈先生是熱心教育，諄諄為師的模範。可是他卻一點都不獨斷孤行，剛愎自用。相反地，在為人上，他總是通情達理；在學問上，他更是謙虛持重。記得多年前，中文大學仍然推行「學位試」制度，各科學位試卷集中會閱的時候，他總是將自己評閱給分過的試卷再交第二評分人獨立再評閱過──儘管那時大學已經傾向由任課教員獨自評閱自己的卷子。沈先生做任何事全都不肯閉關自守，不會自以為是。

沈先生非常尊重學術上的傳統和習慣。多年來不斷教導學生書寫論文必須注重已有的格式，提倡為學要尊重普遍建立的傳統。（他甚至為此寫了一本指導學生寫作學術論文的小書。）不僅如此，他提倡中國傳統知識份子（讀書人）的精神和品德，並且在崇基書院每年為新生講解討論此事。（他也為此編輯了一本書。）在提倡良好的學術風氣，在引導注重學術品德上，沈先生不僅躬親力行，諄諄教導，並且更在細事小節上，努力不放，堅持到底。記得多年前，有一次在學生呈交的學期論文中，有一份懷疑有抄襲之嫌，但卻苦無證據。沈先生自己雖有滿屋充棟的中西圖書（其數量之多，我們無人能出其右，而且他夫人又是專業圖書館人士──是以前崇基書院的圖書館館長），可是也無法查到端倪。然而，沈先生還是相信自己的經驗與直覺，繼續到學校的圖書館去翻查求證。翻查了四天，終於在一本不很顯眼，不甚重要，在學界不受注意的書上，一字一句地找到了抄襲剽取的確切證據。在一個機構裡，有像沈先生

這樣的榜樣，他的同事那一個好意思荒疏職守，敷衍塞責？在一個學校內，有這樣的典範，他的學生又有那一個敢不認真功課，潦草人生？

沈先生是一位默默耕耘的人。他專心關注大原則和大情理；沒有時間和精神理會自己的私心私務。面對公家大事如此，對於生活小事亦復如是。記得有一年他休假離港，期間辦公室有些變動。不知怎的，等他銷假返校時，他原來的大辦公桌被移走，交給兩個助教使用，他自己剩下一張擺不下多少書本和文具的小桌子。那張被佔用的大辦公桌是他擔任崇基書院的文學院長以來就一直使用的桌子，兩頭都有抽屜，可供兩人對坐辦事；而他現在「分配」到的，是張連助教都嫌太小的桌子。起先我們也沒發覺此事。有一天，我認出他原來的桌子擺在助教的房間，跑去問個究竟。沈先生也不明就理，可是卻輕鬆地說：沒有關係，也許助教更用得著。他考慮到助教，但就沒想想自己。這時我才發現原來他坐的是一把破爛不堪，大概也是別人不要的椅子。後來我們終於提議事務員為他去請購，沈先生才又恢復比較像樣的辦公家具。這是好幾年前的事。現在每逢聽到同事辦公家具還好好的，只因自己不喜歡就想更換的時候，我就想起沈先生，想起他所樹立的榜樣。

在公務大事上，沈先生也同樣地只是一心秉持自己的教育理想和辦事原則，不計成敗，默默耕耘——尤其不計慮一己的得失，不理會個人的利害。

三十年來他倡議書院式的通才教育和完人教育，不辭

勞苦，不遺餘力。可是隨著時代的改變，社會的轉型，文化的更異和大學本身的發展，他的大學教育理念顯得愈來愈需要更多人力、物力和財力的投資，需要在造福後代，百年樹人的長遠眼光和一般共識下，才能確切落實，認真推行。可是在今天這個講究短期效益，注重立竿見影，宣揚可量化的成果的時代，有多少人能夠依然秉持樹人化育的長遠理想，而不你追我趕地忙於製造眼前效益，編織可見成果，興風作浪，推波助瀾地極力將講究教學工作的學府，推向宣揚學術研究的地方？今天有多少人已經不再把大學當作培養人才的園地，而將它轉變成高級知識的製造工廠，以及先進學術的加工區和包裝地？

　　面對這類的困境，沈先生依然一本自己的教育理想，默默耕耘，熱心投入。不灰心，不放棄。三十年如一日。三十年的情與理，三十年的光和熱。

　　每一個人都是人生的榜樣——好榜樣、壞榜樣，或是無關緊要的榜樣。好榜樣激勵人心，壞榜樣遺害人性。每當我想起在同事之間，在朋友之中，甚至在同類之內，有著清新可喜的人生榜樣時，我就感覺到一種生的滿足和活的意義。那是一份人生的喜悅，那是一份生命的喜悅，那是一份人性的喜悅。

1992 年 2 月 21 日

● 文學院同樂日

在主持文學院的院務期間，剛好是大學進行「解除中央集權」的時候。起先校長高錕發表了幾次公開信給大學同仁，表明他的辦學理想和前程展望。其中不乏大膽提出的新概念和新作法。那時他也輪流走訪各學系，解釋他想要推出的新政策，希望大學上下通力合作，貫徹理想。

在這種求新圖變的風氣下，自己固然不時需要往見校長，尋求溝通，努力去說服他為什麼文學院要著手辦《人文學刊》，要提議成立「人文學科研究所」，要申請設立「文學院電腦中心」，要普遍鼓勵大學通識教育中的「志願教學」（通識教育一直是文學院人文教育的理想，那時自己也碰巧兼任大學通識教育主任），而最後這些構思全都為大學所接受而加以資助和鼓勵；可是文學院全體人員努力尋求的方向不能只是靠院長一個人去傳達，文學院上上下下的意志和願望也遠遠超出某一個個人所可望完整地全面加以表露和爭取的界限。為了令院內同仁有機會在絕無「官僚」氣息的氣氛裡，與校方行政人員溝通對話，促進瞭解，建立互信，於是推出「文學院同樂日」的活動。它的目的和作用顯然而清楚。既然大學校長想要「權力下放」以建群策群力之功；文學院院長更想要鼓吹同仁大家的「知情權」，以收上情下達和下情上通之效。

　　所以每一次文學院同樂日都安排在校長可以參加並且
答應參加的日子。我們也邀請各副校長、各其他部門主管、
各學院及各書院院長，甚至訪問學人和學生代表。有時甚
至有校外的熱心贊助人士參加。那時我們希望有一所開放
的大學，我們更想要營造一個開放的文學院。

　　　　　　　　　　　2001 年 10 月 12 日回憶補誌

● 院長公開信(一)

文學院同仁和文學院的朋友們:

又是淡淡的三月,又是杜鵑花的季節。

在這霧罩馬鞍山頭,煙籠吐露港灣的日子裡,我們卻在迷濛的景色中忙碌奔波於辦公室和課堂之間。不過,我們的身體也許受潮濕寒冷的空氣所包圍,可是我們的精神卻熱情地飛揚在海天雲山之外。在這科技至上的時代,在這工商獨尊的地方,我們文學院本身的同仁,以及文學院裡裡外外的朋友,依舊不懈不怠地放眼文化原野,胸懷人文長空,努力在思索,努力在工作,努力在默默奉獻。

我們正處在一個遽變的年代,我們正站在一個歷史的轉捩點。從大處著眼,1997 年不再是聽來遙遠的事;從小處觀看,UPGC 那新的撥款模式,會不會在大學裡摧殘我們源遠流長的人文命脈?我們需要大家來思考,需要大家來談論;需要彼此交流意見,需要共同通力合作。

今年,我們仍然像往年一樣籌辦「文學院同樂日」,讓大家一起歡樂,一起交誼,一起談說,一起遊戲和分享。我們已經委出了一個籌備委員會,負責設計和籌劃今年 4 月 9 日同樂日的內容和節目。委員會的成員是:王建元先生(主席)、陳善偉先生、張燦輝先生、張敏誝小姐(祕書)。

他們已經開始工作,並將儘速向各位公佈該日活動的細節。

今年,我們仍然像往年的同樂日一樣,除了自己院內的同事和家人之外,還邀請了校裡校外的文學院的朋友,前來和我們一起同樂,一起分享人文的歡愉。不同的是,今年我們有更加特別的嘉賓,有更加豐富的節目,有更加金碧輝煌的獎品,有更加甜美溫馨的晚餐。讓我們大家一起熱烈參與,讓我們大家拭目等待。

　　順祝

快樂

　　　　　　　　　　　　　　　何秀煌敬啟

　　　　　　　　　　　　　　　94 年 3 月 9 日

又:近日院務室同仁事忙,此信未及正式打字印發,至歉,
　　請諒。

● 院長公開信㈡

文學院同仁和文學院的朋友們：

每逢杜鵑花在淡淡的煙雨春寒中洗染出鮮美的顏色的時候，就又是我們心潮起伏、思緒澎湃的季節。春天又實實在在地到了。一年之計、去歲之思、明日之想、長遠的未來的心懷和情意。

人文學科在這時代正面臨強力的外來衝擊和內在挑戰：當代的科技、新興的思潮、晚近的局勢、未來的難題。從事人文學科的研究和教學的人也不斷在思慮：怎樣迎接時代的呼喚，怎樣化解內在的困難，怎樣豐富人文學科的內涵，怎樣將人文學科帶往更深、更遠、更堅實的境地。

可是我們每每忙碌於研究室和課堂之間。有時竟然忘記了杜鵑花早已渲染的訊息。現在是我們回顧這一年教學和研究的時候，也是我們展望今後的方向和路程的時機。

學期快結束了。我們像往年一樣準備籌劃「文學院同樂日」，以便同仁共聚一堂，舒展身心，開懷暢談。我們也邀請校內校外的文學院的朋友，並且藉這個機會歡送與大家努力工作多年，如今卻要離去的同事。讓我們歡送他們，並為他們祝福。

我們商請去年同樂日的籌備委員，再偏勞為大家的歡

樂而工作。委員會的名單如下：王建元（主席）、陳善偉、
張燦輝和張敏詩（祕書）。他們已經開始工作，正在規劃著
豐富的節目和令人難忘的獎品。請大家耐心等待，請大家
熱情參與。

　　即祝

愉快

　　　　　　　　　　　　　　　　何秀煌敬啟
　　　　　　　　　　　　　　　　95 年 4 月 2 日

● 一封沒有回音的信

那時沈宣仁先生已經退休，已經離開崇基學院了。不然的話，我會將這封信寄給他。即使收信人不是他，也許也會收到他的「回音」。

「大學修學指導」是他早年一手設計，一手經營，一手講授的課。他還為了這門課，出版了兩本書：《大學教育與大學生》(1973)、《讀與寫——開啟知識的寶庫》(1977)。第二本書的早期版本已經出現多年，其中一個 1973 年的版本為《論文的註釋及參考書目》，沈氏還請我作封面題字。我為隱沒藏拙，使用一種中學之後就少用的字體。另有一版和臺灣某一教授合編，書名一時忘了。

「大學修學指導」一課歷盡滄桑。有一年，書院的通才教育被迫壓縮。沈氏這個課和我教的「思想方法」壓縮合編成一個課。那一年沈氏和我分別重新為它寫大綱，編教材和定進度。約略在那時，我們常常開會研討，希望在中文大學逐漸走向「統一制」的過程中，再為崇基學院的通才教育理想，重新尋找一條出路。（附件 1 和附件 2 就是那時的思考的一部份。附件 3 則是沈宣仁先生與我合教的一課之內容構思。這是我倆在教學上最合作無間的一次經驗。此三附件曾收於作者由東大圖書公司，1998 年出版的《從通識教育的觀點看》一書之中。）在該書中亦收為附錄。

特此聲明。

附件 1：對於「綜合基本課程」的一些思考（原以英文
　　　　寫成）

1. 基本假定

1.1 具有崇基風格的教育乃是一種以基督精神為基礎
　　的關心人性發展的教育。❶

1.2 崇基學院以「完人教育」為其辦學目標。

1.3 完人教育包括：

　　1.31 建立各種專門知識。

　　1.32 對於專門知識的文化意義或人文價值加以反
　　　　省。

　　1.33 培養品味。

　　1.34 促進道德情操。

　　1.35 探討人類靈性的能力。例如，人性與神性溝通
　　　　交合的可能性。

1.4 「一般」模式的大學教育，只包括（1.31）。❷

1.5 (1.32)–(1.35) 必須以良好心志，周詳計劃，謹慎行
　　事。❷

---

❶　基督精神不一定只包含宗教意義。信仰基督的教育工作者憑
　　著一己之使命感、責任感和緊逼感行事。

❷　僅當崇基學院向著（1.3）的方向發展，她才堪稱為香港、為

2. 定義

2.1 綜合基本課程的目標 ❸ $=_{df}$ 崇基學院的教育目標，即完人教育。

2.2 綜合基本課程 $=_{df}$ 為推行綜合基本課程的目標而設的一系列教育及教學措施。

2.3 綜合基本課程科目 $=_{df}$ 輔助常規書院（或大學）科目或集合各門專科知識的專設科目，用以達成綜合基本課程的目標。

3. 一些推測

3.1 本課程要取得成功，主要依賴教育工作者（教職員）的努力，這不是受教者（學生）所能自己做到的。因此：如果教職員缺乏熱忱，學生難以學有所成。（當我們對學生有所要求，我們得先要求自己。）

3.2 教員務須積極參與。任教綜合基本課程科目只算是其中一種支持綜合基本課程的方法。（現行的綜合基本課程（非指科目）的失敗主要在於各個綜合基本課程科目各自為政，欠缺一個整體目標。）

3.3 每個崇基學院的教員在道德上（若非在合約上）皆

中文大學作出獨特貢獻。這也就是大學不能取代書院的理由。

❸ 我們不打算採用「綜合基本課程」的字面意義。由 (1.2) 至 (2.1) 推論出綜合基本課程的目標等值於崇基學院的教育目標。我們也由此推論出綜合基本課程的目標並不只是某些人士或委員會的目標，它更是整個書院上下的首要關懷。

有義務參與綜合基本課程。因此，我們都應該為實現綜合基本課程的目標而努力。（或者我們該說：每位教員也同時承擔著合約上的義務去做這件事。參見註❸。）

3.4 因此，在綜合基本課程中，教職員以至學生皆同樣地擔當著重要的角色。

4. 一個綜合基本課程的樣本大綱

4.1 有關教職員事宜：

4.11 為新同事提供簡介。

4.12 由綜合基本課程委員會贊助舉辦學術會議。

4.13 為教職員提供公開講座。例如，由一個學系的教員主講對象為其他學系成員的講座。（我們應該為自己進行教育與再教育。）

4.14 舉辦學院對談會、辯論等等。

4.2 有關學生事宜：

4.21 學生跟據其畢業年份分組（稱為「級社」）。

4.22 為每個級社設計一個為期四年的綜合基本課程計劃。（每年的計劃無需完全重複。這使設計留有更大彈性之餘，也方便進行實驗。）

4.23 設立次委員會以計劃及監察每年的綜合基本課程計劃。部分教職員將獲邀請參與是項工作。次委員會負責監督某個級社的學生在其綜合基本課程中的表現，自其加入崇基直至畢業

方止（可能仍未終止！）。

4.24 每年的綜合基本課程自該年度收生後正式展開。

4.241 每個學生自獲錄取之日，即獲知會綜合基本課程的目標（即崇基學院的教育目標）。

4.242 讓學生在迎新日討論該目標。

4.243 書院生活該設計成有利於達成綜合基本課程的目標。例如：

a) 與學生會或其他學生組織聯手籌辦活動。

b) 在宿舍舉辦活動。

c) 週會該在課程內擔當非常重要的角色。

d) 鼓勵甚至安排學生與教職員作個別接觸。

e) 系會舉辦一些公開活動讓其他學系的同學參加。

4.244 新生於首年必須修讀兩個指定科目：IBS101 與 IBS102。

4.245 為二年級與三年級學生提供選修科目。例如：

a) 各學系提供的通識教育課程。

    b) 供二年級及三年級學生修讀的綜合基本課程科目：IBS201，IBS202，...IBS301，IBS302,...。

    c) 輔助課程。例如：級社閱讀計劃：

      i) 選擇一本讀物讓某級社學生研讀。

      ii) 舉辦導讀演講。

      iii) 提供導修協助。

      iv) 舉行測驗及考試。

      v) 學生進行口頭報告。

      vi) 組織討論會或辯論。

註：各教職員（至少負責該級社的次委員會成員）該與學生同讀該書。

    4.246 四年級學生修讀兩個綜合基本課程科目：IBS401 與 IBS402（專題研討）。

    4.247 對某年度之級社計劃進行檢討。例如：

    a) 綜合基本課程委員會會議。

    b) 舉辦學術會議（供教職員和研究生參加）。

    4.248 畢業典禮。所邀演講者對於綜合基本課程之施行不無重要！

    4.249 長期跟進綜合基本課程的成效。（與崇基校友會合作。）

英文版本 1975 年 4 月

伍美蓮譯

附註：本文件之英文版本發表於 1975 年 4 月 15 日召開
之崇基學院「綜合基本課程委員會」之次委員會
會議上。該會由作者擔任召集人。參加者另有沈
宣仁教授（當時「綜合基本課程委員會」主席）、
胡仲揚牧師（當時校牧，亦為「綜合基本課程委
員會」委員）等人。

附件 2：對於「綜基 102」的再思❹（原以英文寫成）

一、前言：

在〈對於推行 1977–78 年度「綜基 101」及「綜基
102」學生為本教學的一些思考〉一文中，我們指出：如
果大學最近對通識教育及其學生為本教學的立場不變，
則它將成為各書院的首要任務。通識教育是書院最能勝
任的教育領域。以崇基的情況來說，現階段並不適合對
現行課程作出太大的改動；那麼，以綜合基本課程作為
新課程的基礎可說是最恰當的做法。至於成功與否，還
要看我們如何將它加以推行。

二、過往之綜合基本課程：

---

❹　有關「綜基 102」的定義及內涵，參見附件 3：〈對於推行
1977–78 年度「綜基 101」及「綜基 102」之學生為本教學的
一些思考〉，頁 100。

我們不敢輕率評價過往之綜基課程。無容置疑，它有其出色的成就。但是，恕我直言：過往之綜基課程也有其不足之處：我們未曾將它與其他課程等量齊觀。很多老師和學生僅在課程註冊的時候才會對綜合基本課程稍加留意，過後便視而不見。只有少數的書院教員曾深思細想如何教授以及改進這個課程。無怪乎設計得這樣出色的課程並未能如想像中那般成功。

三、綜合基本課程的將來：

從上面推論，未來的綜合基本課程成功的關鍵——而非只是促進成功的助力——在於書院教員是否齊心協力，全力以赴。基於這個理由，在綜基 102 原來的構思中，我們要求動員大量教員參與教學工作。

四、完善的學生為本教學：

綜基 102 的教學工作當然可以一如既往，由一位講師和二至三位助教擔任。但是，以我們對於「學生為本」教學的瞭解（就當我們並不瞭解「學生為本」的意義，我們起碼知道它並非指正規導修），那樣的做法並不是一個完全以學生為本的課程。因此，我們可以發問：我們是否準備把學生為本教學模式引入綜基 102？或者，我們打算令學生為本教學淪為附加於正規導修的裝飾品？

如果我們志在一個完善的學生為本教學（就算我們只能在推行過程中才能把它加以界定），我們必須任用書院講師（任職助理講師以上的教員）擔任教職。助教並

不一定完全不能勝任這項工作，可是他們並不合適。我們考慮的條件不單是能力、訓練或者經驗。因為綜合基本課程代表了崇基的教育理想和信念，它需要由抱持同樣信念的正規甚或常設書院教員擔任教學工作。

五、人力資源分配問題：

在開頭提及的文字中，我們建議邀請四十二位教員負責綜基102之學生為本教學。他們加起來的總教學時間為三百七十八個小時。為了方便管理，我們可能不必堅持教員的數目為四十二位。但是，我們卻堅信綜基102之學生為本教學不應該由少數學系所壟斷，更不應該由一個學系——比如哲學系——所壟斷。（有些人認為在綜基102之學生為本教學課程大綱樣本中，所建議的題材在內容上或者在用詞上過於「哲學性」。這正反映了綜基102恐怕已受某個哲學家所左右的危險！）

六、綜基102之學生為本教學的內容：

由此我們建議保留原建議中的學生為本教學課程結構。其中的「建議題材」僅用以幫助界定每個學生為本教學小組的教學範圍、方向和功能。（建議題材引起了很多誤解。事實上我們並未規定各班組必須討論所有列出的建議題材，我們更沒有把它們視為實際的討論題目。）

因此，讓我們把討論題材的內容交由一年級綜基課程之次委員會的工作小組決定。因為每個學生為本教學小組的教員皆屬於該工作小組。

英文本寫於 1977 年 6 月 15 日

伍美蓮譯

附件 3: 對於推行 1977–78 年度「綜基 101」及「綜基 102」之學生為本教學的一些思考（原以英文寫成）

前言

一、書院的角色：

根據大學最新決議，通識教育（尤指相關之學生為本課程）將成為各書院的首要任務。（理論上，所有學生為本教學皆屬書院事務。）在這個教育領域中，各書院將可保留原來的傳統與形象，發展別具一格的課程，堅守一直以來的教育承諾。崇基書院早已開辦其計劃周詳的綜合基本課程，相信只需稍加修訂，便可將學生為本教學納入其內。

二、一些觀察：

為方便籌劃綜基 101 及綜基 102 之學生為本教學，我們且先把綜合基本課程的科目分為兩類。首先，每個崇基學生均須修讀共同必修科目，即於一年級修讀的綜基 101 及綜基 102 以及於四年級修讀的綜基 402。按照規定，這些科目不可豁免，也不可由其他科目替代。另外，我們開辦一系列的規定選修科目給其他年級的學生修讀，當中包括有關中國文化、西方文化以及「科學概

觀」等科目。這些科目在某些情況下可以由其他非綜合基本課程科目所替代。在崇基院方的批准下，學生可以修讀一些由其他書院之教員所講授的課程，以滿足綜合基本課程的部份要求。崇基並無權過問這些院外課程的內容與教學。由此可見，以上提及之共同必修科目對於綜合基本課程的發展尤為重要。

三、教師在綜合基本課程中的角色：

綜合基本課程既為崇基的首要教育項目，如能吸引愈多的教師同事參與，其成功的機會便愈大。書院的未來，多賴大家積極參與，盡心投入這個課程的開拓。書院上下，包括教師與學生，皆應齊為通識教育而努力。

我們不用擔心誰才有能力任教或參與通識教育的問題。我們同樣生而為人，同樣身為教師，同樣身為教育工作者。通識教育出於對人性的關懷，這是每個教師，每個教育工作者所關心的領域。

任教共同必修科目綜基 101、綜基 102 及綜基 402 皆極需教師的熱誠與投入。其中，學生為本教學的部份更是如此。

1977 至 1978 年度一年級綜合基本課程

四、綜基 101 及綜基 102 之學生為本教學：

大學教務會之通識教育委員會決議，於 1977–78 年度，一年級通識教育課程中，學生為本教學佔兩學分。引入學生為本教學的方法有很多。不過，為求教學上更

有效率，我們建議把它分別納入綜基 101 及綜基 102，每個課程的學生為本教學各佔一學分。

五、對於 1977–78 年度的一些統計：

在 1977–78 年度，崇基的收生人數約為四百人。他們將分為兩組人數相若的班別。其中一組於上學期先修讀綜基 101，於下學期修讀綜基 102，另一組則先修綜基 102，後修綜基 101。假設我們限定每個學生為本教學小組的學生人數不得超過十名，則我們起碼需要四十組學生為本教學小組。但是，由於兩班組人數難以完全平均分配，每班組人數極可能超過二百人，我們估計所需學生為本教學小組為四十一組。為求簡單，我們將以綜基 101 和綜基 102 皆含學生為本教學小組二十一組為討論根據。

六、1977–78 年度綜基 101 及綜基 102 的一些特點：

A) 二學分，雙課節之學期課程。上下學期均有開設。

B) 總教學時間為三十小時，其中十八小時為講授課節，其餘十二小時為包括學生為本教學之導修課節（此在綜基 102 將全作學生為本教學用途）。

C) 每班分為二十一個學生為本教學小組。

D) 每個學生為本教學小組全由來自不同學系之學生所組成，每組男女學生數目儘量平均。

E) 每組學生為本教學小組的學生的課業要求相若，並會接受標準相同之測試。

七、1977–78 年度綜基 101 及綜基 102 之修訂建議：

A) 綜基 101：大學修學初階（由沈宣仁博士構思）

　　1) 課程大綱內容不變。

　　2) 內容：

　　　　a) 講授：現代大學的功能與效用

　　　　　　　　　　大學的結構：課程與學位；學科與學系

　　　　　　　　　　圖書館、工具書

　　　　　　　　　　學術論文、書目與附註

　　　　　　　　　　討論的形式與教學的方法

　　　　　　　　　　大學的傳統和近況

　　　　　　　　　　高等教育的目的

　　　　　　　　　　知識分子的角色

　　　　b) 導修三種：

　　　　　　(i) 圖書館概覽及習作——由圖書館職員負責，一節課或兩小時。

　　　　　　(ii) 參考工具及小型論文——學系教員負責，兩節課或四小時。

　　　　　　(iii) 學生為本教學課節——學生為本教學教員負責，三節課或六小時。以下列三項為討論範圍：

　　　　　　1) 個人——適應大學生活

　　　　　　建議題材：

　　　　　　大學與中學的分別

　　　　　大學生活中的適應問題

　　　　　大學教育的成本與效益

　　　2) 學校——高等教育的功能和效用

　　　　建議題材：

　　　　　大學課程對於本科生的要求

　　　　　學術專科的性質及其現代意義

　　　　　大學生的責任

　　　3) 社會——今日的學人

　　　　建議題材：

　　　　　知識分子在古今社會中的角色

　　　　　大學畢業生的功能，對於發展中的社會之貢

　　　　　獻

　　　　　社會需求

　　　　　學人的品德和缺失

B) 綜基 102：思想方法（由何秀煌博士構思）

　1) 課程大綱內容不變。

　2) 內容：

　　a) 講授：思考與思辯

　　　　　解決問題與作出裁決

　　　　　概念性思考

　　　　　事實判斷與價值判斷

　　　　　自動化時代裡的人

　　　　　人類創意與人工智能

邏輯：原理與方法

演繹與歸納

形式謬誤與非形式謬誤

語言的功能

意義、界說與分類

信念、知識與真理

形式科學與經驗科學

科學方法

各門科學的翻譯、還原和整合

完整的人生

b) 學生為本教學課節：

第一節：思考、思辯與邏輯

建議題材：

思考作為解決問題的關鍵

「傳統」（或慣性）的方法與創新的方法

權威的善用與誤用

邏輯與「理性」概念

批判性思考

開明思維與獨立思考

人與機械：機械能否思考？

教育、訓練與程式設計

第二節：現實與理想

建議題材：

「美好世界」（或「理想世界」）的概念

現實性，理想性和可能性

事實與價值

選擇和決定的基礎

道德是否任意而為

人性：「自然」概念與價值概念

我們的世界觀

生活片段和完整的人生

生活方式：原則問題與品味取向

第三節：理論與實踐

建議題材：

理論與事實

觀察與實驗

「思考實驗」與實現

理論與實踐

所言與所行

目的與手段

政治理想、政治主義與政治系統

文化傳承與社會革命

第四節：人文學科——關懷與價值

建議題材：

各種人物在社會中的角色，如詩人、小說家、
藝術家、音樂家、歷史家、哲學家、神學家等

終極關懷與個人承諾

人性、人類潛能及其施展

文學中（藝術、音樂、詩詞等）有無真理

人文觀察、想像與理想化

人文真理是否完全主觀

人文學科中的問題是否與個人生活較為相干

神的問題與靈性真實

第五節：社會科學——方法與有效性

建議題材：

社會科學中的事實

行為主義的問題

價值論中的社會相對主義（或人文相對主義）

社會變遷：現代社會與傳統社會（的價值）

規範描述是否可能

社會科學中的價值判斷

第六節：自然科學——假設與真實建議題材：

發現、發明與證立

準確性：概念與量度的準確性

科學實驗

「決定性測試」概念

假設與定律

牛頓：「我不做假設。」

科學、數學與真實

愛恩斯坦：「如果數學定律用以指涉真實，它們就不確定；如果它們是確定的，它們就不指涉真實。」

感知性質與理論實體

狹義的科學主義：所有真理皆為科學真理，並且只有科學真理方為真理。

科學的「證明」概念

相對論和量子力學的基本觀念

科學決定主義與海森堡之「測不準原理」

科學唯物主義

第七節：知識的分析、整合與統一

建議題材：

分析的用途與濫用

分析與還原

統一的科學

普遍的科學語言

通識教育與專科教育

完整的人生

3) 上課安排：

a) 首三週只進行講授。

b) 第四至第十五週：講授與學生為本教學隔週進行。

c) 學生為本教學由第四週開始。

d) 在學生為本教學的第四至第六節安排有關方面的方法學專家與小組教師一起參與教學。

e) 第四至第六節的上課次序因應不同小組作出調動。例如，第一至第七組的次序是第四節，第五節，然後第六節；第八至第十四組的次序是五、六、四；第十五至第二十一組則是六、四、五。

f) 第七節不設教節，專為學生進行獨立研究之用。每個學生需要按此中題材提交一份短篇論文。

八、綜基 101 及綜基 102 之學生為本教學之教員：

綜基 101 及綜基 102 之學生為本教學之教員須為崇基學院教師，起碼具有助理講師資格或曾接受相干訓練。每位學生為本教學之教員在每個課程中只負責一組學生。

九、人力資源分配：

為使 1977–78 年度的綜基 101 及綜基 102 順利進行，我們除了需要每個課程的講師以外，還需要：

A) 部份圖書館職員負責圖書館概覽與習作（綜基 101）

B) 部份系方教員負責有關參考工具及小型論文的導修。（綜基 101）

C) 四十二位學生為本教學教員。（綜基 101 及綜基 102）

D) 邀請分別從事人文學科、社會科學和自然科學研究的「方法學專家」參與。每個領域七位，合共二十一位。（綜基 102）

　　我們建議每個學系派出三位學生為本教學教員負責這兩個課程。（合共四十二位教員。）我們還需要招募另外二十一位來自上述領域的「方法學專家」。

十、學生為本教學教員的教學負擔：

　　每位學生為本教學教員在每個學期負責六小時（綜基 101）或十二小時（綜基 102）之教學。「方法學專家」每個學期負責六小時（綜基 102）之教學。

十一、一年級綜合基本課程次委員會：

　　我們建議成立次委員會以監察一年級綜合基本課程的教學與相關運作。該次委員會由兩個工作小組所組成，分別負責綜基 101 及綜基 102 兩個課程。

英文本寫於 1977 年 6 月 7 日

伍美蓮譯

附註：在 1977–1978 學生時，「綜基 101」係「大學修學指導」，「綜基 102」為「思想方法」。綜合基本課程之科目編號屢經改動，以應付學制及其他方面的變化。

□□先生：

趁寄返表格之便，再次向你提出一件令我憂心困擾的事（去年已提過）：

10 月 1 日前往講「大學修學指導」課時，院方派來協助此課的「同人」似與去年同人，他比去年的表現更差。不但將文章和簽到紙條放置門口任由學生自取而自己坐得遠遠的，一看到我進到課室，站到臺上，還未完成準備工作，他立即走近我，說了聲我未及「消化」的話，未徵得同意，掉頭就推門離開了。

之後（仍未講課）有同學找不到文章，又取不到簽到紙條，舉手問我，我也不知去哪裡找回這位同事幫忙，只好答應同學在白紙上簽名，由我加以證實其出席。此事頗影響整個上課之「生態」。希望日後可以改進。在通識教育上，校方、院方、參與的先生及職員之表現，在在都影響整體的教育文化及教學成果。儘管近年來崇基的校園文化變化甚大，也許往日所珍惜的，現在已成「無謂」，但是教學仍然是大學最重大的天職，不可輕易聽其腐化。

臨去多言，懇請包涵見諒。匆此。

即祝

佳節愉快

何秀煌字

2000 年 12 月 20 日

又：副本寄□□□委員會主席。

正像他所東承的蘇格拉底
沈宣仁先生的生歿年代已經不再重要

● 輓歌朗頌的聯想

——日記節錄

2004 年 8 月 16 日　星期一　　晴時曇

晨喜見金星明亮。

走上藍田曜草灣山路，驚見獵戶座出現樓頭。入秋也。晨早的秋空遠較有趣，遠較有情。

劉國英曾在我離港時試圖聯絡。回他電話。驚聞沈宣仁先生逝世。在加州。8 月 5 日。

傷心不已，久久不知如何是好。

完全出乎預料之外，一時不知如何接受。

傍晚張燦輝亦電話。邀我在追悼會上致辭悼念。義不容辭，情不容辭。

2004 年 8 月 19 日　星期四　　多雲轉晴

在構思沈宣仁先生之悼念文字時，突然心生奇想：或可在十月追悼會前出一紀念文集以為悼念。寫了一封信給三民書局劉振強先生。步行至觀塘的九龍東郵局快郵投遞。

尋找寫過的文章。好多都因搬回臺灣鄉下老家而未加歸檔存放。

2004 年 8 月 22 日　　星期日　　　曇時欲雨

在以往的「教學網頁」尋找寫過的文章及其他資料。文集之事，初露曙光。

考慮將「交流鄉思之旅」那系列的文字選入文集，但原稿不在身邊，網上所見係「未校稿」。繼續構思文集結構——如何凸出悼念之思。所有收入文章都希望和對沈氏的思情有關。「交流鄉思之旅」那系列寫作前期，沈氏擔任文學院長。我在清華大學抱病講課，清華方面還特地致書沈氏道謝。此事後來我才知道。

2004 年 8 月 23 日　　星期一　　　晴時曇

昨夜並未早睡，今晨何故早早醒。02:00 左右。沉思默想，三時起床。

小窗探望，見有星影，樂甚。莫非天上眾星暗中叫醒我。切勿錯過。急急下樓，比平日早一個多小時。

果然! 多顆大星皆在，只是不甚明亮。都市之「光害」故也。望穿雲端，不見七姐妹。

十時過，三民書局王韻芬來電。他們反應真快。令人感動，也令人感激。

她希望我寄去文章的電子檔，以加速進行文集編印工作。書局方面如此熱心，我就更加不可懈怠。

2004 年 8 月 24 日　　星期二　　　晨多濕雲，午間陣雨

開始積極選輯懷念沈氏的文集。也構思封面設計及尋找可用照片。配合文集的內容及前言（或代前言）。

聯絡 DHL 快遞公司，瞭解運作情況。以便明日先送出一批稿件，寄往三民書局。

在藍田買了兩張電影磁碟，準備月底返鄉時，送媽媽觀賞。拿出其中一碟「望鄉」試播，看看內容是否適宜媽媽欣賞——是否適宜而有助媽媽在「人生的病」和「病的人生」中，重建，改建，擴建新的「精神世界」。

不適宜。「望鄉」描寫大戰期間，日本窮鄉僻野的女子，被送往南洋當妓的痛苦經歷。太悲慘，太淒涼，太心酸，太令人憤慨，太令人無處申冤……。我不要帶給媽媽這種破碎的夢想。

另一片是古裝的「宮本武藏」。很老很老的電影。但那時媽媽正在胼手胝足，和祖父祖母從事農耕，就是在街上瞥見電影廣告，也一定沒有時間，沒有心情去觀看電影。

2004 年 8 月 25 日　星期三　　時晴時曇

到大學。牙醫拔去我一顆大牙！

咬著用來止血的棉花走下山坡，走到崇基學院，走到禮拜堂。一邊觀看大學的變化，一邊構想紀念文集的事。

坐在禮拜堂前小池邊，樹蔭下的長櫈上。學校仍未開學，校園空無一人。

想起沈宣仁先生三十多年間，在禮拜堂內外的種種活

動。他不但在這裡發表院長的就職演說，在這裡引經證道，在這裡高唱聖歌，更在這裡不避卑微，為多少人當過即席的口頭翻譯。有誰比他為崇基學院扮演過更多的角色？

在清寂中，我沿著斜坡小路，順著樹蔭下的階梯，拾級走上沈氏七〇年代的住處。我剛到崇基學院上任時，也隔著一座住在他的鄰居。現在冷冷清清，空無一人。覽物思人，倍覺心傷，聆聽樹響，更感寂寞。我好像又看見那時沈氏所駕的英國「迷你」小車，又想起他家裡的藏書、唱片和滿屋的紫羅蘭……。

我又坐回小池邊的長櫈，寫了一封信給遠方哀思中的沈宣仁夫人沈羅素琴女士。❶

我走下山坡，走到當年沈夫人任職館長的崇基學院牟路思怡圖書館。館前荷葉搖曳，野水淙淙，清風傳語，人去樓空。一片空虛，一片寂寞。

返家乘計程車往返觀塘，DHL 快遞寄給三民書局第一批文稿，幾幅供做封面的照片。

也許拔牙失血，也許懷念故人，也許昨夜欠眠……，呼吸不暢，血壓反常。

2004 年 8 月 26 日　星期四　　晨多雲似霧，轉陰，午後有雨

積極於紀念文集事。對全書有進一步清晰的構想。以

---

❶　編按：該信附於本篇末，頁 148。

懷念文字為序編，統一全集文字。

　　中午極輕食，以便繼續工作。

　　下午正工作，三民書局王韻芬又來長途電話。她已收到昨日交寄的文章和照片。詢問幾篇出現於教學網頁的文章可有電子檔，便於送排。

　　閱讀沈氏資料，想起當年召開通識教育的國際研討會時，請他充任「主題演講」的心情。

　　開始寫作文集的「代前言」。

2004 年 8 月 27 日　　星期五　　　晨毛毛雨，日間時曇時雨

　　打電話給劉國英，告訴他那為祝壽沈宣仁先生七十大壽所編印之《在真理的道路上》，其中關於沈氏之退休年代記載有誤。

　　記得那時我還擔任文學院院長，為了保證讓沈氏延任，直至他六十五歲。為了這件事還跟當時校長動氣辯論，據理力爭。（一位能讓人動氣辯論，據理力爭的校長，是值得人尊敬信賴的校長。）而今，如果依照此書所記，沈氏豈非在六十二歲就從大學退休。

2004 年 8 月 28 日　　星期六　　　晨雨，近午豔陽，黃昏又雨

　　早早起，未聞雨聲。草草探頭小窗，亦不覺異樣。等

下了樓，只見斜風細雨，飄灑暢快。略遲疑。不欲縮頭縮尾。勇往直前，心想重返少小情懷何妨。沒料到，雨愈下愈大。於是急中生智，在樓下臨時的隔夜「垃圾」堆裡尋看，找出一片不大不小的「保麗龍」（港名「發泡膠」）薄板，以它擋雨，貿然前進。

在一個多小時的雨中晨步和仰臥起坐運動之中，這塊薄板用途廣泛，令人心愛。歸來時，心生兩難：我該將它「物歸原主」還它垃圾堆中，目送它不知去向；或是應該將它收回保存，日後做成更進一步的「美工製品」，讓它化腐朽為神奇？（我又不是全無手藝的人！）

在兩難掙扎之間，我試問自己：如果是沈氏，他會如何抉擇？他也是個講求「環保」，主張「廢物」利用的人。

其實，今日的垃圾堆，充滿著「非廢物」。我常常在經過隔夜臨時垃圾堆的時候，增進知識，感嘆人生，或體會溫情：

(1)有一次在法國製的洗衣機包裝紙箱上，學到辭典上未列出的詞語。

(2)有一次「拾穗」撿來兩盒錄音（影）帶，全新的，封面包裝紙都未打開。一盒教人如何善做父母，一盒教人如何教導問題兒童。心想原來的物主和他們的小孩後來命運如何。

(3)有一次，在日本語的幼稚園附近，見到一封寄自日本的信。一位祖母遠遠寫信到香港，感謝幼稚園老師對她孫子的循循善誘。

當然還有更多的驚奇事跡。日後寫本《清早拾穗記》。開始修訂文集用的成文稿。

2004 年 8 月 29 日　星期日　　有雨時急

請代製作文章磁碟，以供三民書局編排紀念文集之需。沒想到臨陣時刻電腦「當機」。改以三年前製作的「教學網頁」光碟取代。明日帶往臺北。

今晨斜雨橫飛，山邊渠水如奔似躍。

返家寫了兩行小語：

斜坡水道無詩意，
陣雨飛濤有琴音。

2004 年 8 月 30 日　星期一　　香港有風有雨，臺北晴有陽光

今晨的晨間運動為何如此「天時」完美？

下樓時滿地是水。有備無患，帶著雨傘下樓。取出抹布，拭乾健身板，仰臥起坐。觀天看雨雲。做畢開始小雨。上斜路雨漸大。開傘。沒有昨日的飛水琴音，多了今天的傘上雨響——滴滴聽入耳，聲聲上心頭。走到小石健足徑。雨停。收傘。光腳踏石。石涼草暖（初次體驗）。走畢石徑六百步，著鞋畢。天又雨。信不信天上對我優惠有加？

入住這間小旅店。每次從海外預定總是指定要這間房

間。因為我常隨手「修理」這個那個，把它當成我的家。
（記得十年前（?），第一次往成都開會，也著手修理他們
的廁所設備。）

電話三民書局王韻芬。

編輯部顏少鵬前來。我交給他幾篇文章，磁碟和網頁
光碟。我們約定了今後二、三星期的工作計劃。

夜晚，日本的電視轉播中，驚聞颱風 16 號登陸日本南
部，造成大災。該颱風繼續北上，入海又登陸。可能遠達
北海道。如此一來，豈非日本全部盡入風區，備受災情？

明日寫信慰問那裡的友人——在鳥取穴澤，在秋田男
鹿，在東北盛岡，在東京橫濱，在信川乘鞍，……大家可
好，在這多災多難的季節。

2004 年 8 月 31 日　星期二　　臺北午前曇，午後雨。
羅東、冬山曇

在旅店寫了一封信到日本，慰問颱風災情。

　　○○○女士如晤：

回來臺灣，為探望家母，也為出版一本文集，因此滯留
臺北一天一夜。

昨晚和今晨，在旅店的電視新聞轉播中，得悉颱風 16 號
猛烈吹襲日本，先經九州、四國，從本州、中國出海後，據
報目前似乎又要由日本海轉向，吹向北海道的南部登陸。一
次颱風，幾次上陸，幾次入海，適逢秋天多雨，再加滿潮時

刻，於是全日本幾乎前後輪流接受狂風暴雨、浪高水漲的大洗禮。令人深深擔心分居各地的日本友人。你的家鄉的風雨和海濤怎樣？令慈可好？你一定為了照料母親和愛犬，內外奔波忙碌。「阿猶」有沒有受驚害怕？

初秋照理是你花園菜圃的豐收時節，前回颱風，一切無恙，這回是否害得你忙於採收，移置保存？

你在香港中文大學崇基學院那時的「日文組」教書那兩年，是否認識沈宣仁教授？他於本月 5 日在美國加里福尼亞州逝世，享年七十三歲。記得那兩年你住的崇基宿舍嗎？沈氏他們一家也住過崇基。你住的是上山路邊的 C 座，沈氏住過更往林深處的 A 座，也住過馬路另一邊的 D 座和 E 座。

10 月 9 日在崇基禮拜堂有個懷念他的追悼會，我希望在那之前出版一本紀念他的文集。

今天就此擱筆，令慈處請代致候問安。

即祝

平安

秀煌敬上

2004 年 8 月 31 日臺北旅次

2004 年 9 月 1 日　　星期三　　多雲轉晴，午後又曇

昨日累。記得近午退房後，坐在旅店附設的餐廳為紀念文集前後工作了近五小時。餐廳一角本極幽靜，思潮洶湧。中午開始人多吵雜，聲浪直線地依幾何級數增高，因

為在高聲浪中要能盡興言笑，聲音需要提得更高。於是層層相因，惡性循環。只從餐廳幾桌的人家和朋友的笑聲浪語看，還以為臺北的人真是快樂一族。

冒雨趕往火車站，提重準備返鄉。坐車辛苦。媽媽總是叮嚀不要攜帶重物，但是雖然提起來沉重──返回老家，妹妹前來迎迓，想幫我提行李入屋也提不動──可是一經打開，將行李箱和背囊傾袋而出，卻又好像總是不夠禮物可以分配。媽媽中風不便，更希望多帶些東西給她。

媽媽中風之後，我不斷在思索「人生的病」和「病的人生」的問題。媽媽原來是個活躍勤勞的人，現在不能自由行動，內心多麼痛苦。我希望努力助他重新建立一個精神世界。

她早年接受日本式的教育，她嚮往的是溫情和紀律，於是我為她摺了千羽鶴，一小群在藍天之下列隊飛翔。她要唸經，我為她印製放大的日語發音的「心經」。她愛回想小時受教的情景，我為她選購了紀念性的她那時代的學校文物……。我也替她取來日本寺廟的平安符，日本昔日古僧寫的人生格言。去年開始，日本有個公司分期發行了十六輯「故鄉之歌‧心靈之聲」，我要一張一張放大給他，讓她可以一首一首地沉浸於思懷和願望的世界。當人的目光向遠處延伸之後，心靈也可以跟著向高處遊走。不管什麼叫做「病」，人生總會有病。病也不是什麼可怕的事，只要我們好好安排病中的人生。病中的精神世界至上，不是物質生活。

今天本來努力在忙紀念文集的事。但是弟弟買回兩大張紅紙要我寫啟事。每張只寫五十多大字。可是從編排、磨墨、試筆、寫字，前後竟然花了二小時。其中一個原因是我在老家沒有書桌可用，無法將大紙攤開，而我腰脊疼痛，又無法伏地書寫。

現在還是鄉間傳統的鬼節時候。媽媽信神，因此也信鬼的事。這些另一世界的東西尚未被召回關起之前，媽媽仍然不斷指揮家裡敬神拜鬼的事。

信神拜鬼的人多了一層精神世界。

2004 年 9 月 2 日　星期四　　晨有星有月有雲

金星仍亮，附近另有一星。好像不是恆星。論顏色，會不會是火星？難道火星合金星？身邊沒有星曆，又無電腦可以上網一查，只好等返港後求證。

望著望著，突然心生靈感，中天好像一塊人間的園地，不也可以比做崇基學院的校園。那些天湖裡晨早全天最亮的星星之中，哪一顆是沈氏之星？我曾經寫過（在《人生小語》某個角落）：人類努力經營的，上天自有它的品質的標準（大意）。不論沈氏在崇基學院或在中文大學的紙上記錄如何，在良心的天上自有晶瑩明亮的記錄。

地上人間辛勞工作，天湖星影永恆記錄。

寫成〈月落人天涯〉作為追悼沈氏的「輓歌」。每日至少唸誦一次，紀念他。

2004 年 9 月 3 日　星期五　　晨有星，白天熱

今年最強的颱風在遠海，恐直撲臺灣。

城市大淹水，山上土石流。這是自然的災害——也是，有時更是自然對人類的懲罰。

自然的事與人為的事不可太不講究親密和諧。過度的開發，過度的不良開發的結果，人類自以為僥倖為之，「偷步」建設，自以為「人定勝天」，「無□無天」……；如今，在默默中，在幽幽裡，上天給了人類一個嚴正的答案。

朗誦輓歌不少次。

2004 年 9 月 4 日　星期六　　曇，熱

略遲起，天欲亮。推門只見白雲。不知我是不是錯過了滿天的星。

不可以自我安慰：「明天也許會有星。」

明天的星是明天的星。

朗讀〈月落人天涯〉，漸入佳境。努力工作，為了文集。

午夜，睡在地板上感覺有異動。是蚊子，也見螞蟻。後來，在黑暗中尋音拍打，竟然命中。

2004 年 9 月 5 日　星期日　　曇時陽光，仍熱

弟妹陪媽媽「郊行」。我留家工作。

寫畢〈「三十年來情與理」的餘音〉

把七〇年代初會沈氏的來信,定名〈幸會沈宣仁先生〉。邊翻譯他的信,邊受感動。

朗誦輓歌,改動用字。

2004 年 9 月 6 日　星期一　　曇

大清早 02:00 醒,未幾起身。推門見星,心喜。外出。農會小廣場,抬頭尋星。西半天大塊雲飄來。莫誤好時光。金星亮。獵戶美。大犬小犬皆好。見不到七姐妹。最樂南極老人星,在南邊地平屋頂,分外明亮。

幾日欠晨早運動,好久沒有走訪羅東運動公園。那兒的清早鴨影、魚跡;樹木、花叢;朝霞、水聲……。街角的攤人,橋邊的菜販,田裡的老農,堤上的農婦……。這一年代我交往的鄉間朋友,久違了,他們可好?

忙著沒有時間在每天的大清早去巡迴造訪,寒暄談天。我離開故鄉一個多月,這次返鄉又一個星期,他們會不會不見人影,心生疑慮?

最要命的是,這個月我體重增加一又二分之一公斤!

不愁,我一向善於自療。只要有自覺,只要有志氣,只要有恆心,「減肥」算什麼。

夜晚極睏,努力支持到媽媽要上樓歇息。

夜晚真不是我的時光。好累,好睏,好虛,好弱,好病。

今日的輓歌朗誦又有進步。

2004 年 9 月 7 日　　星期二　　曇，下午漸陰，黃昏陣雨

晚起：05:30。

利用晨早弟妹陪媽媽去郊外步行，我一個人在大廳工作，高聲朗誦懷念沈氏的輓歌。第一次不是在臥房兼書房朗讀，感覺有點不同。

至今起碼朗誦四、五十遍。每次都在不同的文句中失誤一兩個字。寫來讓人看的，和自己發音唸出的，好像可以有不同的版本。

常常在誦讀後翻查字典，以正發音。偶爾也順手改動一字兩字，以利口唸。

媽媽郊行回來，已過 07:30。早餐時，見那些買來敬神拜拜的大紅「麵龜」，上面全是濃濃色料，需要撥出一層厚厚的皮始敢入口。大概製造的人也深明此理，使用的顏料可能不合規定，有害人體。我打趣地說：如果不小心，信神越篤，吃麵龜愈多；吃得愈多，中毒愈深。結果：信神愈篤，中毒愈深。

農村還有許多尚待改良的生活習慣。

今天發生了一樁趣事。主角是一隻像小粒芝麻那樣大小的黑色甲蟲。

媽媽吃過早點，我順手取來抹布拭桌。媽見我來，趕緊用沒有因中風傷害的右手，圍起面前的一塊小角落。我以為她有藥粒放在桌上，怕我掃動，但除了一個小水杯，

卻也看不出有什麼東西需她出手保護。正懷疑。媽媽出口道:「頭腦很好。」我聽了,更加有點「丈二金剛」。這時坐在媽媽身邊的弟弟和已經離開餐桌的妹妹也加入圍觀,看個究竟。媽媽又再重申剛才那句話,這次伸出食指,指著桌上一個不起眼的小黑點,並說那東西很聰明時,我們終於弄明白媽媽原來的意思,問她那個污點跟聰明、跟頭腦好有何相干。這時媽媽才說「那隻蟲頭腦很好」。這時大家才恍然大悟,輕輕取笑媽媽。我們都不相信那是一隻蟲,於是你一口我一聲爭著要令媽媽放棄自己的想法。大家都以為她因長期的白內障阻礙視力,目前只有一眼開過刀,大概常常視覺不清而判斷錯誤。在眾人的懷疑聲中,她卻不為所動。大家只好想點解釋的辦法,令她改變判斷。弟弟說那是剛才吃早餐時掉出來的一顆小芝麻(他吃的是豆沙包,為什麼掉出芝麻來,卻沒有合理解釋),妹妹肯定那是平時桌上常見的污點穢粒,而我站在媽媽身邊也不知道怎樣維護她,因為看來看去那個小黑點都不像是什麼有生命的東西,更無法說是小昆蟲。這時只有媽媽「老神在在」,力排眾議。她拒絕妹妹將它掃到垃圾袋裡,最後妹妹只好取來一片小紙巾,輕輕觸動那個小黑粒,看看到底是芝麻,是塵土,是泥粒,是……。總之沒有料到是動物。可是不觸則已,一觸那顆圓圓的小小黑點竟然動了起來!不但動了,還突然張開翅膀,變成一隻可愛的小昆蟲。媽媽贏了,但她不動聲色;我們全輸了,覺得無地自容。

我們為了補過,只好手忙腳亂為這隻不知名的可愛的

小昆蟲尋找一個小小的盒子的家。妹妹還去為牠採來一小片綠葉放在盒子裡。牠不領情，總是迴避。想想也許不是牠故居的顏色，又去採了一瓣花片……。妹妹笑說像是服侍公公一樣。

那個上午，這隻小小的不速之客成了媽媽新的朋友。媽媽知道什麼時候牠想飲水，什麼時候牠累了睡了。中午媽媽上樓休息，我們接手照顧。家裡突然多了一個成員，直到傍晚，媽媽要我們在雨停的時候，送牠到花盆內放生。夜，雨大，媽問那小小昆蟲安全否。

利用媽媽上樓休息，往練朗誦。起先四次各有一處小誤。（滲入思情，思想改訂文字之事。）第五次似頗完美，但讀畢改回（不是訂正）一個字：「是」→「卻」→「是」。

睡前又朗誦兩次。第一次誤唸一字。

2004 年 9 月 8 日　　星期三　　陰時雨

昨夜寫作，晚睡。今晨依舊早醒早起。03:30 左右。

整個大清早，除了伸腰運動外，全在頌讀〈月落人天涯〉。不知有幾遍，有時傷心幾乎無法盡讀。

初次試驗站著讀。幾次下來頗考驗腰骨和脊椎之恙。也試貼藥膏敷片，看看能否減輕久站朗誦的疼痛。

06:00 走過天井前往探望媽媽。沖泡「夏枯草」沖劑給家人。這是回老家每天必做的第一件「例行公事」。

今日頌讀輓歌不下十次，有時仍略有失誤或不完美。

127

原因：(1)牙齒未修整（十一月底才輪到我）。(2)邊唸邊入神。
(3)邊唸邊動情。(4)邊唸邊想修訂。今日又加上「滿山滿谷」
四字。

2004 年 9 月 9 日　星期四　　雨停，幾見薄陽，午後又雨時大，夜滂沱

　　窗外安靜，應無雨，推門望，無星。

　　昨夜並未早睡，今晨仍然早起。

　　從清早三時至六時，一直在朗讀〈月落人天涯〉。原以
為早已成定稿，昨日加了「滿山滿谷」四字，今晨又加上
兩個短句：「一起接著一起的歡呼，一陣接著一陣的歌頌」。

　　正像人生似的，不斷的思索常能不斷有所改善。也想
起「時時勤拂拭」的意義。

　　不過，不停的思索在朗讀時也常引起唸錯字。不只思
索時出問題，有時動情投入也出問題（眼睛離稿他望也會）。
這就是抽離提高心境的重要性。朗讀獻給沈氏的詩句時，
不可太出神入裡地懷念他。這是藝術的境界。以往這叫做
「昇華」。

　　我朗讀時一方面要投入有情，一方面又要昇華抽象。
兩者怎樣結合無縫？

　　朗讀了一次，又一次朗讀。今晨大概讀了十數次，每
次都逐漸累積不同的經驗。大概人生亦復如是。在人生裡，
只要細心留意，慢慢地看得出何處容易生弊端。知道哪個

路口是生命中的危機，知道哪個關節是人性上的陷阱。

站著朗讀對腰骨脊椎仍是一大壓力。連續幾次之後
——每遍約十分鐘，竟覺腿部酸麻。平臥地板，腰脊運動
之後，再唸。

或許太早起動，或許體內燃料不足。試小含蜂蜜，也
試過食用兒子給我的一小包一小包補充體力的食漿。

另一朗讀要點：語句陰陽頓挫及句中各辭的輕重緩急。
又一注意之處：遇有小小失誤該如何補救，使不露痕跡。

為了表現淒苦之情，該篇文字多用長句，甚至超長句。
最長兩句分別為 25 字及 24 字，另外 18 字、19 字、21 字
的都有，而且不只各一句。口喉和肺部均需配合適應，以
便呼吸有節，含吐不亂，語流輕暢，一氣呵成。

最要好好注意保養的是牙齒。上個月牙醫拔去我一顆
大牙，門牙的崩壞要等多兩個月才能全面修補。切記，切
記，不要粗魯咬食。壞了門牙，如何準確發音？

2004 年 9 月 10 日　星期五　　清晨天地平靜，無風無
雨無星；上午略有薄陽，下午轉雨時大

大清早，三點半。推窗，開燈，展讀輓歌。至今何止
朗讀十次百次，何故老是生出小小小小的輕微失誤？
原來感情無法受困於文字。
原來情思最富不斷創造能力。
證明人不是說話的機械。

證明人最是富於創發的動物。

我不該為演練而朗讀，我應該次次為了獻給故人而歌頌。

其實早已如此。不知從哪一天開始——大概從嘗試起身站立朗讀那天開始，在朗頌〈月落人天涯〉之前，全都加上「前頌」（模仿「前言」造詞）：

> 月落人天涯。
>
> 思情與懷念。
>
> 獻給永恆的沈宣仁先生。

這也是正在編寫用來紀念他文集的集名和獻辭。

不知在第幾回朗讀時，中途發覺唇上冒出一顆細細的砂粒。莫非是上個月牙醫為我的門牙所做的暫時填充物！

會不會在激動的聲浪下，一粒一粒地浸蝕我暫時的門牙？壞了門牙，如何在沈氏的追悼會上字正腔圓地奉獻我的輓歌？

為什麼每一次朗讀都出現一點小小小小的失誤，總是未能如意稱心，總是不夠完美？難道因為這只是演練，所以我不夠專心。也許我不夠專心，但我卻絕對投入。

所以只顧絕對投入，後果不一定如意完美，因為我分心了——因動情而分心？這也是人生的弔詭，但算是人性的弱點嗎？

啊！或者是故人有靈。沈氏會不會在天上暗自盼望，不停聆聽我在地上的聲音，因此總讓我出些這點或那點的

瑕疵。

不會的，他是要我學他的榜樣，明瞭做任何事——即使只是短短一篇輓辭，也應力求完美，一聲一音，一字一句。

每遍只需不到十分鐘（可不可以說「十分鐘弱」代表「十分鐘不到」。「不到十分鐘」和「十分鐘不到」的分別在哪裡？有空細細一想，並列出「語用」規律來），大概頌讀十次左右，以為是今晨的最後一次。不滿意。還是多讀一次，才推門前往探望臥病起身，正待啟作「復健」運動的母親。

又再一次。未好好控制情緒，幾乎落淚哽咽，無法盡讀。

又再一次。有所改進。

又再朗讀一回。較為小心集中注意。

已經快晨早六時，媽就要準備下樓。看鐘，還剩三分鐘，趕緊躺落地板，做幾下腰脊復健運動。等我匆匆趕去媽媽處，妹妹已扶著她緩緩慢慢，一小步一小步，開始走下樓來。

下午三時，母親上樓，復健動作。我趕去臥室，腰脊運動。朗誦輓歌一次。

四時，母親入浴。再趕往朗誦。這次似無錯誤。返港後，擬多在四點後誦讀。10 月 9 日的追悼會據說在四時開始。

我希望早日測試自己在下午四時之後的身體狀態和精

神狀態。

2004 年 9 月 11 日　星期六　　午前似雲似陰，午後大雨傾盆

晨四時，推門看，見淡星。急下樓外出。原來金星合月！金星在濕濕的輕紗之間，殘月在冷冷的薄雲之內。走到農會小廣場，眾星皆淡，反而遠遠地平線上矮屋之頂的南極老人星閃耀明亮。天下反常之事不斷，中天的獵戶、金牛、大犬、小犬……竟如此無光。

「縣府『凝』廢止道路公告」大牌不見了。

回來朗讀〈月落人天涯〉。

應該說成「朗誦」隨俗，或「朗頌」自尋新意。正好像「年輕」和「年青」之間。

如果用法區別，演繹出內涵相異，那麼可以分別記錄：

　今晨朗誦了：一，二，三，……次
　其中朗頌了：一，二，……次

分別不出的，直接寫成空心辭「朗□」──「讀」、「誦」、「頌」。還可以有什麼樣的相關「實心辭」呢？（空心辭不是「空辭」，實心辭亦非「實辭」。）

想到「誦」，想到「誦經」，「誦經」與「唸經」有何不同，「念經」呢？

什麼時候「誦經」變成「念佛」，什麼時候我由朗誦輾

歌轉化為歌頌沈氏?

五點半過了,還有時間再演練兩次。媽媽在等著,她就快下樓。

我從來都是站著講課,有時沒有休息連講三堂。如今,每遍只是站著誦讀近十分鐘,何故有時胸肺作疼,雙腿酸軟,腰脊不適?

重複太多次? 太著力,太入神,太傷懷?

下午三時過,母親上樓。再回臥室,再讀一次──這次試驗不戴假牙的效果,看發音咬字有何差異。

2004 年 9 月 12 日　星期日　　雨時傾盆,豪雨剛過颱風又來

遲起。只能朗頌輓歌兩次。珍惜機會,集中精神。

今日集中實驗,如何集中精神:

(1)遙思靈山之下名湖之上的「花火」。

(2)思念沈氏,將思緒推向遙遠。

(3)力求注視文辭之上,心無旁騖,心「不」旁騖。(「無」是實情現狀,「不」表示意志決心。)

要知道答案,首先檢討過去心「有」旁騖,心「常」旁騖──心□旁騖時的各自的誘因。

2004 年 9 月 13 日　星期一　　雨停雲濃,日間有薄陽

清晨 04:30 醒起。

唸誦輓歌，朗誦，朗頌。

今晨專心思索，如何錯中仍然生色，錯裡依舊有情。常見失誤處：

⑴對調了疊字、疊詞。

⑵句間交換了狀詞（形容詞、副詞……）。

⑶替換了詞語（靈感關不住）。

⑷倒置了次序（心靈任由飛）。

朗誦一次又一次，靈驗了。真的天上人間渾然一體，絲縷相連。

會不會是雲端的天使，喚醒晚起的故人？幾十年同事，我不敢在他面前宣揚早睡早起。就是三年前在他七十大壽的研討會也只敢小聲說笑：「上帝如果要人早起，一定會生給他一對貓頭鷹的眼睛。」

不過現在沈氏已經可以拋開塵世的繁重雜務。在天堂，他可能早睡早起。

2004 年 9 月 14 日　星期二　　雨霽，雲有形有紋，有板有塊

本來要寫「雨全止」，想起初中作文時，用了從課堂上學來的「霽」字。翻查字典（不是辭典），知道此字又可以寫成「霽」，是嗎？中學時為什麼沒有學過？生命有涯，知識無限，不常翻書，自高自大。

演練輓歌，有情有節，一字無誤。好像漸入「神」境，

熟能生「奇」。神奇！

好像早已任情不礙讀誦，懷想不生瑕疵。既有敬意，又有摯情。既講技巧，又能熟練——昨天還在思慮如何在錯中回生，錯而有情，錯而幽美，錯而無痕無跡，錯而不失不過，錯而無障無礙。看來多餘，只是有備無□，有□無傷，有□無□。

忽然想起 19 日返港後，大約不能再在這麼寧靜的清早，朗誦輓歌，歌頌故人了。我一開口必定吵人，不待朗頌，鄰居驚心。

趁雨停，雨霽；趕緊取出幾天因雨積壓的待洗衣物。我最善於古法洗濯，用手用腳，用眼用腦。任何新式的，電子的，什麼乏晰邏輯的，什麼「專家系統」的電動洗衣機，全都比不上「竹喧歸浣女」，更（「更」字要說得輕聲而謙虛些——學習沈氏的謙虛），更比不上清早踏星抱月歸的大男人。猜想，那些設計洗衣機的，大概個個想當然耳。請問他們各有多少年的洗衣濯裳的經驗，他們家裡，在他們小時候，可曾有個辛勞洗濯的母親（或父親）？

不過，不過？（這回要請教於沈先生了。）沈氏追隨蘇格拉底，提倡詰問教學法。當他和他的一群學生聚集討論時，不論問答多久，答問幾回，他們怎知道什麼是正確（還不說「最佳」）的濯衣法呢？

啊！怪不得沈氏生前，不時前來我辦公室「諮詢」。（崇基）書院大事，不也如抹地小事，（文學院）學院公務，正好像洗衣家務，大處著眼，小處著手；「時時勤拂拭」，日

日保平安。（日日保健康，日日保康樂，日日保□□。）

2004 年 9 月 15 日　星期三　　晨早眾星展爍，雲中嬉戲。午前薄陽，午後雨

　　昨晚實在愛睏。別人看來只是淺淺的夜，才晚上九點半。也許早起，也許今不如昔，04:30—21:30 只不過十八小時。

　　好像呼吸弱了，胸部疼了，腰坐不直了，靈魂好像要四處遊蕩了！

　　不過妹妹和我有意留下來陪伴媽媽。中風後她行動不便，一切需人扶持。早早將她帶上樓房臥室，長夜寂寞。於是努力鼓起餘力殘魂，睡眠陪伴到她上樓睡眠。

　　雖欠眠，但大清早，推門探看，在樓群中的一線天，看見雙子座。精神一振，再不頭疼。

　　走向黯淡的街，就在鄰居路邊的十字路口，遠方樓房間隙，南極老人星貼住屋頂在閃亮，清美耀目。我何止走過這個街口千百次，今天竟然如此巧合。平時費盡心神尋找，需要樹幹燈桿座標固定。如今輕而易舉，它就在我再也熟悉不過的那片矮屋的房頂上。

　　人生。經歷。放眼。觀察。入微。出細⋯⋯。

　　到了小廣場，滿天是亮星。一年之中全天最亮的星差不多都上了舞臺。第一亮星天狼，第二亮星南極老人，第三？第四，⋯⋯。連金牛座外的七姐妹⋯⋯。遊子的金星

自然也來湊熱鬧，努力發光。舞臺上，不是長空萬里，而是雲飄帆揚。光亮晶瑩的星子在雲間動情嬉戲，你奔我飛。

我給自己十分鐘的凝視。今天仍然是追思期間——在 10 月 9 日追悼會之前。我要回去，從事晨早的頌歌，像有人誦經的功課。

不久，真的過了不久，雲淹星沉，中天不再耀眼奪目。想起那些沒有早起的人。想起哲學家巴克萊。想起：如果沒有看見的就不存在，這個宇宙多麼無趣。如此閃爍晶瑩的，竟然沒有在生存中巧遇心領！晚起的人們呀！

「近水知魚性」，「近山知鳥音」，然後呢？晚睡夢周公，早起識星踪。

少小時候不是愛讀《綠野仙踪》嗎？長大了，難道遺忘追尋子夜星踪？少小情懷今何在，空留遺憾嘆此生？!

附　錄：

小廣場旁邊的「田園畫廊」正在舉辦攝影展覽。正像多年前，每年重返北京清華大學交流講課時，總禁不住要走去探望當年被粗魯的紅衛兵敲爛，後來修得不□不□的久遠畢業校友贈送母校的日規，每次來到這個小廣場的畫廊之前，我也不禁前往窺看它那似模似樣的佈告小牌坊。我曾經被誤了一次。我明明按照它公告的時間前往，但卻上午去也沒開門，下午前往也鐵欄深鎖。我寫了一封信去陳訴。有人回了我的信。原來我去那一天碰巧是星期一，星期一是他們「休館」的日子！

不論休「館」或休「廊」，為什麼不在公告牌上附帶說明呢？他們的回信客氣有禮，只是沒有道歉；他們希望我日後繼續前往，但不提會加以改進。果然舉手之勞亦不知改進。今天還是依然故我。你必須先被誤一次，日後才能平安度日。

走出廣場，對面就是一個龐大的擴建改造工程。那地方原來有個大運動場，場內有八百公尺的標準「紅泥」跑道。每天清晨三時開始就有上了年紀的男男女女在那兒晨步健身。去年開始封了起來，要改建青少年的「極限運動」措施，大興土木。另外一邊要建造文化中心，封閉一條街道。後來甚至提議廢除街道。不知什麼時候，圍籬上掛了一個牌子，有天我意外發現，寫了一封信給鎮長：

敬啟者：

　　本人目前雖非羅東鎮民，但因自小在羅東活動，在羅東受教育，因此每逢返鄉，皆徘徊於鎮內各設施之間，諸如羅東運動公園、母校羅東中學舊址上的羅東國中、事實上並非舊地但已在名義上成了我母校的羅東高中，當然更不忘走訪距離老家最近，目前已經關閉，正在改建為新式青少年運動設施的運動場（體育館）。

　　今晨本人又在該運動場的臨時籬牆外散步觀星，走到早已築籬封閉的「成功路」（?）前。在黯淡而遠遠的晨早路燈下，讀不出圍籬上的公告內容。可是旁邊掛有一片白底紅字的大標牌，寫著：「縣府擬廢止道路公告」。這幾個字倒是在

昏暗裡也能在數米之外，清晰可辨。起初讀起來略覺奇怪，
定神一看，原來「擬」字寫成「凝」字。那是「電腦刻字」
的標牌，未必就是當初擬稿人的失誤，但讀來令人不安，深
怕以訛傳訛。煩你著人改正。此牌若非鎮方所立，而係宜蘭
縣「縣府」所為，亦煩請代為提議改正。

　　畢竟各層政府的公告文字，也是社會語文教育的一環。
謹謝費神。此致
羅東鎮○鎮長○○先生

　　　　　　　　　　　　　　　　何秀煌敬啟
　　　　　　　　　　　　　　　九三年（2004）9 月 3 日

　　信是寄了，但卻忘了。前幾天（9 月 11 日）大雨過後，
也是在昏暗的晨早，遙望那道圍牆。圍牆改善了，建高了。
鎮長的公告加大了。幾米之外也清晰可讀。「縣府『凝』廢
止道路公告」的大牌，沒有重新改正懸掛。大概工人把它
取下來變成工地的垃圾丟棄了。我寫的那封信大概也就石
沉大海，化為雲煙。

　　這當然不是我為了一個字特地寫信給當事人。有一次，
在香港，是一個臺灣派去做文化工作的機構。他們總是在
寄送文化活動節目單的封套上，印著「若有重覆」通知他
們。幾年下來未有變動，有一次因為通訊地址改變，通知
他們，順便告訴他們將「重覆」改成「重複」。沒想到他們
竟正式回函，說什麼「覆」字通「複」字等等。

　　他們到香港去做文化工作，為什麼不跟隨當今的語言

用法習慣。那時，我正要返鄉過節、過年或探親（查日記就知道），在冬山老家撥空給香港的他們回了一封信。我指出語言是約定俗成的產物，請他們查一查目前坊間的五六十本漢語詞典之中，有哪一本收錄「重覆」當成詞條，加以解釋。他們由臺灣派去做文化工作，人家指出他們用語不符目前的語用習慣，他們卻上綱推遠，好像要來一次語源學的討論。

為了怕他們不瞭解此點，在信尾我舉出一個小小的比方。我說他們平時也在教小童唸唐詩。如果有一天有人指出他們的讀音走樣，他們最好查查字典——不管是臺灣出版的「注音」詞典，或是大陸出版的「漢語拼音」詞典，兩者的確多所不同。讓他們的讀音有所根據。千萬不要急中生□，推說自己讀的是唐音、吳音或什麼地方音。

我們大家都有可能寫錯字，寫別字，寫或體，或寫古體；有時的確也可以扮演倉頡，重新造字。但是遇有疑難，特別是別人提出意見時，最好不要自以為是，最好翻查辭書，看看有沒有根據。

當然，凡人都可能出錯，辭書是人編寫的（也是人校訂的——如果他有校有訂的話），所以辭書也可能出錯。另一方面，據說凡人皆有錯，（所以?）偉大的人有偉大的錯。（不知是因為人偉大，所以錯也被人「偉大化」，或是人因偉大而有能力所出偉大的錯——完全沒有能力的人做不了什麼壞事，當然也成不了什麼好事。）

偉大的辭書的確可能出現偉大的錯誤。日本有一個出

名的辭書出版社，叫做「小學館」。2000 年開始分冊出版當
今日本最大的辭書（事實上是該辭書的第二版），全書十三
卷，收錄詞條五十萬項，詞語用例超過百萬條。堪稱日本
有史以來登峰造極之作。次年這家小學館在過去的基礎上，
出版了一本第八版的《新選國語辭典》。我喜歡這本中型辭
典，因此常常拿來翻查。任何一本辭典，一翻查久了，失
誤處就慢慢出現了。使用了半年之後（2003–01–05 購買，
2003–08–09 致書請訂正），無意之間（我為了查看那辭典
有沒有收「三角藺」，翻錯書頁，眼光落在「三段論」上）
發現了嚴重的錯誤。編者把三段論說成有「三個前提」（頁
706）──在解釋「大前提」時；又把大前提和小前提混淆
對調，把大的說成是小的，把小的說成是大的（頁 483）──
在解釋「三段論法」時。（另外，把「大前提」收為詞條，
卻沒將「小前提」也收為詞條。倘若真把「小前提」也收，
算算只有大小前提卻沒有「中前提」，那位編者可能悟得出
一個三段論只有兩個前提和一個結論，那就不會產生上述
第一個錯誤。）不過此一省思並不會自動令他反省改正第二
個錯誤，他還得小心注意教他邏輯的老師怎樣定界「大前
提」。（當然，只有兩個前提，另一個就是小前提了。這就
不必由編典編輯來說了。）

　　由於我喜愛那本辭典──你所喜愛的，不一定看不出
瑕疵，否則「情人眼裡出西施」就變成真理了。也就因為
它不是真理，今日的西施可能轉眼變成「人是名非」（物是
人非，□是□非）的非西施──而且不是盲目地喜歡（我

平時「就地取材」輪用近十本日語辭書），因此我花了大半個上午，親手寫了一個小小的報告寄到「小學館」請他們轉送《新選國語辭典》第八版的編者。既然要寫讀者意見，順便將使用了半年，在辭典上標註出的其他意見，一點一點，分門別類，密密麻麻寫了六頁白紙（如果打字，起碼十二頁）一併寄去。我沒有往查該辭典過去七版是否犯了同樣錯誤，我只希望今後的第九版有了良好的訂正。

至於「三角藺」的故事，情節更加戲劇化。我無法使用簡短的篇幅，清楚說明，我只想知道日本的《廣辭苑》（第五版）提到臺灣大甲蓆的原料。（日本人叫做三角藺。後來我發現三角藺不屬藺草科而屬莎草科。有中文辭書將它說成是燈心草，不知到底似是而非，或者似非而是。）

為什麼會對一般日語辭典不收其為詞條的「三角藺」感發興趣，而誤入「綺」途呢？

原來有一年，不知是在京都或在日本東北地方的小鎮角川（或在其他什麼地方）買了一盒日本糕餅。盒上有一張小畫片，寫著「知草」，並附印著一首古典抒情詩及其現代語譯版本。經查，原來是日本最古的詩歌集《萬葉集》上的名歌人的作品。《廣辭苑》說「知草」可能是三角藺的古名，而三角藺又與臺灣的大甲蓆聯關起來。我將這事告訴一位高中的同學（事實上由小學直到高中）。他凡事認真有恆，於是我和他之間，書信往來，各自多方求證，展開兩年多的尋「根」知性之旅。

2004 年 9 月 16 日　星期四　　雨停地濕，疏星凍在雲霜中。日間傍晚偶小雨

　　遠望天上，一片茫然，幾點星星好似冰凍在雲霜的結晶之中，等待清風解凍。例是南極老人星遠在天邊，晶瑩閃爍，一「顆」獨秀——一□獨秀：一「人」獨秀，想起沈宣仁先生。

　　靈魂純潔，人品明亮的人死後可以變做星星——有人化做天狼，有人化做大角，有人化做織女，有人化做牛郎……。不要心裡著急，怕天上沒有那麼多星星，然而在沈宣仁的教導和感化之下，地上愈來愈多好人。不必著急：第一，宇宙有涯而無窮（愛因斯坦告訴我們的）。第二，純粹的靈魂沒有身高體重，不佔星體面積。（正像中古世紀所討論，一點小小針頭能夠「站」立多少天使一樣。）第三，就算好人無限，全待昇天成「星」（昇天成□）。無限之外，有無限多的無限（這點在數學上已在上個世紀獲得證明。我也常在「邏輯」、「思想方法」，「語言‧思考與寫作」等課中演證給學生看）。第四，這樣一來，人間多了一層歡欣喜悅的事：沈氏的追隨者，他的追隨者的追隨者……，一定喜歡將來投奔沈氏同一顆星星，分享榮耀，也參與發放光芒。所以我把正在寫作彙輯中的紀念文集，不但「獻給永恆的沈宣仁先生」，也同時「寫給受他精神感召辛苦堅持自己原則的後人」。讓我提醒他們，鼓勵他們：辛苦沒有關係，天上的星星看著你，星星等著你。

不過是不是讓沈氏「歸根」南極老人星呢？那顆全天第二亮星星，總是謙虛地出現在離地平線不遠的屋頂、山頭或海上；它不亮則已，一亮耀眼（不□則已，一□□□──不飛則已，一飛沖天；不鳴則已，一鳴驚人），不出則已，一出驚心，正好像沈氏一樣。南極老人星似乎還有幾個名字；在日本也是如此，這些名字各自和地方特色和傳統人情有關，有的代表農家的願望，有的表現漁夫的期盼。什麼名字最能代表沈氏在香港，在崇基學院，在中文大學，在哲學系，在宗教系的奉獻無私呢？

香港是沈氏的家，是他的故鄉──至少是他的「志業故鄉」。所以談起他的星，當然著眼香港，當然站在東經114°10′，北緯22°30′的座標點上；而我，回到老家的故鄉，回到120°45′30″、24°40′10″的小小的定點上，只好墊高一點腳尖，提高一點頸子，仰望南極老人星，仰望沈氏的功績，仰望沈宣仁先生。

真的要讓沈氏歸根南極老人星，讓世人──北半球的人老是墊足才能仰望，仰頸才能敬佩嗎？不然的話，哪一顆亮星最能表現沈氏的品格和品質呢？天狼星太兇惡，大角星太孤寂，牛郎星比較適合農家的人，織女星未免有點太那個了！是嗎？你可曾想過八千年後，織女星將會成為我們的北極星。不相信的人，不妨去請教天文學家。

啊！或許沈氏慣用英文，星名也照英文來歷。好罷，讓我從頭開始：第一亮星 Sirius 怎樣？第二亮星……？

沉思一過：何處是沈宣仁先生的故鄉？知識份子追求

生命的理想，讀書人尋找良心的故鄉。沈氏最是擁有良心的知識份子。他為什麼不返回出生地菲律賓去奉獻？他為什麼沒有停留在美國努力工作？他何以選擇前來香港，在崇基學院投入一生？1997 之後他又為什麼飄流美國，但卻心存香港的友伴？

今晨的輓歌朗誦，又再細心實驗：

(1)口中含水過剩，引起發音問題。

(2)戴牙似乎好過不戴，因為門牙尚未修補。

(3)逐漸確定了幾處的陰陽頓挫的安排。至於聲音大小，音頻高低，到時看崇基學院禮拜堂的音響效果而定。

(4)有一回，竟然遺漏了一小句，但是急中不亂，仍然救回了一大句。

(5)有時一點小錯容易引發接著的錯。心慌也。心急也。心亂也。

(6)切莫追想先前小錯。莫讓心思停落朗誦過的語句，不要邊誦邊思已生小錯。臨「錯」不亂。臨□不□。

現階段的任務：從「演練」提升為「演藝」，從言語步入藝術，從追求一瞬一瞬的熟巧進到「無時無間」的真心和真情。

想想：為什麼要演練？想想學無止境。想想：為什麼要天天演練？想想學如逆水行舟，不進則退。想想：何以時時在演練？想想「時時勤□□，莫使惹□□」。

又想起當年——不久之前的當年退休時，要將經營幾年的教學網頁送給哲學系時，寫給哲學系同學的贈言：「在

人生裡，有理想的志業總是無止境的志業。在學海中，有生命的教學網頁總是未完成的網頁。」我寫了兩個版本，同時放在同一頁贈言上，因為那幾年我開課講「語言‧哲學思考與寫作」，在那頁贈言中順便告訴他們，像「總是□」和「都是一（椿，個）□」這類的「全稱量化詞」在中文裡的相互變換方式。隱藏的「機會教育」也。

中午趁媽媽上樓休息，趕緊回來演練輓歌。效果不甚理想。因為？

夜裡趁媽媽晚餐，弟妹都陪伴她的時候，又跑回來演練。兩次之中，一次較為入神有情。（已經兩年了，回老家徵得媽媽同意，每天只吃兩餐。吃兩餐都會增加體重，若吃三餐，不堪設想。）

等媽媽晚餐過後，再陪伴她兩三小時，直到她上樓休息。

今晚還要再演練，因為明天暫停。

明天是媽媽的生日。我要把生命中的這個日子獻給她。我要將自己的心情獻給她。我不談天上的事，不談輓歌的事。

2004 年 9 月 17 日　　星期五　　　晴，白雲藍天，如畫似錦

媽媽生日。

一大早下樓。昨天的偶細雨全不見踪跡。地全乾，然

而天上依然多雲。一絲絲，一縷縷，一塊塊，一朵朵的雲。

望中天，沒有月影，沒有星跡；只有雲裳，只有雲被，只有雲海，只有雲戲。

驀然回首。啊！南極一星，獨亮獨輝，如常依舊。

說來誰會相信？今晨天上只有單獨一顆星──只有一顆亮晶晶的星，只有一顆勤勞的星，只有一顆有恆的恆星。

亮晶晶，勤勞，有恆，像是我家今天的壽星。

啊，今早天空只有一顆星。只有一顆星？只有一顆星！

沈夫人素琴女士台鑒：

外地返港，驚聞沈宣仁先生逝世噩訊，內心傷痛難禁，悲懷不已。

年前香港之會，見他神采飛揚，健談如昔，正想重提二十年前請他整理「柏拉圖對話錄」之課堂講義，交付出版；內心也在暗想：此事可以配合他的八十大壽。沒料到，他竟悄然離我們而去，留下我們對他的無限崇敬和萬般思念。

今天，我特地走來崇基學院舊區樹下的小徑，回憶他三十多年來教學育英的足跡。我爬上斜坡小路，走到您倆舊時的住處，觸目情傷，悲懷無限，不知何言。

但您遠比我深明生命之情，又有真摯的信仰力量，因此我也說不出古來「節哀順變」的話語。只願您珍重保愛，我們永遠和您一起紀念回憶沈宣仁先生的大慈、大德與大愛。敬祝
康安

何秀煌鞠躬

2004 年 8 月 25 日

寫於崇基學院禮拜堂前小池邊的樹蔭櫈上

人生的路
——生存・生活与生命

你我南□北□，東西□□，
怎料□□如賓，□□如故。

我倆有哪點相似，哪樣雷同？
何故相□相□，□□相惜？

● 把目光投向天上！
——寫給初進哲學的年輕學子

學哲學的，不立志成為思想家，何必辛苦讀哲學？

學哲學的，不關心人生的意義和生命的價值，何必辛苦讀哲學？

學哲學的，不注目世界的難關和文化的困境，何必辛苦讀哲學？

學哲學的，不放眼未來人類的前途和人性的拓展，何必辛苦讀哲學？

學哲學的，不立志將自己的生命活成一個令人歡喜欣慰的人生榜樣，何必辛苦讀哲學？

你們初入大學的年輕學子，眼前正有一條長長的生命之路。要怎樣計劃，要怎樣開墾，要怎樣投入，要怎樣努力，才能怎樣收穫，才能怎樣成就，才能怎樣創造，才能怎樣完善？

人生的路可以是一彎曲折的小徑，也可以是一條寬廣的大道。有人將一生過得愈來愈添困境，也有人把一生活得愈來愈有生機。你要做何選擇？你應怎樣規劃？

生命的成就從來不是自天而降，人性的成全最是點滴的累積。把目光投向天上，你看到傲視萬物的蒼鷹；將眼睛盯落地面，你接觸滿身泥污的爬蟲。及早立志，人生才

有堅強的勇氣；趁早勤學修業，人生才有堅實的熱能；趕緊在年輕而充滿熱情和朝氣的日子裡，涵養品德，孕育情懷，培植胸襟，日後的人生才有處變應難的能耐和眼光。美麗的人生遠景總是從今日明日的一點一滴的辛勞工作中，開始發芽生長，逐漸開花吐芳的。

所以，不要只看眼前的小利，更不要只顧今日的享樂。大膽立訂遠大的人生計劃，小心努力於每天的學業長進。日復一日，等一年，兩年，三年之後，你將欣喜於自己的生命的成長，別人也將因為眼見一枝人生新苗的向榮而高興，而嚮往。

把自己的生命好好活成一個優美的榜樣，我們的人性就不斷存有希望；只要自己發亮，就不愁這世界沒有光。

1994 年 8 月 10 日

本文原為香港中文大學哲學系的學生系會之迎新特集而寫。後刊於《香港聯合報》「中港散文」，1994 年 9 月。

● 哲學教給我們什麼?

——寫給就讀中學的年輕學子

在中學的日子裡，如果你只是專心致力於教科書上的知識，全副精神都在為著應付考試，那麼對你來說「哲學」的確是一個罕見而陌生的名詞。「哲學到底是什麼? 它能教給我們什麼?」這類問題對你來說，也一定顯得莫測高深，難以捉摸。可是，你如果除了課本上的知識而外，同時也注意父母師長的教誨，計慮自己日後的將來，苦惱於人生的困境，不滿於人性的弱點，迷惑於人間的感情，甚至關心社會大眾的走向，留意世界人類的前途。那麼在多思多想多求多問之下，你也就不難走向哲學的門檻。進一步，如果你在深思細想之下，感到困惑，有待求解; 在觀察思慮之間，涵情立志，意氣風發; 那麼你就更有潛能登上哲學的殿堂，在哲學之中精進自己，在哲學之中完善自己，在哲學之中奉獻自己，在哲學之中尋求改造社會，改良人性和改變世界的思想工具和情懷途徑。

中學的時代是多情的時代，中學的時代是充滿美夢的時代，中學的時代是富有理想的時代，中學的時代也是涵情立志的時代。許多選讀哲學的人都在像中學這樣年輕的日子開始，喜愛思考，豐富感情，追求理想，對人生、對人性、對社會、對世界充滿著真、善、美的期望，寄許和

追求。

哲學帶領我們從根本的基礎上和應用的根據上去探討真的問題、善的問題和美的問題——從知識的結構和原理上（知識論、科學的哲學、哲理邏輯），從德行的意義和社會人生的價值上（倫理學、道德哲學、社會哲學、政治哲學、價值哲學、人生哲學），從藝術之美和文學之情的本源上（美學、藝術哲學），從歷史的意義和文化的基礎上（歷史哲學、文化哲學），從宇宙原本和事理根源上（形上學），從人性本源和人類情理基礎上（心靈哲學、認知哲學、哲學人類學、人性論），甚至從人類表意結構和語言行為的根柢上（哲學記號學、語言的哲學）以及從實際應用的角度上（教育哲學、實用哲學、商業哲學、技術哲學、醫學哲學）等等。

哲學有一大片廣闊無邊的天地，可讓年輕人去馳騁，去投入，去追求，去奉獻。哲學令我們的理性明暢通達，哲學令我們的感情優美深刻，哲學令我們的生命豐富充實，哲學令我們的人生有價值和有意義。我們都希望通過哲學的修養，在這有限的人生中活出一個人性的真善美的榜樣。

1996 年 6 月 14 日

● 人生・哲學・人生
——寫給哲學系的新同學

人不只是一堆骨和肉。人生不只是一段時間和歷程。

或許在母親懷胎之前，人只是化學的元素。人只是物理的結構。可是，就算在母親的肚子裡，甚至在她受孕懷胎之前，雙親和家人——甚或其他的人，早已對我們有所期待，有所愛護，有所指望，有所關切。他們對我們充滿著夢想，充滿著情和愛。

我們是他們的意義。我們是他們的記號。

等我們長大，有了自覺，有了自我意識。逐漸地，我們不僅負載著他人的意義，我們也追尋自己的意義。我們不再只是他人的記號，我們更是自己的記號。

人不是一堆骨和肉。人生不是一段時間和歷程。

人是記號。人是意義。

人生是一段故事。人生是一個榜樣。

哲學教我們思索人生。人生的思索令我們走向哲學的人生。

我們將人的記號重新界定釐清。

哲學教我們不斷追求更加豐富、更加深刻的意義。

我們運用人的記號寫成人生的故事。言的記號和行的記號。言的故事和行的故事。言和行的記號。言和行的故

事。

在我們的記號人生裡，我們不只注視自己的生命，我們也關懷他人的生命。我們不只發散自己的意義，我們也分享他人的意義。

我們是自己的記號。我們也是他人的記號。別人是他自己的記號，別人也是我們的記號。

記號的人生、記號的文化、記號的文明、記號的人性。

愛是人生的理想。愛是生命的意義。愛是人性的價值。

每一個人努力追求人生的理想。

每一個人不斷散發人性的意義。

每一個人繼續肯定存在的價值。

每一個人活出一個生命的榜樣。

2000 年 7 月 17 日

● 充實自己迎接新時代

——九七前夕寫贈香港中文大學同學

　　從歷史的觀點來看，每一個時代都是個演變中的時代，我們全都生活在不斷演化的過程當中。人類個體的品質、社會建制的作用、甚至人類的理性和感情的面貌，全都在這樣的演化之間，不斷地去古迎今，推陳出新。只不過有時這類的演化進展緩慢，另外有時卻步調急促。對於我們個人來說，當今我們所處的時代正是一個變化神速、朝長夕消的時代。從比較大的方面看，人類文化走在世紀之末，正要向新的世紀開展進發。另外，從比較小的地域來看，香港正在跨越 1997 年的政權轉移，我們將面臨新的政治認同和新的價值取向。那麼，面對這樣的巨大變化，前景無限的大學生——特別是香港中文大學的同學——應該怎樣把握這個時代的契機，在變局中成長，在變局中充實，在變局中奉獻？

　　本來 1999 年與 2000 年的劃分只是紀年上的事，因此二十一世紀的希望並不是因為它的名字迷人之故。二十一世紀之所以重要，主要在於人類在二十世紀的種種作為所開展出的許多文化困境和文明難題，有待人類在新的世紀裡努力試圖加以克服和解決。不說別的，在二十世紀裡，我們見證了科學理論的動盪、數學基礎的「詭局」、古典理

性和古典感情的式微、道德情操的無能為力、人性的「異化」，以及地球的污染等等。面對這樣的困境和難題，有智、有識、有情、有德之士，總是不斷努力喚醒大眾，推廣自覺，冀圖群策群力，發揮扭轉局面的作用。比如，就以我們的生態環境在本世紀所遭受的大量、深層而急遽的污染來說，經過環保人士的大力提倡，今日我們的社會已逐漸萌生環保意識。這樣的努力繼續推展下去，也許到了下一世紀的中葉，當環保技術與環保工程充分發展之後，人類可望有一個比現在清純潔淨、有益健康、改善觀瞻的地球。

　　同樣的，1997本身也並不是一個奇異的數字。九七之變並非到時憑空飛來。倘若過去沒有西方殖民主義的強橫，也許就沒有今日香港的政權轉移；倘若過去沒有清廷的腐敗積弱，也許就沒有今日的香港回歸問題。可是百年來香港沒有在或大或小的演變中成長壯大嗎？另一方面，二十世紀的中國不總是朝著現代化的目標在努力邁進嗎？

　　從這個角度來看，今日香港的大學生正成長在一個大時代中。二十一世紀的文明曙光漸露，九七年之後，連最後一襲古老陳舊的殖民主義的雲絲，都要在歷史的演化中消散。爾後，這裡的大學生將不僅注目於小小的香港，他們更可以胸懷廣闊的祖國，放眼於那無邊無際的大好山河。香港百年來開創出來的地方文化，正可以適時貢獻在邁向二十一世紀的國家現代化的建設之中。所以，努力在品德上、在學業上、在技能上充實自己，精益求精，造就成有智、有識、有情、有德之士，充當改造社會的棟樑，養成

建設國家的英才。

香港中文大學本來就不是一間殖民地大學。從當初各成員書院的草創開始，它就注定變成一所肩負重大的歷史文化使命的學府。二十世紀中葉以來，中文大學見證香港文化的演化，它參與香港文化的演化，它奉獻給香港文化的演化。所以，從建校開始，中文大學一直標榜「雙語教學」，努力提倡「中西文化交流」，從無間斷地推行「通才教育」。中文大學經歷數十年的演變，如今正為青年學子提供一個面對新世紀的健全平衡的教育生態。我們的同學誠宜反躬自省：自己的雙語語文能力是否精進？自己的中國文化根基是否妥善？中西文化的修養是否平衡？自己的眼光見識是否通達？自己的品德情操是否純潔高尚？大學是孕育經國濟世、服務社會人才的好地方。面對九七，展望新世紀，香港中文大學的同學最宜把握先機，充實自己，開創無以限量的前途。

1996 年 10 月 3 日

● 我們所要的只是一個有情的世界

　　有時我們的日子過得舒暢而平安，那是我們的幸運；可是有時我們的生命負荷著難言的痛苦的重壓，既不能迴避，也無法輕易卸釋。

　　每天我們都需要不斷去追求，不停地往前走。每一個人都跌倒過，我們都曾經流淚哭泣。

　　這個世界不是完美的──它自古未曾完美過，未來也將永遠不是完美。

　　如果我們靜心回想：在生活中，我們感受多少苦悶，含忍多少委屈，經歷多少幽怨？有哪些可以直截了當粗魯地斷然加以了結？難怪我們覺得生在這個世界，走在這人間，有時活得好苦──而且好像愈存心善，活得愈加辛苦。

　　偶爾我們幸運地遇上朋友，陪伴我們一起走；更快樂的是巧逢知己，同情地瞭解我們的心懷；最幸福的莫過於同心共夢的情人，包容著我們所有的歡樂和痛苦。

　　可是如果我們還沒有那樣的朋友，如果我們仍然看不到知己，如果我們身邊沒有那樣的情人？

　　我們還有音樂，我們可以走向大自然。

　　當我們把自己坦露，讓鋼琴的音符一字一句地敲擊在我們心上的時候，閉眼沉思，激情迴顧：這世界，這人間！直到淚水盈眶，憂煩滌淨，心懷美好，忘我無己；將一襲

清淡的心懷交付樂音，一起宛轉細訴，迴盪低語；把一份澄清的胸懷帶向澎湃的大海，帶向無言的遠山，帶向悠悠的白雲，帶向深遠的天空。

這原是不完美的世界。多少事，除了付諸清淡的消解，除了交託藝術的淨化，除了多情含忍，除了在大自然中昇華遺忘，我們還能做些什麼，而不增加人間的敵意，引起他人的痛苦，製造世上的爭執和困擾？

有情是忍受自己原來無需忍受的痛苦。有情是深怕製造人間更多的不完美。有情是存留給他人舒暢發展的空間，只要不助長邪惡，只要不敗壞人性的面貌。

這個世界不是完美的，它從來不是，也將永遠不是。我們所要的只是一個有情的世界。

1998 年 9 月 17 日

● 我們遺忘了多少「人情」?

——代發刊辭

0

不久以前,在一個豐滿的深秋的晨早,我照例提著「書包」沿山路走向辦公室。路邊,熟悉的樹、生生不息的草、命運難卜的藤、偶爾點綴草間樹梢的花,掩映著綠影黃葉和枯枝外的大學宿舍、遠處的山村、更遠處的海旁公路的稀疏的車輛,以及更遠更遠的山巒環抱著的淡淡的海灣。走在這段路上,每天都是新的開始。每日,在走路間,眼見沒有止境的新的景象,從這些變化不居的萬象之中,人生每每獲得新的啟發和體驗。

走著,走著,山谷輕傳稀疏的犬吠,空中遠飄隱約的鳥音;晨光在枝葉間閃爍鑽動,山嵐在胸懷裡滌盪輕揚;意念在腦海中翻騰,感覺在心湖裡澄清。想著,想著,正在思潮起伏間,在彎路旁邊一棵沉默的大樹之下,在一小片剛剛給割短剪平的無奈的草地上,突然,一堆神祕的祭品閃現在眼前:幾隻成熟發亮的橘子、三四根鮮黃奪目的香蕉、一小束燒盡不久的細腳的線香。驚見此景,不禁肅然。乍然間想起平日衣著沉濁,頭戴斗笠,三兩成群,在路旁山邊默默割草的老婦。會不會……?會不會是……?!

內心不忍遽下結語，可是情懷早已沉澱凝聚；絲絲傷感，茫茫無策。這時，趕路的汽車疾馳而過，揚起刺激眼水的飛塵，擠壓令人酸鼻的氣味。

1

如果每天我也駕車上班，順著大路呼嘯飛走，目不轉睛，無暇旁顧，我將忽略世上多少情事，埋沒人間多少情懷？可是，現在我們多習慣在已經開闢好的道路上勇往直前，在習以為常的方式下努力奮鬥。然而，就在我們講求成規，注重建制，跟從習尚，遵照典範而循規蹈矩，全速前進的時候，我們到底抖落了多少「文化」？我們遺忘了多少「人情」？

2

「人文」是我們的天地，人文是我們的關懷。可是在當今這個世代，當無數人的思想和行動都在有意無意，全心擁鑽或半推半就，高聲吶喊或默默順從地擁抱著「科技」、「市場」、「民主」、「效用」、「制度」、「速率」等等這些摩登響亮的口號的時候，我們也常常自然或牽強地，有理無理地，明目公開或暗自進行地投入大潮流之中，推擁前進，參加大眾的行列，亦步亦趨。

人文也可以科技化，也可以市場化，當然更加可以普羅大眾化；我們也可以跟著風尚，快速製造，注重實用，滿足「消費者」的口味。漸漸地，我們會付不出慢工細活

的代價，也背不起藏諸名山留待後世的包袱。我們有原因
不去思索不受大眾歡迎的課題，我們當然更有理由不寫作
沒有地方發表的文字。我們可以安全地跟從社會建制，理
直氣壯地順應時代潮流。這樣，即使沒有偉大的創造發明，
也有穩步上升的成績紀錄。可是，人文的關懷就是這樣成
就的嗎？人文的天地會不會在這個講究科技，講究市場，
講究建制，講究實用，講究急功近利的時代裡，變得薄弱，
演成萎縮呢？

3

　　讓我們在這裡開墾一片論壇的園地，用來表達我們對
於人文學科前景的關懷，用來討論人文天地裡的概念、思
考和想像，用來發表常規刊物不易容納的表現形式和探討
內容。畢竟人生有涯，學海無邊；香港的前途容有大限，
人文的開展卻無大限——即使太陽冷卻，地球冰封死寂之
時，也都未必就是人類文明的大限。我們何事早生消極，
搶先悲觀？

4

　　自從那天以後，每逢走過那段山路，我都放慢腳步，
沉默迴望。過了不久，原來的祭品之外添加了燒過的冥紙
的灰燼。可是，有一天，那幾根香蕉突然不翼而飛，全無
蹤跡，只留下滿臉風霜的橘子，在大樹飄落的幾片枯葉的
陪伴下，靜靜地待在那兒，在朦朧悠揚的鳥音中，等候變

形腐化；在虛無飄渺的晨曦裡，準備回歸自然。可是那些香蕉呢？到底去了那裡？——我沒有決定從事科學測驗，也沒有計劃安排社會調查。除了歷史的說明，我們還有哲學的思索，我們還有文學藝術的想像，我們還有宗教神學的解釋。

原刊於《人文學刊》創刊號，1991 年 7 月，香港中文大學文學院。

● 時移世易話人文
——慶祝中文大學建校三十週年獻辭

中文大學創校三十年了。

三十年，就宇宙的生命來說，只是渺小的一瞬；可是就一個學術教育機構的演進來看，那並不是一段太短暫的歷程。要是我們從創建她，為她的成長付出心血，貢獻心力，寄予期許和懷抱希望的眾多生命的熱情來看，那麼三十年決不是一段可以輕付笑談的時光。宇宙或許無窮無盡，但是人生到底有多少個三十年？

三十年來，中文大學凝聚了多少毅力和熱情。今天，她已經開拓出一片可觀的局面和令人心喜的遠景。可是，「天若有情天亦老」，而我們這些對大學教育——尤其對人文事業立志懷情的人，有沒有在過去這三十年的歲月中，變得蒼白衰老呢？

本來，個人的人生會逐漸蒼老，可是如果善加新陳，代謝得宜，集體的生命卻可以生生不息，萬古長青。所以，重要的是我們在點燃一己的生命之餘，是否也為集體的命運開創出繼續健壯發展的生機。

回顧人文的園地，我們固然有我們的成就；可是追溯前人志士的胸懷，我們是否也有我們的迷失？在這「大限」前夕，在這世紀之交，我們是否應該重新涵情立志，在我

們的研究策略上改絃更張，在我們的教學方針上重新振作，在我們的思想景觀上大力開拓，在我們的心胸懷抱上重新發揚？

近年，校政上興起一些根本的制度變化，校園裡也開始出現了新奇刺眼的建築。我們會不會由於老化而無法適應這類的新奇事物，或者能夠在時移世易的變遷之間，把握機會，繼續努力，創造更新？

人生有涯，人文的理想無限。在我們慶祝過去三十年的成就的同時，也讓我們立志將來，放眼另一個三十年的遠大前景。

1993 年春日

原刊於《人文學刊》第二期，1993 年 11 月，香港中文大學文學院。

● 誰來照顧人文的價值？

—— 我們的憂心，我們的呼籲和我們的抗議

我們都知道，在這個時代人文學科受到一種「愛恨交加」的對待。一方面，凡是人差不多都知道，如果人文價值不受尊重，人文學科無法推展，長遠下去，人類不是淪為一大群一大群的禽獸，就是變作一大堆一大堆的機械——不管我們的科技多麼高超，不管我們的工商多麼活絡，也不管我們各方面的「包裝」多麼體面。可是，另一方面，人文學科的教學和研究卻不斷受到忽視，受到輕視，甚至受到歧視。不說別的，在一所大學裡頭，人文學科的認真教學有沒有受到充分的尊重和鼓勵；或者我們只是一味強調短期之內成效可期，一兩年之間成品可見，可以「量化」，可以「客觀化」，最好可以「機械化」的研究和出版？短期、可量化、可客觀化和可機械化！這類概念的思想根柢來自何處？這種心態的終久效應成於何方？

人類的文化和文明雖然可以說是點點滴滴的累積和絲絲縷縷的存蓄，可是全線全面和全心全力的短期的專案研究和出版，總和加起難道就足以令人類成就更偉大的文學和詩章，孕育更深刻的思想和哲理，產生更精彩的畫作和音樂，激發更優美的道德和品格？

固然，時至今日再也少有狂妄之徒奢言「科學的」人

生觀，大概也不會有幻夢之輩大膽放言製造「高科技的」感情。不但如此，慢慢地，許多搞弄人工智能和搞弄機械翻譯的人終於明白，要是沒有人文學科的深切投入和詳細參與，只是高科技，只靠超級電腦，其研究成果最終可能只配用來交卷應付和添加表面記錄而已。可是，這就算是對於人文學科的真正重視和真心支持嗎？試想：現在還有多少人一談到文學院需要電腦設備就緊皺眉頭？更有多少人分配起經費就無視一切，一味只以用諸理科工科或商科醫科而有效的標準，試圖加之於人文學科？（比如，理科工科容易「國際化」，商科醫科容易「市場化」，可是人文學科呢？它一定需要「國際包裝」嗎？它必須貼上「市場標籤」嗎？）這樣的做法算是什麼方法？這類方法的背後到底隱藏著怎樣的邏輯？信持這類的想法和做法的人不知有沒有想到，有時候其他學科製造出來的「精華」，可能正是人文學科想要拋棄的「垃圾」。他們可曾想過，有時在所謂「研究和發展」(R&D) 的堂堂正正、輝輝煌煌的鼎鼎大名和赫赫稱謂之下，人類除了大量浪費資源和能源而外，更製造出多少人心人性的污染，留下了多少文化文明的公害。

我們都知道，最近「大學及理工教育資助委員會」(UPGC) 正在改變其對大學教學和研究的撥款模式。我們的大學雖然鼓吹「解除中央集權」(decentralization) 已經多年，可是仍然必須設立一個強而有力的「資源調配委員會」(RAC, Resources Allocation Committee) 來進行統籌資源分配的工作。現在這個委員會的所「思」所「言」和所「行」

所「為」也漸漸成了我們所關心和所憂心的焦點了。

在政治上，一人獨裁，眾目矚之；一人專橫，眾口交加。可是在大學的教育生態環境和建制架構之下，不管是大家共同的 UPGC 也好，或是我們自己的 RAC 也好，倘若一個委員會獨裁，何人負責？倘若一個委員會專斷，何處去據理力爭——尤其是那些充滿各行各業的專家但卻遺忘了人文價值和人文理想的委員會？

當然，目前香港的所有大學全都陷落在 UPGC 的沉重壓力之下。可是我們要發問：是不是只要「政治上的」氣壓低沉，我們就不再要求學術上的暢快呼吸？

UPGC 不知重視人文理想和人文價值，我們或許可以勉強將它說成是種「無心之失」——有力而無心之失。可是落到各個大學自己的層次——比方到了我們自己的 RAC 的層次，倘若我們自己也不知保愛人文價值和尊重人文理想，那麼誰能不相信一切變成「有意之過」——無心但卻有意之過?!

當然，在人文的學科之中，有時我們也可以進行短期性專案性的工作與研究。問題是：這是最值得效法和最值得鼓勵的工作方式和研究策略嗎？如果人文學科的研究全面地、大量地和爭先恐後地朝此方向進行的話，人文理想的前景會變成什麼模樣？人文價值的未來又會呈現什麼樣的景觀？

也許有人會說，「短期專案化」並不等於短視地扼殺人文學科的生機。從純粹的理論觀點看，「短期化」當然不等

於「短視化」。不但如此，即使在上者短視，在下者也未必盲而從之。可是，倘若沒有高瞻遠矚的眼界，倘若缺乏堅定不移的胸懷和心志，誰能不在「短期化」的巨大壓力下，自動戴上「近視化」的眼鏡（不是近視眼鏡）——除非是些大智大德，除非是些大才大能。然而，點數當今香港「大學理工」裡的風流人物，誰屬大智？誰屬大德？誰是大才？誰是大能？

所以，我們必須對 UPGC 的思想和言行表示關心，對 RAC 的所作所為表示憂心。我們要為人文價值鄭重呼籲，必要時還要為人文理想，針對不良不善的制度和政策提出嚴正的抗議。

我們憂心，我們呼籲，我們抗議。可是我們絕非為自我一己的私情而憂心，不是為自我一己的私意而呼籲，更非為自我一己的私念而抗議。事實上，「蝸牛角上」，何事可爭？「石火光中」，此身何寄？ ❶十年之後，我們也許已經不在香港的大學教育的生態環境裡，五十年之後，我們哪一個人還會留在中文大學的建構體制之中？那時，大家共同的 UPGC 究竟在哪裡？我們自己的 RAC 呢？可是，五十年後，一百年後，甚至千年之後，人類還需人文價值，他們還賴人文理想，他們還得不斷提倡人文學科的教育，不斷發揚人文學科的精神。

---

❶ 借用白居易〈對酒五首〉之二：「蝸牛角上爭何事，石火光中寄此身。」

原刊於《人文學刊》第三期,1994 年 6 月,香港中文大學文
學院。

● 二十一世紀的人文天地
—— 認識危機，迎接挑戰，開創未來

0

　　每一個時代都有人認為自己站在歷史的轉捩點。每一個世紀都有人大聲疾呼人類文明面臨重大的危機。從社會演進和歷史發展的觀點看，這樣的時代覺醒、「自許自重」和文化關懷常常只是一些理所當然、不足為奇的「必然現象」。人類的歷史和社會不斷在演化，人類不斷面臨新的局勢，需要不停解決新的問題，以便繼續生存或繼續發展。原有的知識、直覺、經驗、習慣、建制和方法不一定自動能夠應付新起的局面——而且不一定，甚至常常不是最好的應付方式；可是由於人的慣性、惰性（包括追求簡單，不期望變化等等），以及對權威保持、傳統交遞、建制維護和利害權益之計慮——這些對於保存人類的文明，維護社會穩定，甚至對改善生活品質和促進知識進步，並非全都有礙而無益——各式各樣的文化上的消極主義和保守心態很容易隨處滋生，普遍蔓衍。文化的危機感往往是在守舊拒變的心理狀態下產生和加強的。

1

如果只因守舊，這樣產生的危機感並不意味著真正的危機；同樣地，假如只在拒變，那麼我們所吶喊的「危機」也只不過是種假危機。它只是一種心理上的欠缺安全，而不是文化發展上的客觀危殆形勢。在人類的文明裡，新的文化事物和文化傳統繼承而接著取代舊的文化事物和文化傳統，這本是一件司空見慣而又最自然不過的事。它之司空見慣，彰明較著於歷史，無需贅言；而它之順理自然，則是因為人類總是不斷產生新的意識，生發新的經驗和匯聚新的知識的緣故。守舊拒變的（假）危機感往往成了抗拒演變，甚至抗拒進步的動因。那顯然不是一種開放而健康的心態。

當然，在文化除舊更新，生滅交替的進程中，那些被揚棄，被淘汰，被忽視或被遺忘的文化事物並非樣樣都是歷史殘渣，不堪回味。事實上，許許多多的人類文化遺產全都品質精良，光彩奪目。置之於古董店，則價值連城；收納於博物館，則令人喜愛不禁。尤有甚者，許許多多的文化遺物，自今觀之，或已陳腐老套，欠缺生機，可是它們在人類社會演化、知識累進和文化傳遞上卻往往扮演過重要的角色，它們所代表的精神，以及它們所開啟的意義，甚至在我們當今的生活方式與知識和技藝（包括科技）中仍然生存活現，軌跡可尋。現在，我們常聽人家懷疑所謂的「傳統智慧」。然而，在文化的傳遞繼承之間，常常需要

173

加以懷疑的只是已經老化的「傳統」，而不是不斷可以重獲生機的「智慧」。

2

對於關心人文天地的拓展的人士的人來說，有一種萬分重要的判斷和抉擇，本身就表現出人類文明演進中那不可或缺的「人文智慧」：我們必須確定在當今或舊有的生活方式和文化傳統中，哪些文化事物比較適宜交付古董店流傳，另外哪些適宜撥歸博物館珍藏。在人類文明的交遞轉化和創生再造的過程中，有一個世世代代不斷重演的悲劇：高尚的情操欠缺智慧的引導，最後淪為抱殘守缺的破滅。我們自己視為珍寶的，留待他人當作垃圾加以丟棄；同樣地，一個時代，甚至幾個世紀擁為至理真言的，時過境遷，人情世態更易，加上人類經驗與知識累積嬗變，終於被目為迷信或「道聽途說」。我們必須在生命的智慧與歷史的聰明之間，平衡選擇，割愛取捨，判定哪些文化事物只是個人或時代的癖好偏見，敝帚自珍；哪些才是適宜繼續推廣傳播，值得進一步發揚光大的文化寶藏。

在人文的天地裡，這類的判定與抉擇常常隨伴著傷感與痛苦。可是如果我們要迴避後世傷懷回顧起來的懊惱，我們只好現在忍痛付出明智前瞻的遺憾。

說起來似乎詭異：我們愈早判斷某些文化事物之「不合時宜」，心理準備加以放棄，我們愈有充份的機會為它尋覓適當的「古董店」，建造合宜的「博物館」；因此，反而

更有機會選擇性地為那些事物保存完好的品質和面貌，留
諸後世，讓將來的人決定如何使用——藉之懷古傷逝，品
鑑玩賞；或者從中吸取智慧片羽、情愫吉光，從而豐富自
己的文化內涵，甚至重整他們文明發展的方向。

可惜每一時代許多關懷文化發展的有心之士往往不是
過份低估新起文化的創發動能，就是過份高估傳統文化的
續存力量。因此沒有早做評估判斷，取捨抉擇；他們常常
假定全盤的生活方式可以繼續保存，設想當時百般可貴的
文化事物能夠不斷受人接受，令人喜愛，甚至進一步給人
加以發揚光大。結果，表面看來高尚悠遠的情操和無私無
我的文化關懷，卻因過份的自信，倔強的自許和沒有分寸
的保守，最後演成一片令人傷懷遺憾的文明場面：新青的
生活方式割棄傳統文化，不顧一切自求發展；傳統文化嬗
衍無方，拓展失據；不多時，老成凋謝，承繼乏人，文化
斷層，花果飄零。百年來的中國文化原野，不就是這類令
人傷感的寫照？

3

而今，二十一世紀已經加速腳步在不遠的地平線上迎
面而來。我們差不多可以蓋棺論定地將二十世紀收藏到歷
史的記憶裡，當作人類文明演化的見證和文化更替的檔案。

二十世紀，尤其是二十世紀的末葉，人類世界興起一
片有目共睹的文化現象，那就是文化變易的加速與不斷加
速。這一個「世紀特徵」演成許多派生現象，其中最值得

注意的是開放心靈、開放社會與開放體系的濫觴拓展，以及多元方法、多元價值、多元社會與多元主義（多元意識型態）之崛起氾濫。在這樣的文明景觀和文化現象裡，不但古典式的文化保守主義顯得上下無著，進退失據；就是傳統式的文化激進主義也再不能目空一切，為所欲為。人類將在二十一世紀逐步見證到文化變易的速度的極限，慢慢養成更加成熟的集體心態，造就遠比現在更加穩定平衡的理性和感性（包括感覺、感應和感情）。二十一世紀將會是人類文明的另一次喜悅（是否算做是另一個高峰，就看我們現在與將來的價值判斷之標準而定）。這是另一次人性進展的希望。

可是對於人文事業來說，新的世紀固然帶來新的契機和新的希望。然而另一方面，如果我們自限於古舊的格局，甚至拘泥於呆板的處方，那麼新的世紀可能展現新的陷阱和新的危機。過去五十年，我們眼中的大量的人文學科的發展和研究並沒有與現代世界中的現代社會裡的現代人的現代經驗與現代心態密切關聯在一起，然而從事人文學科研究的人卻又沒有宣示也沒有自覺到自己所進行從事的只是文化古董店或文明博物館的工作。我們也可以說，這個世紀有不少人文學者生活在一種自己編寫的幻景之中，一方面我們自認自己所從事的人文事業的寶貴和重要，另一方面卻無視、忽略或不願承認我們的經營方式已經令那些事業愈來愈遠離現代人的生活方式，愈來愈與現代人的（現代）文化疏離無干。這種幻景如果仍然籠罩著今後的人文

月落人天涯 ——思情與懷念

天地，那麼二十一世紀極可能會見證人文事業的一次空前的萎縮和失敗！

今天，我們眼見許多古來是人文學者擅長的題材範圍漸漸轉移到其他學者的經營管轄的園地之內。原來是歷史學者發言的場合，現代成了社會學家滔滔不絕的時刻；原來是哲學家馳騁思辨的論壇，現代成了心理學家口沫橫飛的地方；原來是文學家藝術家苦心孕育的寵兒，現在成了電腦學者虎視眈眈的獵物……。現在，一個有訓練，有經驗，口齒清楚的新聞記者，當分析現代世界、現代社會和現代人的問題的時候，可能講得還比許多人文學者更能理直氣壯，更為兼顧四方，更加頭頭是道。人文天地萎縮退卻了，人文學家隱形不見了！

我們不是在此專門小心眼地斤斤計較劃地分界。我們所關心的是在當今人類文明的大地上，人文學者到底栽種出什麼樣的異草奇葩。我們不一定要求專利衛護人文「專」業，可是我們所關心的人文「事業」呢？

不錯，二十世紀的末葉曾經響起回顧人文的號角。有些關心社會的人「重新發現」人文的價值。然而，對於人文學科的從業人員來說，這是一個令人憂喜參半的現象。它表面上帶來值得歡呼鼓舞的注意，可是骨子裡卻含藏著一種嚴峻艱澀的考驗。不但如此，我們所受到的注意與青睞，有一部份可能只是短暫片刻的迴光返照，甚至只是這個時代的「多元主義」與兼容並包精神下的「通融照辦」和「聊備一格」，是無關痛癢的花瓶點綴而已。

4

所以，我們躬逢際會的契機可能也是陷我們於困境險地的危機。我們能否不負眾望，在二十一世紀的新的文化秩序裡，做出人文獨特的貢獻；或者我們在解決現代世界、現代社會與現代人的問題的努力上，無能乏力，節節敗退，以致領土收縮，園地失喪，最後淪為不受重視卻受保護的稀奇品種？

5

所以，我們所要追問的並不是如何走出「象牙塔」的問題——那並不是一個大問題，因為象牙塔並不就是古董店，象牙塔也並不就是博物館；何況象牙塔中正有許多美好優良的品質。我們的問題反而是能否居象牙塔之高，則潛藏創造，而不只在故紙堆裡徘徊留連；處象牙塔外之遠，則胸懷世界，行之而有現代知識之據，且言之而有現代人的經驗之物；不只是參與大眾撥弄現象，製造聲勢；也不只是跟隨他人生發假象，取寵宣傳。

也許這麼說來，人文學者的負擔未免辛苦而沉重，他們需要奔走的路途未免漫長而遙遠——這正是「任重而道遠」的意義。

可是，我們現在面臨的局面並不是領地保護主義下的天賜福壽，我們所處的時代是開放體系中的公平競爭和自力更生（或自生自滅）。傳統意義的人文事業並不一定需要

傳統意義的人文學者來從事，二十一世紀新時代的新人文事業更加沒有必要明定文化上的分區別域，甚或不可能強制劃分學術上的——更不要說是「學統」上的你我他她。今日的人文事業不能靠明日新起的「人文學者」來加以立例保護；他們有他們自己的文化事業——也許從我們今日的觀點看，他們的文化事業太不傳統，我們不願繼續以「人文」呼之。（但是除了興嘆，除了生發「危機意識」，我們還能做些什麼?!）

我們知道，在新的世紀裡，人類將會進一步或深一層領略到通古今，會中外，貫「天」人，達心物之重要性，因此必定會在深入的分科別門的鑽研之上，開創許多羅網密佈的跨科統合的研究。今日的人文學者面對這一新的局面，做出了什麼因應的心理準備？做出了什麼相干的研究方法的改良？做出了什麼有效的學術領土的墾荒開拓？我們是不是仍然在世紀更易的驚濤駭浪之下，處變不驚；在其他學域猛烈除舊翻新的局勢下，照舊主張「以不變應萬變」？我們固然不同意「但求燦爛，不求永恆」，可是我們會不會在無意和無知之間跌落到另一個變相、虛設而渺茫的極端：我們寧可追求「時光隧道」內的靜止的永恆，而不知努力創造與時代同步並進的瞬間片刻的燦爛？

人文學術一向志在博大，不僅如此，它同時也一向志在精深。可是經過本世紀的節節失利和層層萎縮之後，我們是否仍然可望富有創造活力地踏入新的世紀，既能博大又能精深地參與——甚至領導二十一世紀的文化開拓、文

化抉擇和文化闡釋？展望將來，我們能否一片樂觀，滿懷希望地肯定確認到人文學科的堅韌雄厚的生命力？這點最是世紀之交的人文的大難題。它遙指二十一世紀的人文希望，也暗示它的最大危機！

6

在二十一世紀的文化天地裡，人類亟需富有新知識，懷著新眼光，面對新經驗，採納新方法的達人通才。可是，到時哪一個領域最可能有效地培育這類的通人呢？如果人文學科不及早易轍變革改絃更張，會不會在一向主張博大的人文裡，反而產生不出經世濟人的通才？人文而無通才，人文所剩幾何？！

7

所以，今日我們不能仍然繼續圖謀以不變之原理因應萬變之局面。在當今新知突起，經驗多變，人類思想愈來愈開明無礙的情況下，只有像「木乃伊」之類的才可望以不變應萬變；也只有死亡終止才算是靜態的永恆。人文不應只是收藏家的死古董，也不應只是博物館裡的木乃伊；人文理應隨著人類社會的演變而演變，跟從世界文明的進步而進步。

二十世紀的人類社會經歷了什麼重大的演變？我們的人文有沒有緊鑼密鼓地跟著演變？二十世紀的世界文明產生了何等的進步？我們的人文有沒有亦步亦趨地參加進步？

8

在本世紀的人類文明現象中，有一個最不可忽視的演化動力，那就是充分發展、急速發展和高度發展的科技。科技是當今文化演變的最大動力，它也將是二十一世紀主導人類文明的決定力量。科技不僅將決定下一世紀的人類社會的物質面貌，它也將決定人類世界的精神面貌。它將改變二十一世紀的人類理性，塑造二十一世紀的人類感性；它將重新界定下一世紀的人性！

面對這一股強大無比的文化力量，我們準備採取，或已經進行了什麼樣的因應措施呢？我們是否已經預備就緒，隨時可以抵制衝擊，接受挑戰？我們是否有能力參與科技，批判科技，甚至領導科技？或者我們只能靠邊危站，袖手旁觀，靜待變化，祈求自保？

假如有一天「知識快餐」工程發達了，人類已經可以像啜飲即溶咖啡那麼簡單獲取科學新知，那時我們會不會仍舊停留在十年寒窗，鐵硯磨穿的日子？如果有一天「人工智能」已經造就了更加精明的理性和更加智慧的感性，我們會不會視若無睹，閉門不理？今天，事實上許多高深艱難的人類社會問題，有待眾志成城，通力合作謀求解決，我們在人文學科裡是否仍然喜愛家傳祕方式的師徒相受，不足為外人道？

讀史常常令人驚懼惋嘆。有時一門好好的學問不知不覺演成「絕學」；有時一種有品有格的技藝，沒頭沒腦化做

「絕技」。人文學科在未來的世紀裡會不會變成瀕臨滅絕的品種呢？

9

認清人文處境的危機顯然有助於我們早做準備，迎接挑戰，開創未來。從基本的工作習慣、工作方法和工作態度著眼，某些努力方向有待我們早日開始加強進行：

第一，參與科技，與科技的發展同步成長，發展富有科技意識與科技內涵的人文事業。

第二，努力推行集體研究，將人文學科推展到個人力量無法企及的廣度（甚或高度）。

第三，參與並引領跨科研究，彌補二十世紀的文化割裂，將下一世紀的人類文明帶向比較有意義的整合。

為了進行這樣的工作，人文事業必須科技化，它必須集體工程化（個人零星的「工程」容易演成不求大進的「雜工」），它必須多元化，它必須「前鋒」化（前衛化）。

1991 年 3 月 10 日

原刊於《人文學刊》創刊號，1991 年 7 月，香港中文大學文學院。

●記號文化・多元社會與世界和平

——從中國傳統的記號行為看世界和平的問題

（論文宣讀版）

0.記號・記號行為與記號文化

1.人類的生態環境：記號文化的興衰

2.記號文化與文明前景：人性的語言

3.人性自由與多元社會：大語言和小語言

4.精神世界與世界和平

5.中國傳統的記號文化

後記・補述

6.儒家文化的回潮重建：物理科技・社會科技和人
文科技

0 記號・記號行為與記號文化

凡是以一種事情或事物指涉、提示、代表甚或取代另
外一種事情或事物的，則前者可以說是後者的「記號」。

記號的種類繁多複雜。不僅具體有形的事物可以成為
記號，無形抽象的事物也可以成為記號。同樣地，可見、
有聲、有跡可尋、有味可聞的事情固然可以成為記號，就
是無形無色、無影無息的事情也一樣有可能成為記號。這

就是為什麼一言固然可以九鼎，無聲有時也能勝有聲。換言之，天下萬有皆可以成為記號。同樣地，人間萬「無」也一樣都可以成為記號。

由此觀之，記號之為記號並非決定於某類事情或事物的物理條件或幾何性質。某一類的事情或事物之成為記號的「載體」──簡稱「記號體」，具備記號的功能，完全是因為記號使用者運用了該類事情或事物，做為表意抒情、溝通互動、交流共鳴作用的結果。這種將事情事物加以「記號化」的過程是一系列的尋索、採納、學習、確認、塑造、整固的內化和社會化的複雜歷程。這是一般稱為「約定俗成」的歷程。事實上，記號的事絕大部份，以及在絕大的程度上，總是俗成多於約定。在一個社群中，記號現象總是歷經大眾化、社會化、客觀化和通俗化的過程。那不是天生自然的規律，而是俗成化、習慣化所創制出來的文化現象和文化法則。

在殊多繁複的事情事物之中，行為一事也可以成為記號體，演成可供運用的記號。事實上，不論是在古代，或在現代，行為一事構成一種至為重要的記號。其他種類的記號往往需要依賴這類記號之輔助，才能發揮比較完整的效用；甚至必須藉之加深和彰顯其功能。充當記號作用的行為可以稱為「記號行為」。

記號的運用並非人類的專利。記號現象普及於各種動物之間。不過，人類是在所有動物之中最廣用記號，最優用記號和最巧用記號的動物。不僅如此，人類的記號行為

深刻化了他的記號功用與效能，把記號提升到一個其他動物無法企及的高度。簡言之，人類使用記號和耕耘記號所創發出來的「記號文化」，不但用以改善生活，增進生命；他更在自己所創造的記號文化中，演化人性，精進人性，提升人性。（這是作者所主張之「人性演化論」與「記號人性論」之主旨所在。）

人類所開拓的記號包括「言」的記號和「行」的記號。（其他比較高等的動物也類似如此。）人類在他的言和行的記號文化的運作中，逐步開拓出他那別具特質，突顯優越的人性文明。「人為萬物之靈。」那是人類記號文化的成就。

1 人類的生態環境：記號文化的興衰

所有的生物都有其所生活其間的「自然」生態環境。人類自然也不例外。不過，從另一方面來說，每一種生物為了競存、適存和繁衍，全都大大小小地改變著其自然生態。人類不但也不例外，而且更是其中最優為、最善為的佼佼者。演變至今，對於人類來說，「自然」一詞已經意含模糊，乏晰難認。

從某一角度來看，我們可以說自然與文化相對。任何生物在其生態環境中所創制出來的東西——不管是軟體還是硬體，全都屬於其文化。所以，人類有人類的文化，（其他）動物有（其他）動物的文化。在物種演化的進程中，生物的文化逐步演成其生態環境的一部份——成為其「文化生態」。人類和其他動物一樣，一方面有其自然生態，另

一方面，也有其文化生態。不僅如此，長遠以來人類的文化生態，對其演化成就來說，其重要性和其深切性，不成比例地遠遠超乎他的自然生態。「人定勝天」和「人力征服自然」的深刻意義在於人類突破了自然生態的拘束，運用他自己創制的文化生態，用以塑造人性，用以建立文明，用以演變自己的命運。

不論是動物的文化或人類的文化，其中有一部份（成素）是具有記號功能，可當記號運作的。這樣的文化可以稱為「記號文化」。許多動物都有其記號文化，而人類的記號文化最為顯著而豐富，其系統多元而龐大，其影響普遍而深遠。

人類記號文化的發達有目共睹，不待多言。舉凡生活習尚、工作規範、典章制度、律法宗教、文學藝術等等，全都富有記號文化的成素。在種種的記號文化中，語言文字的系統化，以及其所支援拓展的人類「講故事」，包括成學說，造理論的普遍開展和全面推進，更將人類的記號文化塑造成不斷可教授，不斷可承傳，不斷可大規模開展的文化事業。這樣的記號文化生態塑造了人類的「記號人性」，也建造了人類的「記號文明」。

大凡人類創造的事情事物，人類都可能加以增強整固，擴大開展，或者修正變化，重新締造，甚至排除放棄，破壞毀滅。記號文化、記號人性、記號文明都不是天生自然的事，都是人類自己創造的事，因此也都如此。其命運和開展前景也全都把握在人類自己的手中。這是人類最大的

自由。

記號有生有滅，意義可長可消，記號文化也因而能興能衰。由此，人類的理性、感情、道德、價值、意志與願望等等文化事物和文明方向也都具有一種並非必然，需人關照的不確定性的特質。文化和文明，特別是人類的記號文化和記號文明，有時令人神往，有時令人憂心；有時令人欣喜，有時令人嘆息；有時令人充滿希望，有時令人無奈感傷。有心、有情、有志氣、有願望的人有時不由自主，生發文化文明的「危機意識」，道理就在於此。

2 記號文化與文明前景：人性的語言

記號文化既然是種可長可消、可生可滅、可興可衰的人創事物，而且它又是主宰人性演化，造就文明建設的主導力量，那麼注視人類記號文化的開展就成了關心人類文明前景的必要途徑。因為從文明理想和人性價值的觀點看，並非「強勢文化」就是「優質文化」，我們必須善做文化反省的功夫，探討人類記號文化該走的路。

文化一般，特別是記號文化，為什麼是一條不是必然、無法確定，而是有起有落、有明有暗的崎嶇之路呢？

記號文化上的事物不像單純「器物文化」似的非記號文化上的事物（雖然器物文化也能生發意義，演成記號文化），在開展上並非經常取決於人類感官上的需要，受制於人類種種創造方法和制作技術的限制，並且離不開客觀世界中的種種物理條件的規範。因此，不論從生成的根據上，

或從實用的考慮上來計量，好像都具有頗為堅實的基礎。記號文化的建立取決於記號的創制和運用，而記號的成立在於意義的賦與。賦與意義的事在絕大的程度上是人類心意的自由創作上的事。就是一般號稱為「自然記號」的，基本上情況也無二致。

一般的動物也常能善用自然記號。動物以某一事情事物之存在，而「確定」另外的某一事情事物之發生——因為兩者具有因果關聯，由此而採取行動（如捕獵、逃遁、求偶等）。這是運用自然記號的粗淺例子。人類在求知致用、追求競存、改善生活和精進生命上，更是大量而廣泛地運用自然記號。不過，值得注意的是，任何兩件事情或事物，不管在時空上多麼比肩鄰近，二者本身並沒有標示出何者為何者的記號。動物的自然記號是動物所確定整固的兩類事物之間的關係，牠們以其中之一去指涉或代表其另一。假如未經動物如此認定而加以運用，該兩事物之間最多只有因果關聯，但卻沒有記號關係。人類的自然記號也是如此，而且更是如此。沒有經過人類的認定和整固，兩類事物之間的因果關係不會自動變成記號關係。

這就是說，人類的所有記號，不論是自然記號或是所謂的「加工記號」（人工記號），在不同的程度和不同的側面上，都是人心的意念作用和自由採取運用的結果。即使自然記號的情況也是一樣。（我們只要一想「事實」在極大的程度上也是「理論」的產物，上述道理就不難明白。）

事實上，人類的知識文化的豐碩開展主要得益於自然

記號的開拓創制。人類將事事物物之間種種的自然關係（特別是因果關聯）加以確定，並且加以記號化，作成「公式」，演成學說，造就理論。人類對於外在世界的經驗知識，在根基上就是通過這樣的記號化而一步一步建構起來的。近代所講究的實驗方法更進一步加速而且深化了這種記號化的過程，進一步確保和實證這種記號化的功能和效應。

　　總之，記號文化涵蘊著人類一種創制的目的和建構的自由。在這個關鍵上，人類的記號化大大打破而超越了其他動物的記號文化模式。人類的記號活動不僅為了滿足求生續存的需要。更重要的是，他在記號文化所形成的文化生態中演化了人性，超越了原來的自我，開展出文明的意義和價值。人類憑著他的記號文化的鋪設開拓朝向文明人性的方向開展進發。

　　所以，人類的記號文化指向文明的價值理想。耕耘記號文化的目的在於開展和深化「人性的語言」。

3 人性自由與多元社會：大語言和小語言

　　人類的文明根植於他的記號文化。可是記號的形成基礎在於「約定俗成」的運作結果。記號的創制、意義的生發、文明的理想和人性的價值，這些全都不是天生自然，必定而無法避免和無法改變的事。這些在根源上也許有人創發提倡，大力鼓吹，可是都得經過俗成化、大眾化、社會化、客觀化，甚至通俗化的歷程。這樣形成的記號文化才有普遍的成立基礎，這樣演化而出的人性才有同情共感

的情理根據，這樣塑造出來的文明理想才有持續拓展的社會支持。

可是這種記號文化的俗成性所涵蘊的「人性自由」卻附帶著沉重的歷史代價。文明的理想有時模糊不清，人性的語言不斷涵容異同交錯的詮釋。歷久長期武斷抗爭的結果，人類終於佇腳歇息於「多元價值」的境地，重新安排聚居「多元社會」的生活方式、工作習尚和人生態度。

就一層很重要的意義來說，當今的人類正在重新嘗試一種世界性的大文化的塑造與建構——而且這樣的重新嘗試，在人類久遠長時的歷史裡，曾經比較小規模地斷續發生，在今後悠悠長流的未來歲月裡，也必然無止無休地綿綿進行。

從記號文化的多處起源和自由創造的觀點看，人類文化的多元展現和繽紛開放原是一件自然不過的事。這裡包括理性的多元、感情的多元、道德的多元、價值的多元、意志的多元和願望的多元。簡言之，這包括文明價值上的多元以及人性語言上的多元。試想：從不同的地緣條件的限制和自然生態環境的制約之下，不同地區的不同群族剛好會開發出同樣的文明理想，建構出無異的人性語言？不說別的，同樣是人，可是世界上各地區、各民族、各文化所創制開發出來的那極重要的「身體語言」——舞蹈，就呈現那樣的全然兩樣，天淵之別；更遑論比此更加綜合統一的文明理想，以及較之更為龐大精深的人性語言。

同樣地，我們也很難想像記號文化的創制和發展總是

侷限在一成不變的路線之上，或是封鎖於萬變也不離其宗
的困局之中。文明和人性都不斷在演化。演化的其中一個
重大要旨就是由少生多，由粗變精。我們可以說，多元是
自然的發展，一元反而是人為的限制。多元是開放生發的
模式，一元反而是僵化封鎖的方法。

　　文明和人性的事，正像所有記號文化一般的情況一樣，
總是一經創制產生就要歷經俗成化、社會化、大眾化，甚
至通俗化的過程。這樣記號文化才能發揮它群策群力和集
思廣益的效能。可是在這樣的過程中，經過不同的詮釋和
推廣之後，原有的記號內涵容易變形、變質，甚至意義流
失，面目全非。於是就有尋求改良革新，甚至回歸復古的
文化運動。即使不是這樣，由於記號文化是人類聰明才智
的創造成果，在創造生發，以及開拓成形的過程中，不斷
會有不同的有識、有情、有意、有願之士參與其間，同源
分疏，百花齊放。這更造成富有生機，各能開展的內涵多
元，各自都能朝向俗成化、社會化、大眾化，甚至通俗化
的道路邁進。各自接受挑戰，各自面對上述殊多詮釋和著
力推廣的難題。可以說，在文化上，特別是記號文化上，
多元不但是自然的現象，而且更是有生機、有活力的表現。

　　然而，化繁就簡也是文化發展的有力途徑和成就模式。
過分繁瑣複雜的文化建構容易導致施行上的困難，甚至印
證上的吃力，最後可能引起系統上的分崩離析，運作失靈。
可是，為了達到禦繁化簡的功效，過去人類常常訴諸武斷
的成己排外方式，追求單純一統。其中一元論和絕對主義

就是最常用的方法模式。

現在我們已逐漸走出凡事一元，一切絕對的武斷文化的陰影。我們開始採取一種比較兼容並包的態度和處理文化問題的方式。在這樣的文化景觀之下，我們體認到不同的價值信仰可以對話溝通，甚至輪流運作——在我們無法確定無疑地證明何者優於何者之前。(而在記號文化的優劣問題上，人間大約沒有絕對的證明!)我們也體認到不同的記號文化無需整合統一，也可以互有交往，對立而無需決鬥地一起參與互動，一起加入演化。這是「多元主義」的精義——雖然它常被誤解而遭人懷疑。

不過多元主義未必導致全面的真假不分和徹底的善惡一同。多元主義絕非主張文明和野蠻齊一，更不涵蘊人性與獸性同義。在多元主義的精神原理和工作方式之下，每一個文化——特別是記號文化，全都可以在其他文化的對照、互動和挑戰之下，反省檢討自己本身的文明處和野蠻處，善良處和邪惡處，從而觀看其他文化中的文明和蠻野，以及其中的善與惡。

多元主義的精神原理和工作方式令人類更容易體認到一個重要的文化現實。那就是:「強勢文化」不一定就是「優質文化」;因而弱勢文化也不一定等於劣質文化。多元主義令人類在文化建設上，特別是記號文化的創制開發中，懷著更加開放的心胸，因而導致更少的爭鬥，獲取更多的和平。

在人類文化的景觀裡 (其他動物似乎極為不同)，大文

化之中，往往存在著另類的小文化。目前由西方文化拓展
而成的一種「世界文化」正在各處傳播流行。它所涵蘊的
文明理想與人性語言在二十世紀裡幾乎成了許許多多的地
區之共通的大理想與和共通的「大語言」——直到這種二
十世紀的世界文化逐漸顯露出它所標榜的記號文化上的困
局與難關。這包括「認知主義」、「行為主義」、「物質主義」
和「消費主義」等等。這樣的文化困局令人類在上世紀之
末和本世紀之初開始反省檢討那樣的世界文化，看看除了
這一主流而顯性的文化而外，是否還有其他被忽略，甚至
被抑壓的非主流非顯性的文化，能夠為人類的文明理想和
人性語言提供另類方案，突破文化困局。於是，各地方的
文化尋根運動，「本土化」運動等等應運而生，紛紛追求原
來在各個不同文化裡孕育滋長的其他記號文化。也因此，
在這樣的文化反思運動下，多元主義的精神又重新浮現，
多元文化的並存互動又成為人類演化文明理想，以及開發
人性語言的運作方式。

　　不論是從世界性的規模來看，或者從地方性、區域性
的角度觀之，在一種大文化流行廣播之際，往往仍有其他
另類的小文化在那裡默默耕耘，點滴開展。這樣的小文化
所以能夠存活開展，除了它與大文化對立，提出另類可能
而外，往往具有其本身內存的精緻性。我們應該學習尊重
這樣的人性的「小語言」——雖然它們不是位居主流的大
語言。（至少現在如此，將來未知。）畢竟非主流文化未必
欠缺文明理想，弱勢文化也可能是優質文化。

4 精神世界與世界和平

記號的創新和運用不僅大力解決人類求生競存的技術難題，更進一步，在講故事、成說法、立理論等等活動的推波助瀾之下，人類的記號文化更開拓出「意義」的文化事物——包括指涉上的意義、感情上的意義、道德上的意義、價值上的意義、意志上的意義和願望上的意義等等。意義是心靈的創作，意義的開發和拓展的結果更豐富了心靈的內涵，加強了心靈的運作能力，深化了人類心靈的涵量與向度。我們可以說人類心靈的演化和他的記號意義的開發互為因果，互動相生。在這種觀點之下，我們也主張人類心靈（人心）是記號文化的產物。（本來此說之倡並不足為奇，因為我們業已主張人性是記號文化的產物。）

意義的生發和開展，配合人類形形色色的講故事的傳統，塑造構成人類極為獨特的「意義世界」。人類的意義世界是他在演化的過程中所獲得的最大成就。這樣的意義世界在人類情意和意志與願望的支撐下，塑成人類那獨有而特殊的「精神世界」——包括人類個體獨立自持的精神世界和集體分享共有的精神世界。（由此產生的人類的個體精神和種種大大小小的集體精神。）我們可以說，記號文化所塑造發展出來的意義世界是人類精神世界的蘊藏與源頭。所以在經營人類的精神世界的時候，拓展和加深意義世界的內涵和向度成了首要之務。這也說明理論問題或概念問題為什麼成了解決實務問題的必要條件。

　　人類的精神世界，不論是在個體的層次或在集體的層次，都是決定他的意志與作為的原始動力和理念支柱——特別是那些有關價值、有關道德、有關品格、有關意境的意志決定和作為選擇。簡單地說，人類的精神世界決定了我們的人生取向和生命品質。

　　談起「世界和平」的問題，那是一種價值問題、一種道德問題、一種感情問題，也是一種意志問題。這樣的問題除了實務上的技術問題而外，首先必須在我們的意義世界和精神世界加以定位、闡釋、認定和確立。

　　和平不僅是一種物理和生理狀態，它也是而且更是一種心靈情境和精神品質。世界和平的問題不能單憑武力和法律去加以獲取和保障。世界和平必須建立在人類的心靈中的精神世界的基礎上。我們必須從道德、從感情、從價值、從意志和從願望的向度基礎上，實現和維護人類的世界和平。

　　經過人類歷史上的無數戰爭，特別是歷經兩次的世界大戰，以及之後的幾次地區戰爭，我們已經深切體會到「止戈」只能為「武」。此外，長久以來各式各樣的戰後和約，以及各種國際維持和平組織之設（包括當今的聯合國之設立和運作），也並不能確實保證長久不衰的世界和平。也就是說，政治組織和法律似乎也不足以促進和維護堅實的和平。我們還需要更加深層，因此更加穩固的基礎。基本上，和平的最深基礎在於人心，在於人類的精神世界，在於我們的價值、感情、道德、意志和願望。

　　事實上戰爭只不過是人類彼此之間「不和平」的其中一種表現方式。人類彼此在價值上鬥爭，在道德上鬥爭，在感情上鬥爭，在意志上鬥爭，在願望上鬥爭。不同的價值為什麼一定要互相鬥爭？不同的道德為什麼一定要互相鬥爭？不同的感情為什麼一定要互相鬥爭？不同的意志為什麼一定要互相鬥爭？不同的願望為什麼一定要互相鬥爭？

　　在一個講究一元論，在一個高倡絕對主義的時代，上述的問題得不到令人滿意的答案。不同的文化，尤其是不同的記號文化，必須經由決鬥與剷除，才能建立人類的文明秩序，才能維持人類的人性語言。如今，這樣的時代已經逐漸過去了。我們正在迎接和重新認識一個嶄新的多元主義的時代——一個不同的價值、道德、感情、意志和願望全都可以並存互動，對比交融的時代。未來的世界和平需要建立在這種記號文化的基礎上。我們需要在個體的層次上和在集體的層次上建立開拓這樣的精神世界，開創和維持人類期望已久的世界和平。

5 中國傳統的記號文化

　　如果將這個世界建立成為一個文化上的「多元社會」，奉行多元主義，建立具有多元精神的精神世界是通往世界和平的堅實道路，那麼每一個現存的文化傳統都宜重新反省其原有的精神導向和未來的運作模式。或許每一個文化都需要重新出發，適應新的多元意識，共同建造新的世界性的多元社會秩序。

中國的文化傳統當然是世界上一個重要的文化傳統。
我們需要在這個關鍵的時刻，反省檢討那傳統的中國文化
到底要怎麼因應這個時代的新局面，一方面繼續開展自己
的文明理想和人性語言，另一方面參與世界文化的建設
──和其他的文化比對互動，取長補短，一起創制出更加
包涵宏遠的世界文明理想，拓展更加深刻豐富的世界人性
語言。

本來古代的中國曾經有過極為豐富，極具活力，百花
齊放，百家爭鳴的記號文化。可是經過秦始皇的焚書坑儒，
以及漢朝的獨尊儒術之後，基本上中國文化的精神面貌幾
乎全為儒學與儒術所壟斷，其他諸家，特別是道家和後來
的佛家，只能充當後衛，聊備一格而已。所以，談到中國
的記號文化，幾千年來幾乎只是困居於儒家的文明理想，
以及儒家的人性語言。這個局面一時也難以徹底改變，另
謀出路。（五四之後的「西化運動」的失敗，以及晚近馬列
主義的文化運動的破產，就是很明顯的佐證。）

那麼傳統儒家的文化景觀能否順利自然地融會貫通於
新起的世界文化趨勢，共同參與世界文化建設呢？答案恐
怕不是那麼肯定。

首先，我們知道儒家之成為中國傳統的顯學主要是由
政治勢力將它「定為一尊」而來。接著，幾千年來儒家不
斷在或明或暗的情況下，接受政治力量的保護和指導。這
樣的文化欠缺一種由創制而社會化而大眾化的自然開拓過
程。它欠缺自由創制的空間和活潑開展的餘地。（比如儒家

之中荀子一門就未能充分開展，不管最後它會被接受或被捨棄。這也是儒家發展史上的一大敗筆。）此外，這種定於一尊的絕對主義精神往往更與「家天下」的意識型態結合在一起，造成進一步將儒學儒術演成政治侍僕的方便。這對一種「開放社會」的建立構成極大的障礙，也長期令中國人的心靈和精神世界趨向保守和封閉。傳統中國人的精神世界的拓展結果令中國人走向幽美，走向崇高，甚至走向超越，但是卻沒有走向深刻的涵容，沒有走向忘我存他的開放。從這個角度看，在傳統儒家的薰陶教養之下，中國人在極重大的意義上欠缺一種「開放的心靈」。中國人的個體的和集體的記號行為往往趨向專斷的理性，趨向狹隘的感情，趨向片面的道德，趨向單方的價值，趨向排他的意志，趨向封閉的願望。

如果上面所做的觀察不錯的話，那麼傳統的中國文化需要如何精進再塑，才能在當今這種多元主義精神的大生態中，一方面能夠開展出能夠涵容其他文化，甚至能夠並包其他文化的具有自己的特色，具有自己的身份，並且具有繼續拓展的涵能和活力的中國文化？而且另一方面也能夠在逐步形成的當今世界文化中（雖然這樣的世界文化的重要成素多數源自西方），擔負起一份參與締造，參與改良，參與嬗變，參與演化的實質角色？這是一份雙重而沉重的文化重整運動。我們要採取什麼樣的策略，運用什麼樣的方法呢？

有時文化的重整運動或改造運動可以由文化的復興運

動造起。西方經過中世紀的文化嬗變所帶出來的困局，最後通過回歸尋根於希臘文化而重新肯定，重新出發，重新拓展和重新發揚。中國傳統文化是否也可以比照地溯本追源，尋求百家爭鳴，百花齊放的多元精神，開拓引發出中國文化上的「文藝復興」呢？如果我們能夠涵容百家，集思廣益，匯精聚粹，整合發揮，我們是否可以耕耘出適應這個時代的嶄新記號文化，（比如儒家的家天下和墨家的博愛思潮交會貫通之後，能否產生新的文化面貌，將家天下加以轉生變化而成為「天下家」呢？這樣一來，不是可以兼容並包那「地球村」的當代思潮嗎？）創發起更加高遠的人類文明理想，締造出更加深刻的人性語言？

　　　　　　2000 年 7 月 26 日，完稿於加拿大蒙特利爾

後記‧補述

　　本文是為了在研討會上宣讀而作，屬於較為簡短約略的論文宣讀版本。該研討會於 2000 年 7 月 23 日至 27 日，在加拿大之蒙特利爾市舉行，名為 "Coexistence Humaine et Developpement Durable"（「人類共存與持久發展」）。大概主辦者多為魁北克學者（魁北克省多法裔居民，向有脫離英裔統治，自行獨立之議），而且此會受法國基金會贊助支援，因此大部份的論文討論是以法語進行。大會主持人委託長居加拿大的學者劉烈先生籌劃兩個「圓桌討論」，其中之一的主題是「中國文化與世界和平」。劉氏強邀我去參加

此一討論，並計劃邀請多名大陸學者參加，會中並設有中、英、法語之即席傳譯，以供不同地區來的學者之需。

幾經耽擱，後來終於答應前往與會。為了方便在中國學者之間討論，論文大綱和內容均以中文寫成。沒想到由於經費問題，中國大陸的學者全部未能前往參加會議，北美洲的一些華裔學者也臨時未能趕到。是次討論會中，除了劉氏和我，另外只有三位東方人。一位是長年執教於加拿大，目前返歸東京的日本人；另外兩位是旅居巴黎有年的越南人。由於絕大部份的與會者都是西方人，於是臨時改以英語口述發表此一論文內容。同時由劉氏即席將我的口述內容翻成法語，方便那些不諳英語的會眾。

經過討論，我發現有一個主題是眾多人所深表關切的。那就是：中國文化——尤其是儒家文化——到底要如何發揮所長，才能在當今的世界以及未來的世紀裡，成功地扮演兩種重要的角色？一方面能夠積極參與塑造愈來愈明顯，愈來愈強勢的「世界文化」，令其朝向優質文化的方向發展，注入中國文化中特有的成素與品格；另一方面，在中國文化的傳統勢力圈裡——特別是在傳統中國文化的「本土」中，也能夠繼續具有活力地向前推進開展，令浸淫生活於中國文化之間的人擁有優良的生活品質和崇高的人性理想，使中國文化在其本土發揮內聚向心的力量，並且對外產生足以導人喜愛欣賞，啟發傾向模仿，甚至招來投身歸化的效應，在多元社會的互動相競的世界中，扮演一份推動人性理想，助長文明本質的角色。

　　的確，這是當今我們思慮中國文化所面對的最基本而又最重大的問題。有鑑於此，特別在研討會之後，增加補編一節，討論中國文化──特別是儒家文化的「回潮重建」問題。為了令此一討論與本文原本關心的記號文化密切呼應，順便在此闡明作者近年來所著意倡發的其中一個概念：「人文科技」。

6 儒家文化的回潮重建：
物理科技‧社會科技和人文科技

　　我們常說這是一個科學的時代。凡是不屬科學或者不合乎科學的東西全都被忽略，受輕視，甚至遭到抵制和排斥。在這樣的大風氣、大潮流之下，大的世界文化固然無可避免地以「科學文化」為主導；就是各個地方的小的區域文化也難以敵擋地受制於這種科學文化的波瀾和風暴之中。事實上，當今所謂的「科學的」時代，並非一種清純專志地崇尚科學方法和科學精神的工作習慣和生活風尚的時代。比較確切地說，當今的強勢文化潮流顯現著一股對於「科技」的嚮往、追求和開拓運用的狂熱。因此，在通俗的層次上看，今日人類所熱烈追求的科學絕大部份只能算是「商品化的科技」（包括軍事和政治所需的科技商品）。把科技──尤其是科技商品籠統混含而又錯誤概括地等同為科學，這是一種文化事物的誤置錯放；它更是一種文化精神和文化方向的參雜糾纏，甚至謬異亂套。這樣一來，我們不但無法在觀念上區分科學（科學系統、科學知識、

科學方法與科學精神等）和建立在科學知識上的「技藝」
——科技（科技開發、科技成果、科技商品、科技價值觀
等）；由此觀念混淆不清和錯誤等同更加引起各式各樣的現
代世界文化和現代地域文化之方向迷亂和作法怪異。這樣
的文化失誤更進而導致人類社會價值的種種歪曲，以及人
類個體精神的徬徨失策和無所適從。從記號文化開展的觀
點看，這樣的迷亂錯失容易造成我們精神世界的模糊暗晦，
甚至錯體斷裂，因為我們無法清晰地在生活的內涵裡準確
地釐清生命理想和文化價值的意義。我們的人生不知朝向
何種理想開展，我們的生命不知成了代表什麼「意義」的
記號。簡單地說，我們難以圓滿成熟地建立起自己的記號
世界，建立起自己的意義世界，建立起自己的精神世界。
久而久之，人類的理性、感情、價值、道德、意志和願望
也無可避免地處於顛撲彷徨、飄忽不定的境界當中。這是
我們目前所面對的絕大徬徨，這是一種深沉暗淡的時代文
化的大失落。

　　運用科技是一件事，服膺於科學精神又是另外一件事。
我們在試圖改善生活，精進生命的動機下，尋求科技，開
拓科技，運用科技，甚至擁抱科技，盲從科技和崇拜科技。
假如我們好好清理概念，檢討心中見解，深入追問運用科
技的問題，那麼從中我們必可清理出一些對於文化的持續
開展具有重大意義的問題。比如：科技運用的結果到底會
引發出何種「生態環保」結果，它將帶出哪些「文明人性」
意義；怎樣算是善用科技，怎樣算是優用科技，怎樣算是

濫用科技，怎樣算是誤用科技等等。經過這類的詳盡討論和從長計議，科技的開發和運用才富有文明的方向，也才具有人性的意義。科技才成為一種合力開創人類記號文化的有意識、有反省、有目的、有意義的創造與作為。

　　潛心思索科技的問題，我們就會發現不能只出以狹隘的眼光觀看人類文化中的「技藝」開拓和技藝成就。人類的技藝不僅是實用文化的一部份，只充當器物與工具之功能；事實上，人類的技藝更可以配合其他的人類記號文化，開發拓展，推廣應用，顯現出它的精神層次、文明價值和人性意義。

　　廣義地說，一切將心思情意付諸實現的方法、步驟、程序和輔助工具皆可名之為「科技」或其成果。如果我們也取其廣義，將「科學」等同為一切有系統、有理據、能記號化，因此能夠公眾化（俗成化）和客觀化的學說和信念理論，那麼除了我們慣常指謂的狹義科學——「物理科學」而外，我們也應同樣注意其他的科學——其他的學說理論和信念系統。簡言之，和物理科學並列開展的，還有「社會科學」和「人文科學」。也因此，跟隨社會科學和人文科學互動相生，齊齊開拓並進的，就有種種不同的「社會科技」和「人文科技」。這是我們不該隨便加以忽略而等閒視之的人類「文化工程」。人類演化至今，不僅經營開發出物理科學和「物理工程」，他也不斷地繼續經營開發著社會科學和「社會工程」，以及同等重要、而且更加根本的人文科學和「人文工程」。

上述的三類科學，以及與之密切掛鉤的三類科技和三類工程，彼此之間並非隔離絕緣，各自發展，互不相干。正相反地，自從人類的物種伊始、文化初生，這幾類的文化活動從來就是互激互動，相益相長。只是各類活動之間的各自彼此關係常常隨著時代，隨著發展階段和成長速度的不同而深淺不一，疏密有別。也因此，這些不同種別的文化成果之間建立起頗為獨特的交互關係。在不同的世代，它們對人類文明的演化進程產生不同的引導作用和建構效應。它們所扮演的文化意義有別。它們具有各自獨特的記號文化價值。

我們就以「數學」這種人類文化活動及文化成果來做為例子，觀看在人類的文化生態中，諸科學、諸科技，以及諸文化工程之間的關係。所謂數學是人類對於大小、多少、深淺、高低、厚薄、眾寡、秩序、遠近、親疏、冷熱、濃淡等等性質、關係其及運作而做的記號化、概念化、語文化或其他形象化的活動和成就，以及對此等活動或成果之反思、抽象化和系統化的產物。數學活動和數學成果和成就流傳推行於人類各個文化之中。沒有任何文化之發展欠缺此類的數學活動，也沒有任何民族之開拓沒有造就出這類的數學成果。它們之間的差異只在於出發點的不同，著重方向的分別，以及應用的對象和媒介的語言各自獨樹一幟而已。比方古代埃及，由於尼羅河之定期氾濫，淹沒田園，破壞阡陌，必須重新度量，再做勘界，於是後世稱為「幾何」的數學活動和數學成果也就始創興起，應運而

生，用來設立定點，拉劃限線，計算面積。由此，各種有
關「點」、有關「線」、有關「面」之間的種種性質和關係，
以及其表示方法和計算步驟也就逐漸地明諸於世，為世人
所認識而成為文化活動的一部份，演成一種文化上的成就。
後來，代代相傳，精進改良，系統規範、概念抽象，更成
為一種學術，一種科學，甚至演變為一種科技。歐幾里德
將行之已久的幾何活動和集腋成裘的幾何成果加以抽象
化、概念化和系統化──他使用數學上常見的「公理化」
方法──以及另外一種科學和科技：邏輯科學和邏輯科技
──將幾何構作發展成為一門科學。其應用經過系統化、
制式化的開拓──比如種種「算法」、算式的成立──也更
進一步演變出眾人可用，有規則、有定律、有步驟可循的
應用技藝──科技。

　　幾何從測量的活動開展而出，經過有系統的再製和有
力的塑造之後，其所演變而成的科技不但比過往的技藝更
加準確和更加廣涵，應用力更加普遍，技術的發展力更強；
而且開展出更加富有與人類其他知識的成就相關並容、彼
此支撐的「理論基礎」和「學理根據」。後來，幾何廣泛地
應用在物理科學和物理科技之間（比如，應用到工程設計
和工事實施之上），就是在社會科學，甚至社會科技，以及
人文科學，甚至人文科技之間，也不乏幾何學理的啟發和
幾何科技的運用。就以人文方面來說，音樂曾以幾何的規
律說明樂理和設計樂器，繪畫也曾以幾何定理創發理論（包
括「視野景觀論」）開拓繪圖之方法和創作程序。（近代繪

畫史上還有「幾何派」、「立體派」等。）

　　值得我們在此特別加以注意而明確再次提出的是，諸種科學之間以及諸種科技之間，在發生上、在學理上、在實際應用上，以及在進一步的開拓生長上，所具有多方面、多層次的交互關係和促成助長的作用。我們最要在此強調人文科學和人文科技對其他科學和其他科技的催生和促長的作用。因此，我們要提議進一步思考中國文化中的人文科學和人文科技如何在當今的世紀裡，一方面積極參與世界文化的塑造，並且在另一方面不斷在中國文化的疆土之上，繼續富有活力地開拓出具有特色、充分銜接傳統的中國新文化。

　　首先值得我們反省的是，長久而來人們對於各類科學和各種科技所存的理解和所寄的期待往往有失平衡，侷限偏頗，以致引發各種有礙健康的文化開展和幸福的人生追求的偏見和謬誤。讓我們從人文科學的起源和人文科技的開發說起。

　　簡單地說，「人文」的一切全都導源於人類心靈的塑成和運作活動，以及這兩種過程的交互作用所引發的演化成果。所以，從根柢上看，人類的心靈運作的媒體是他的心思、概念和情意；心靈運作的結果塑造了他的理性、感情、價值、意義、道德、意志和願望，從而加強了心靈上的不斷塑造能力，以及心靈運作層次的不斷提升。人類的文明精進和人性演化歸根究柢建立在人類的心靈塑造和心靈運作之上。由此，人類演化出他的記號行為，開創出他的記

號文化。從此觀之，我們可以說，人類的心靈塑成是一種記號塑成，而且人類心靈的運作是一種記號的運作。

如果我們能細心從這個角度去觀察，那麼人文科學——特別是人文科技的文化定位、範疇界定、實用限度和運作模式等等，也就更能清晰明確地呈現表露出來。

人文科學是人類運作心思、概念和情意這類記號而開發出來的學說和理論。人文科技則是人類依據人文思索（尤其是人文科學）開拓成就而出的運作心思、概念和情意的結構方法和工作程序及步驟，用以成全人類實用上的、情懷上的和理論上的種種期望和要求。

人類各種族、各區域、各世代全都不斷發展其人文科學和人文科技。中國的傳統文化——當然包括儒家文化——在這方面更是優為之而善為之的一個成例。就以儒家為例：從春秋戰國時代的儒學和儒術的源起發繁開始，直到宋明心學與理學，以至今時今日之新儒學，人類心靈的開發和建設一直是其中最基本而重大的思索課題、爭議條目和演作要領。不論是「誠意」、「正心」，或是「養心」、「養氣」和「養性」，在基本根柢上都朝著塑造人類心靈，開發人類心境和營造人類心地，以及演化人類心性的方向尋覓探索和求精求進。從哲學記號學的觀點看，這是人文的探索和人文科學的開拓發展的典型例子。後世的「功夫論」更是在這種意義的延伸之下，對於塑造人類心靈和演化人類心性的人文科技之理論探索和系統建構。這是儒家的記號文化開展的基要所在，也是日後發展新世紀的儒學

以及開拓新時代的儒術所可望秉承的方法基礎和運作憑
據。中國傳統文化的回潮復興可以從這個方向去「著眼」
和「著手」。(當然，傳統的中國文化不僅僅是儒家文化而
已。)

2000 年 8 月續寫於香港

● 人生的詩

0

同仁李氏寫了一本引導人讀詩的書。他請我寫序。我從來不為他人的著作寫序，深恐減滅別人的光彩。況且詩的事既不是我的專行，也不是我目前傾注的對象，因此也就婉拒了。

可是李氏卻再三懇求。在盛情難卻之間，心想：好在自己從小喜愛詩；也曾在少年的日子有過「作詩填詞」的記憶。後來寫作的超短散文，也曾被人歸納為詩類的文字。在這樣的因緣之下，我終於答應為他寫一篇「前言」。但同時也堅持他一定得找到詩的專家學者寫序。後來，他終於找人寫了序。於是，我也就樂意奉獻自己的前言。

1

人生像詩。
要清新，要脫俗，要洗鍊，要推敲，要琢磨。
詩像人生。
要真實，要誠摯，要簡潔，要精彩，要有情。

2

人生像詩。切莫隨意浪費字句，甚至不忘時時謹慎標點。

我們每人每天都有二十四小時的生命。那是一千四百四十分鐘的感覺，也是八萬六千四百秒鐘的心跳。

把每一分鐘的感覺鋪成一大張攤開的稿紙，把每一秒鐘的心跳連接成一行一行待寫的空格。用我們的生命，用我們的歲月，細細推敲，慢慢琢磨，字字計較，點點關心。

寫下思想，寫入情懷，寫成壯志，寫出意義。

用心地寫，有情地活。過著什麼樣的日子，寫下什麼樣的人生的詩。

3

詩像人生。不是無中生有，更非假作呻吟。

我們每人擁有成千上萬的單字。這些可以用來串成不計其數的詞藻。加以輾轉變形，更可以織成無窮無盡的字句。

只要機械編串，只需不停堆砌，久而久之，十九古詩，三百唐作，必定開始逐一湧現，慢慢成章。可是這算是詩嗎？它的靈魂在哪裡？它的意義在哪裡？

詩像人一樣，要有血，要有肉，要有骨，要有氣，要有靈，要有心。

人生豐滿的體驗賦與詩血和肉。

生命深刻的感覺傳給詩骨和氣。
人性幽遠的情思遞交詩靈和心。
豐滿的人生體驗令我們成為詩人。
深刻的生命感覺令我們成為詩人。
幽遠的人性情思令我們成為詩人。

4

人生像詩，詩像人生。
人生是詩，詩是人生。
我們到底要怎麼寫？我們到底要怎麼活？
我們到底要怎麼活？我們到底要怎麼寫？

1994 年夏日・旅途・機上・白酒・清杯

鄉情．鄉思與鄉心
　　——何處是故鄉？

知識份子追求生命的理想，
讀書人尋找良心的故鄉。

交流鄉思之旅

八十年代初期，當兩岸還未開放交流之前，香港因地利之便，開始和大陸的哲學界接觸。那時也許只懷著一份知識份子的情懷。那也是沈宣仁先生的情懷。

可是接下去那十年的演講授課，另有一份心情。

自己和對岸的許多許多人同祖同宗。每逢眼見那裡的人間淒慘和人性荒謬，除了同情，更生驚懼──既然遠祖同宗，自己的血液裡是否也含有共通的基因？當自己的同祖同宗陷入人性的困境，自己有可能自清自外嗎？

所以我將一連串講學之旅，名為「交流鄉思之旅」，那是對一片遠祖的故鄉的感懷情思之旅。這也是我中學時教我惠我的禤恩昶老師的感懷情思──他生在山東，死在臺灣；他愛四川成都，也愛蘭陽羅東。

● 寒山寺的鐘和橋

　　三十多年前，在小學的地理課本上第一次讀到「上有天堂，下有蘇杭」的字句。那時，好生興奮，好生嚮往。

　　從小，文化的纖細微絲把我聯繫在海的隔岸那祖宗生長繁發的「故鄉」，尤其是在那詩情和文思盪漾的原野與山川。在時光的江流中飄浮的景象和事物──它們成了我精神上的故鄉。

　　蘇州，蘇州的寒山寺！

　　多麼遙遠的高僧寒山，多麼古老的張繼的詩。在年輕的日子裡，多少夜晚的夢想和心聲：月落，烏啼，滿天的飛霜；江楓，漁火，失眠的愁緒。姑蘇城外的寒山寺，夜半的鐘聲，停泊在那水鄉上的船上的孤單的過客……。

　　深深的心緒感染，長長的鄉情的嘆息。

　　也聽過有人把蘇州和美女聯想在一起。

　　還記得，從小經常聽人家清唱日語的〈蘇州夜曲〉，雖然那時腦海只是一片籠統的水鄉的蘇州。等長大了，翻出歌詞細讀，才知道歌中那依偎著的情侶，夢樣的船歌，水的蘇州，垂楊，春去，流水落花，淚眼，朦朧的月，寒山寺的鐘聲。

　　一大串的鄉情，一系列的詩意，整個系統的生命情調，揮拂不去的心懷激盪，從小養成的……。

　　所以這一次到清華大學交流講學完畢，從北京到上海的飛機上，我特別注目憑窗遠眺腳下的風光。當飛機接近江南，到眼的百般景色的確與北方兩樣。它和香港到成都那段路上的風光迥異，跟從成都到北京沿線的景象也全然不同。魚米之鄉到底名不虛傳，只要看那大大小小的湖泊，那縱橫交錯的水道，那綠色動人的田園。

　　不必回憶地理課上的知識，不必參看地圖，我也可以約略看出浮現在機窗外的，是洪澤湖，是長江，是長江三角洲，是崇明島，是太湖，是上海的近郊。上海到了。

　　在上海社會科學院講了一次「理論的結構和理論的功能」，參加了一次正式午宴，並且提供引言內容和他們座談討論「科學的傳統和傳統文化的內涵」之後，我的正式交流活動基本結束。主人好意，安排我前往蘇州——多麼令人嚮往的天堂和水鄉蘇州。

　　一位在成都開會時初次謀面，恰巧又是從上海社會科學院出身，現在在蘇州大學任教的先生自告奮勇，充當我們的嚮導。我們從上海乘快車一早抵達蘇州車站時，他已經洽請大學派司機駕車在那兒等著。在大陸，很多人靠所屬單位的公家車輛和司機，擔任接待的工作。我們一分一秒都不浪費，立即開始參觀遊覽的行程。

　　從上海與我同來的兩位先生以前都到過蘇州，儘管他們並未遊遍這裡的風景名勝，但總算是舊地重臨，不再完全陌生。可是對我而言，正像大陸的每一個地方一樣，一切都是新的經驗和未曾有過的接觸。何況是面對這與天堂

對稱的人間蘇州，這水鄉的蘇州，這夢樣的船歌的蘇州，這美女的蘇州，這寒山寺的夜半的鐘聲的蘇州。我特別感到興奮，特別注意觀察它的一草一木，一瓦一石，希望從中看出這名城的興衰滄桑，聽出它的歷史的歡樂與悲嘆。

像好多大陸上的城市一樣，蘇州城老舊了，甚至可以說殘破了。

多少年來，為了應付愈來愈加重的人間需要，原來富有特色的住屋，被釘補併建擠壓搭蓋得失去了本有的風格；縱橫交錯的水道，飽和地吸取了機動船隻的排泄，現在只是尚能載舟浮舟的污水大渠，勉強擔負著經濟建設的使命，尤其是一段長長的時間，上頭不智地鼓吹城鎮工業，使得小型工廠如雨後春筍似地到處興蓋重建，和住屋民房爭地，破壞了城市的清潔、安靜與衛生。現在的蘇州實在是已經不能從大處著眼的蘇州。現在的蘇州變成必須從小處注意，才能勉強看出當年原有的幽美。

細細地察看，房子雖然是破舊的，但是原來卻曾經在設計上講究過自己獨特的風格。房子那屋脊的彎翹方式最引人注目，它代表江南小巧的心思，不像成都平原古舊農屋的豪放。順著運河兩岸宛轉重疊修建的民家，工巧而富有情趣，絕對不是北京平整規律的四合院的單調所可比擬。

水道全已污染，垂楊再怎麼努力加添綠色，也點綴不出盎然的生趣。船隻馬達吵雜地努力在運送工業品，誰也聽不到有什麼夢樣的船歌。街上滿是人，是遊客，是腳踏車，是雜牌的運輸車輛。可是傳說中的蘇州美女呢？啊！

也許正關在一間間的工廠裡，努力工作。蘇州已經不是情的天地，不是夢的水鄉。近年來，它已經搖身一變，成了全國聞名的工業城市，在古城的郊外，大量吸取農田，建設工業。它因此帶來的財富，恐怕連經濟特區的深圳都要望塵莫及。當然從外面世界的標準看，這只不過屬於經濟尚未起飛前的發達，並不是健康成長的表現。

蘇州近年來的富有事實上也非偶然。一個具有二千五百年歷史的文化古城，早已積存著深厚的知識根柢，要講究工業化，商業競爭和有效管理，那豈是本來只是個默默無聞的漁村的深圳所可望其項背？更何況咫尺之外就是藏龍臥虎的最大都市——上海。近年來，蘇州一定吸收不少上海流入的人才。

蘇州城雖然老舊殘破，可是城裡郊外多少名勝和庭園卻依舊吸引著遠近絡繹不絕的遊人。從停車場那些車牌的來歷，一眼可以看出全國各地的人都要來這裡爭睹人間的天堂的姿采。誰不知道蘇州擁有不計其數的勝景古跡？誰不知道全國四大名園中，蘇州就佔有兩個？

這一天雖然不是星期天，但是仍然到處的人群。我們從城外的名勝開始，第一個目標是二千四百年前，吳國所遺留下來的古跡——號稱「吳中第一名勝」的虎丘。

虎丘是春秋時代的吳王行宮。吳國的事跡相去那麼久遠，幾乎已經在歷史的記憶中埋沒。可是現在忽然親自踏上這古跡，陳舊的事物突然添加了一層新意。走在這岩石和水潭交疊，亭樹與林花掩映的古園裡，內心突然更換了

一幕幕朦朧悠遠的情懷佈景。雖然四處都是遊客，老幼男女，個人集團，喧嚷呼喚，弄姿留影。身邊又有同行的主人，不時說明指點，評述讚嘆，自己很難完全從現實抽身，神飛魂往。然而置身此中，心懷不由激盪。現實淡出，歷史隱現，想像紛飛，神話傳統飄揚。

吳王的試劍石靜靜地躺在行人路邊。若是它不幸沉淪荒野，何來此等雅號？要不是經人指點，又有誰知道它的來歷？就算現在有了名號，有人指點，可是若非細心會神，靜默懷想，吳王當年試劍的英姿，何以還原？那時眾人圍觀喝彩的豪情壯志，怎去想像？歷史的流影有時顯得那麼遙遠、脆弱而閃爍不定，要看後世的旁觀者有何種意念，懷著怎樣的心情，才能顯現它的真正面貌！

虎丘居高臨下，四面環水，到處長滿松樹和梅枝，風景幽美，名勝古跡甚多。可是走看元代所建的「斷樑殿」，相傳吳王葬父的「劍池」，五代所建，不用寸木全由磚砌的「虎丘塔」（又名雲岩寺塔），岩壁陡削的「天下第三泉」，竟沒有引起我太多洶湧的情緒與澎湃的思潮。歷史的事跡太遙遠了，一時無法與現代的經驗互相呼應，和當前的感覺交流振盪。

倒是有一座跨越溪上的小拱橋，引起我濃厚的興趣和幽遠的遐思。那橋上有兩個小圓洞，據說是以前妃子們臨水照鏡，顧影梳頭的地方。啊！多麼活潑生動，千古同此一心的簡單情懷。可是等我彎身探頭下望時，眼前的一切突然阻塞了當年妃子們的倩影。只見橋下銹水團團，敗葉

斑斑。只有趕緊仰望長空，喚回一點正要滋長的想像。

虎丘之後，就是西園。那是戒幢律寺和西花園放生池之合稱。西花園林花秀麗，亭榭幽美；戒幢律寺是江南名剎，殿宇宏偉，氣勢萬千。其中羅漢堂內的五百金身羅漢，雕鑄得神情姿勢各異，巧奪天工，其中「瘋僧」和「濟公」兩座塑像更是造型奇特，引人嘆為觀止。

接著是全國四大名園之中的留園。

留園始建於明代，曾經叫著「涵碧山莊」。園中的主廳涵碧山房面臨荷花池而建，和池中的亭閣小蓬萊遙望相對。環池之濱亭榭羅列，佈置巧妙。有明瑟樓、古木交柯、曲溪樓、濠濮亭、西樓、清風池館、五峰仙館、遠翠閣、可亭、聞木樨香軒等等，樓閣高低錯落，蔚為奇觀，加以假山花壇，奇石林花，互相掩映，情趣無窮。園內東北角有著名的冠雲臺，上面的冠雲峰是江南林園中最大的一塊湖石，姿勢奇偉，氣派超俗，聳立臺上，傲視人間。環繞著冠雲臺的更有冠雲樓、冠雲亭、佳晴喜雨快雪之亭、佇雲庵，以及更遠處的林泉耆碩之館、還我讀書處、揖峰軒、不二亭、石林小屋以及八角亭等等。全園建築精美，佈局緊湊，明麗清幽，超然脫俗，遊歷其間，令人心曠神怡，實在不愧為一大名園。

過了中午，我們趨車到蘇州大學，接受主人的招待。

蘇州大學就是原來的東吳大學，座落在蘇州城的東南邊的外城河畔。校園樹木扶疏，樓房林立。西式鐘樓依舊，主廳聳立無恙，一看就知道是當年的教會大學。只可惜校

舍古舊失修，敗跡斑斑可見，令人不忍細察多看。文化大
革命時期的荒唐口號粉刷牆上，若隱若現，觸目驚心，留
下一層又實在又荒謬的歷史的殘跡。

　　本來司機的意思是，等吃過午飯就近前往城內西北部
參觀獅子林和拙政園等，順便可以觀看城中玄妙觀前的著
名舊街。可是，我們都覺得人已來到蘇州，沒有去參觀名
聞中外的寒山寺，似乎對不起那古老而含有詩情的名剎。
於是就央請司機重新回頭，再去城外西郊，寧可放棄城裡
的另外一些名勝。我來大陸交流講學半個月，從來不要求
主人安排參觀遊覽之事，這回也破例加入贊成的行列。

　　寒山寺很小，令人失望的小，孤單矗立在城郊楓橋鎮
一個雜亂而不清淨的河畔。寺外有一塊古寒山寺碑，橫寫
著「寒山寺」三個大字。它始建於梁代（公元六世紀），原
名妙利普明塔院，又曾名楓橋寺、普明禪院等。唐朝時，
有詩僧寒山曾在寺內住持，於是留下今名。

　　由於它是一個小寺，寺內建築並不雄偉壯觀。不過，
在寒山拾得佛像堂內，寒山和拾得兩人的塑像造型古樸，
姿態優美，栩栩如生，引人注目。像後高懸一面「寒山拾
得」四個金字的大匾，上款寫著「民國歲次辛酉年杏月穀
旦」。這是半月來我遊歷所至見到的殊多匾牌和柱聯中，唯
一仍然完整保留「民國」字樣的例子。

　　除此之外，最引人興趣的，當然就是寺中的鐘樓，以
及樓裡懸掛的寺鐘。

　　張繼的〈楓橋夜泊〉令寒山寺和夜半的鐘聲聯在一起。

可是現在這口鐘不但不是梁朝或唐宋時的古鐘，就是後來明代嘉靖年間重鑄的巨鐘也不知去向（聽說被日本偷走了），現在這口三人才可以合抱的鐘是光緒時重鑄的。更令人失望的是，當我們走近鐘樓探頭一看時，發現現在這口鐘不是用來傳播佛音，而是用來作為寺院生財謀利的工具。鐘樓定時開放，讓遊客拾級登樓，若要敲鐘，國人三元，外籍遊客五元！當你用金錢換取鐘聲時，敲打出來的到底是什麼呢？

我惆悵無名地走出寒山寺，迎面來了幾個清秀的女郎，用日語問我是不是日本人。我以為她們來自東瀛，要找日本人解決困難，因此也用日語答說不是。沒想到一說日語就被纏住。她們把我當東瀛遊客，拼命向我兜售紀念品和土產禮物。

好不容易改用中國話解除糾纏，沿著小街走去參觀跨越寺前河上的楓橋。寒山寺門口有一座橋，是江村橋。沿河往前再走，另有一座，題名「楓橋」，顯然是幾年前才重新修建的。它既不古雅也不美觀，空為遊人留下一份不知停落何處的內心的苦悶和幻想而已。

想像的幽美和現實的雜亂令我想起剛才在寺內見到的「夜泊楓橋」石碑，情不自禁地輕聲在內心裡低吟起來：

月落烏啼霜滿天，江楓漁火對愁眠。

姑蘇城外寒山寺，夜半鐘聲到客船。

鐘聲啊，鐘聲！它在我的心靈深處清響迴盪，餘音裊

臱。可是眼前這一片寺景，只有在混雜的空氣中隱隱飄傳的微風，細訴那逝去的美麗，那期待中的失望，那喚不回挽不住的飄遠了的詩情。

我傷心地要滴下淚來，如果不是有人伴著我在身旁。

默默地，我不忍回首，離開了寒山寺。我強忍著淚水，頭一次也不敢回望。

獅子林裡充滿用太湖的奇石砌起來的美景，拙政園是另一個四大名園之一，全園以水池為主調，相映成趣。可是看完了寒山寺後，現實的一切再也填補不了心靈的期待，陣陣的失望令人懶散疲乏起來。

在疲乏裡，到了觀前街，看到幾個顯眼的餐館名字，像「松鶴樓」，像「得月樓」。可是我對它們沒有夢，它們只是現實中的抽象。

歸途，在火車上閉目沉思。江南的名園畢竟不同凡響，歷史的名城古都曾經引起我多少遐思。可是蘇州實在太古太老太舊太亂太雜太髒了。事實上，整個中國都是如此。美麗的夢想啊！當它翻翻飛揚之時，要讓它停落到哪裡呢？

1987 年 9 月 20 日

原刊登於《中國時報》「人間」副刊，1987 年 10 月 17 日。

● 令我老師魂牽夢繞的成都

要遠行，突然連天不測風雨，還有震耳雷響。心頭好不開朗。奇怪，昨天還好好的。

雖然並不是第一次到大陸開會，但是幾年前去深圳，去年到廣州，都有二三同事結伴而行。而且前者是經濟特區，後者是中國南方最早開放與西化的城市，兩者目前都深受香港影響。何況距離不遠，從香港搭乘火車即可輕易抵達，無需多做周密準備。可是，這回卻很不同。這回要去的是相距千里的成都、北京和上海，而且是隻身前往，心情大為兩樣。

本來這次主要是到清華大學交流講學，回程順道走訪上海社會科學院，給一兩次演講。碰巧大陸每兩年一次的「第五屆全國科學哲學學術研討會」也差不多要在這時候召開，地點是在四川成都。主辦人知道我要到清華大學演講科學哲學的論題，因此邀我順便前往參加成都之會。

這是主辦者第一次邀請外人參加該會，可以說機會難得。一方面能夠親自前往觀察國內學者研究問題的興趣與方向，另一方面躬親參與，必要時也可以提出自己的貢獻。此事想來頗為誘人。可是真正令我做出決定更動旅程，先飛成都與會的，並不全是學術求知的理由。我知道真正在內心裡驅使我的是一種感情上的力量。

　　我生長在臺灣東部蘭陽平原的鄉間，從小沉迷於農村的景物和田園的生活樂趣。中學時我有一位令人敬愛的國文老師，他作詩寫字，種花唱戲，看山看水，是一位富有生活情趣的老人。抗戰期間，他避難入川，曾經有一大段的時間住在成都。他愛上成都，喜歡那兒的景象風光。等他再度避居臺灣，跑到蘭陽平原上的小鎮羅東教書之後，他又慢慢愛上了羅東。

　　他常對我們說，羅東的氣候很像成都，羅東的自然景物也像成都。所以，從小在我的心靈裡就有了成都，就有令我老師魂牽夢繞的成都。

　　現在我那位老師已經去世，夢斷魂飛，天人遠隔，想起在羅東中學接受他諄諄教誨的日子，想起他那首〈初至成都〉的詩：

　　　　蜀道艱難過，鄉關萬里思。
　　　　夢中慈母淚，心上少陵詩。
　　　　城郭醇風在，煙雲秋瘴遲。
　　　　北歸更何日？來拜武侯祠。

　　唸著唸著，思念先師的情愫變得又深又濃，錦城模糊的影子竟然在虛無飄渺之間，掩映著老師的身影，交織在故鄉田野山川的記憶中。我下了決心，多預備一篇與會論文，修改旅行計劃，準備懷著老師的鄉心和詩情，從千里之外飛去自小耳聞遙想的成都。

　　在雷聲雨影之中，跟親人和親愛的人通過了電話之後，

匆匆就道。我無法逆料這次旅行在生活上會面臨什麼小難題，也沒有把握這回前往與會和講學會引起什麼反應。昨天，在長途電話裡，告訴在臺灣鄉下的母親，要離港外出開會。她問是不是去美國，我說不是。母親也就不再追問下去。只叮嚀吩咐我要小心注意，並說她會燒香拜佛，祈求我平安。每次我要出門遠行，都將旅行計劃告訴母親，所以母親所信奉的神靈全都知道我什麼時候在天空飛行，什麼時候在地面上活動。

在機場等候上機時，天上仍然陰雲密佈，亂雨紛飛。望外面停機坪上，中國大陸那「中國民航」的飛機和其他航空公司的飛機相較之下，顯得又小又舊，不知能不能安然抵擋這場風雨。

近午，飛機在濛濛的陣雨飛霧中起飛，掙扎著往上爬升，顛簸搖擺不定。從引擎發出的強烈聲響，知道機師正在加油增速，努力抗拒迎面的逆流。窗外一片翻雲覆雨的白色茫茫，人好似懸盪在太虛之間，無處著落。正覺煩悶，飛機突然隨著變幻難馭的氣流，猛然失卻高度地往下跌落，把一顆已經受驚的心都要跌散出來。機艙裡沒有人來得及做什麼適當的反應，只聽見前後左右到處有人驚叫。

這時我特別思念親人和親愛的人。如果我沒有回去見他們，他們會多麼傷心啊！

好在這場風雨並沒有一直糾纏著我們。十幾二十分鐘之後，風漸漸平息，雨也慢慢停止。機窗之外逐漸呈現白雲藍天那種慣常的飛行景象。我的思潮也慢慢變化轉移，

又重新為這次不很尋常的旅行起伏翻騰起來。

窮目遠眺機艙之下，丘陵起伏，黃土暴露，那可就是地無三尺平，人無三兩銀的貴州？想起中國的貧窮，想起中國人民歷盡的辛酸苦痛，內心裡不禁暗自發問：為什麼天上的景色到處相似，可是地面的人生卻那麼不同？中國人到底怎麼了？是人心習性不好？是思想制度不對？是文化傳統出了問題？

正想著，空中服務員開始分發遲來的午餐。這些服務員全都是女性，身穿白色襯衣，藍色長褲，樸素但不迷人，平實而不帶微笑。看她們的舉止表現，可以想像在大陸，充當空中服務員仍然是一份令人羨慕的職業，正像五、六〇年代的臺灣一樣。

接過午餐盒，打開一看，餐點有白米飯主餐，有中國式的「沙拉」，有飲品，還有一塊介乎蛋糕與餅乾之間的甜食。令人沒有料到的是，更有一包看來既辣且烈的四川榨菜，充當小禮物！只可惜用來佐餐的，除了少量的煎炒牛肉絲之外，就只有一些既硬又乾的漬物，像是軍隊使用的戰地乾糧。吃起來很對不起牙齒，對胃來說也不太禮貌。不過，我平時熱愛白米飯，從不願意浪費，因此努力把它吃完。不像同機的許多人——尤其是那些外國人，發現無法下嚥，無乎原封不動地加以放棄。

大約飛了三個小時，到達成都。那是五月中旬，地面氣溫攝氏二十九度。

成都機場頗大，但卻令人覺得空空蕩蕩，沒有什麼現

代化的設備。機場大廈雖然不算太小，可是管理和應用顯然失當。我們一百多名旅客必須在烈陽曝曬之下列隊等候，緩慢地魚貫進入大廳，接受證件檢驗。原來整棟大廈被胡亂割裂成為餐廳、商店、海關、候機室……，甚至掛滿標價高昂的國畫展銷室，可是就沒有一個地方可以讓抵達的旅客聚集在有遮有蓋的角落，安心辦理入境手續。不知若逢風雨霜雪之日，是否也一樣任由旅客受淋受濕受寒受凍?!

檢驗過證件之後，走到海關，天下更亂。從飛機上搬過來的行李，雜亂無章地堆積在一個小小的行李間。由兩三名工人，一件一件地將它提出門口。一大群的旅客圍堵在門外，踮足引頸，左右觀望。見到工人提了自己的行李就高叫一聲，好叫其他旅客空出一點位置，讓你擠將進去，接過你的東西。在這樣緊緊密密的擁擠圍堵之間，你不知道幾時會被人家提走的行李拽了腳，或給別人拖起的包裹碰了頭。反正，你也管不了這麼多，一心只想趕快找到自己的行李，趕快離開這「是非」之地。

好不容易領出自己的行李，提到檢查人員面前，哪曉得他卻是個生手。他雖然沒有要求翻看我的行李，但卻對我申報表上所填的外幣若干，手錶一隻，照相機一架，過後要到北京領取的電視機一部等，不知如何查驗處理。他拿著申報表上下左右端詳半天，不知道在哪裡簽字，在哪裡蓋章。反正磨到這一關，我的耐心已經涵養深厚。只呆站一旁，任由他不慌不忙地去請教別人。一直到他弄明白了，拿起印章霹靂啪啦地在我的申報表上蓋了幾下，我出

關了！

　　說實話，一路上這些辦事人員的態度並不惡劣，他們也算是盡職地在工作。可是為什麼人還沒有真正入境，就令你覺得好像磨損了一層皮，碰斷了幾根骨頭似的？

　　我終於過了海關，走出機場大廈。

　　門外，以前認識分別任教中山大學和清華大學的兩位同行，和一位在四川地質學院任教，擔任這次研討會的本地主辦先生，已經派車等在那兒。我們熱烈地握手寒暄，互相致候。

　　我真正到了成都。到了從小聽說的成都，到了我的老師的成都，到了令我老師魂牽夢繞的成都。我的情緒不由激動，思念和嚮往的感懷禁不住地洶湧澎湃起來。

　　坐上一部五〇年代上海出廠的小轎車，緩慢地向著市區進發。沿途路面崎嶇，塵土飛揚，人車爭道，秩序混亂。我一邊和歡迎的人談說旅途發生的事，以及參與研討會的計劃，一邊睜大眼睛，觀察車外的情景。一人一物都希望把捉，一草一木也不肯放過。後來，我怕同車的人笑我精神恍惚，疑我心不在焉，乾脆明白告訴他們，我的中學老師喜愛成都，說它與我家鄉酷似。現在我身歷其境，我要認真觀察，我要努力比較。

　　比起五〇年代的蘭陽平原，成都市郊多出了一些機械化的交通運輸工具，像是六〇年代普遍流行於臺灣鄉間的「鐵牛」一樣。除此之外，人力和獸力的車輛比比皆是。腳踏車固然是重要的運輸工具，提著幹活的器械，背負沉

重的荷物徒步趕路的，也為數不少。郊外，好像到處在修路，除了灰塵撲面之外，工業的油煙已經開始侵襲每一個人的感官。我向車外遠處眺望，但見群山環抱，農屋雜陳，一片水田，有村牛飛鳥點綴其間。尤其那蔥翠的碧竹，矗立在農園田舍之間，一眼望去，的確像是五〇年代蘭陽平原的農村風光。我又想起老師，也更覺得這片田園和鄉土的親切。

由於路面和交通情況關係，我們花了大半個鐘頭才抵達成都市區。

成都是中國西南的歷史名城，也是這一地區的交通樞紐。它是四川的省會，也是它的文化中心。漢朝時候，因為織錦業發達，所以稱為「錦城」。又因為五代時，後蜀之主孟昶命人在城牆上遍植芙蓉木，所以也稱「芙蓉城」或「蓉城」。在歷史上，成都曾經發放過綺麗的文化異彩，它是充滿文思、詩意和豪情的古城。想起成都，誰能遺忘杜甫，誰肯放過蘇東坡，又有誰能不想起相如、文君漏夜情奔的故事？

啊，這歷史文化的古城，這多姿多采的成都。我要細細觀賞它的一切，我要深深探究它的底蘊。我要懷著老師的心情，踏上老師當年的足跡，重新編織他那份幽雅的夢想，再一次尋覓他那一片悠然的詩情和胸懷。

我們進城的時候，時間尚早，還沒有遇上下班的人潮。可是街上也是到處人影，交通秩序一直混亂。我們順著全城最寬闊的馬路直駛，兩旁除了陳舊低矮的機關和商店之

外，也有幾處新近建築的商業大廈和大型旅館。這條貫通
全城南北，現在叫做「人民路」──分南路、中路和北路
的大道，顯然是不久之前才拓寬過的。它分有快車道和慢
車道，而且兩旁植樹已略可成蔭，看來自有一番氣派。

本來一路上都有交通號誌之設，可是大概人們不大遵
守，秩序仍亂，還得勞動交通警察在路口要道親自指揮。
當我們的車駛到一個十字路口時，不知怎的，司機突然發
現不該駛過，但是已經太晚，整部車已經停在超線甚多的
地方。交通警察站在高起的圓形警崗上，示意要我們的車
後退。可是，也不知怎的，司機大概看到橫路未有來車，
竟然緩緩向前開去。這時那警察怒不可遏，連忙叱喝：「退
回去！退回去！」。但是，我們的司機仍然沒有立即停住退
後，反而把車駕到他跟前去。探出頭，向警察說些毫不相
干的求情話。那警察不停怒喝，要司機停車路邊，不許前
進。我們只好駕過十字路口，在路邊停下。我們安慰了司
機，讓他走出去，向交通警察去解釋。

我不知道這件事最後怎樣解決。只知道不久之後，司
機回來，一邊嘮叨，一邊把我們送到研討會的招待所去。

這本來是件很單純的遵守交通規則事件。但是，在大
陸上，由於民智太低，法律欠周，大家沒有很清楚的權利
與義務的觀念，也沒有很明白的行為規範準則。於是人與
人間誤會叢生，做起事來，磨擦衝突無境無止。

將近黃昏，我們終於抵達位於金華街的招待所。全國
第五屆科學哲學學術研討會就在招待所的禮堂和會議室舉

行。

　　這本來是一個軍事部隊的招待所，可是在當今全國上下各單位努力設法廣開財源的風氣之下，對外開放，掛牌營業。這個招待所的規模並不太小。裡頭除了有一般招待所的禮堂、會議室、會客室、餐廳、娛樂室之外，光講住宿單位，就分有套房、一般單人房、雙人房和多人房。整座招待所大概可以容納一兩百人的起居住宿。可是它大概興建於「文化大革命」的年代，一切可以看得到的品質，全都乏善可陳。從設計、選材到施工，不但不講究高貴品質，反而一味追求平庸低俗。一切都好似緊跟那時的政治口號和政治風氣。「天下愈亂愈好」，辦事愈土愈佳。所以，木材尚未風乾，也派上用場；木匠泥工不論手藝，一齊上陣。所以現在門板是彎翹的。房門能開不能關，能關不能鎖；窗櫺一邊高一邊低，一端粗一端細；浴室的地面更不用說，出水口留在東，水一倒卻流向西！

　　「文化大革命」表面上已經老早結束了。可是那瘋狂的十年，那倒行逆施的十年，那天下大亂的十年，那淒慘悲傷的十年！它所遺留殘存下來的陰影，卻不知要到何年何月才能真正從中國人的生活中排除，從中國人的意識上抹去，從中國人的心靈裡消失？

　　主辦的人對我這個外來的遠客特別照顧，把我安排在二樓一間套房裡。我來時，正逢他們停電，房裡陰沉昏暗，鄰近敲牆打洞之聲，不絕於耳。好在我帶了一支小小的手電筒，臨時充當照明之需。也幸好平時我也還能忍受噪音，

現在對於如雷貫耳之聲，也處之泰然。

　　我約略地巡視一下房間和浴室。果如所料，沒有毛巾，沒有肥皂，沒有衣架，沒有廁紙……。好在我有備無患，通通帶來。正得意間，伸手摸向小桌表面。呀！不好！厚厚的一層塵沙。糟了。再查看地上，更糟！這樣看來，不是床上也全是灰，櫃裡也全是灰嗎？

　　不得已，我只好走下樓去服務員那兒，向她們商請借用抹布，清理房間。

　　服務員的態度非常友善，知道我的來意之後，馬上說要前來為我清理。不久，她果然帶齊了抹布和地拖上來了。

　　她一邊擦拭桌子，一邊對我說，她們今天下午才清理過房間。可是我想起那麼厚的一層灰，心中暗自懷疑：不是她記錯了，就是她為了交代，隨便撒謊。

　　未等她做完，已經是晚餐時間。我走到餐廳，發現這兒所使用的飯碗其大無比，大概是軍隊招待所的緣故。平時我可以吃三大碗白米飯，在這兒，只吃得下兩碗。

　　成都地處內陸，糧食供應顯然較費周章。雖然四川自古號稱「天府之國」，是中國的著名糧倉之一。可是，大概因為儲糧政策關係，我們吃的米顯然是陳年舊米。水產更不用說。由廣州前來與會的同行，就埋怨所吃的魚不是新鮮活魚。好在我從小不講究美食，不挑剔菜肴，所以對這裡的伙食全無怨言，吃起來頓頓開心，餐餐都覺得津津有味。

　　初夏的成都要到九點鐘才天黑。

吃過晚飯，我們一小群人走出招待所，沿街向市中心的方向漫步。這時下班人潮已過，但是路上仍然人多車眾。當然，正像大陸的其他城市一樣，街上最多的就是腳踏車。那不是一架兩架、十架八架，而是一群兩群、一隊兩隊、一陣兩陣的……。我看得出神，好似掉入「時光隧道」，回到五〇年代的臺灣。尤其出現在眼前這班人已經不那麼流行「解放裝」，再也不著什麼「江青頭」了，因此遙望起來，更像是小時故鄉的人群，覺得非常親切。

成都的人衣著樸素大方，女性亦是如此。雖然現在一些大都市的少女開始為中國的原野點綴起花花綠綠的顏色。可是在成都，她們落落大方，從容自然。同行的一位先生告訴我，四川的女子在中國是有名的，她們溫柔體貼，令人著迷。我觀察街上來往的少女，想起招待所裡的服務員，覺得她們純樸清秀，可愛大方——像故鄉的女子一樣。

我們走著走著，談起那時正在國內發生不久的「反資產階級自由化」的運動。同行的每一個人都曾經在過去的政治運動裡受災被害，有的被打成「右派」，有的變成「反革命」，有的被送去「五七幹校」，有的被關進「牛棚」……。他們不再相信當今的運動可以像以往一樣如火如荼地開展下去。現在的年輕人和知識份子普遍失望，再也找不到人依附，找不到人響應，找不到人搖旗吶喊了。我注意這些受災蒙難的臉，發覺他們並沒有斷絕人生的希望。他們對社會、對國家仍然存有一份深深的寄許。只是他們的夢想已經不是年輕時代的熱情，甚至不是中年時候的理想。

他們要重新思索，重新肯定，重新定向，重新出發——儘管他們的青春已過，儘管他們已成老邁。

懷著翻騰難耐的心緒走著走著，我們步上一座不寬不窄的橋。一位老先生指著橋下的江流說：這就是「錦江春色」的錦江，現在已經變成一條又髒又臭的污水渠。我向橋下探頭望去，只見河裡垃圾成堆，污穢不堪，中間烏黑的髒水，發散著強烈的異味，滾滾向東流去。

啊！芙蓉城裡的名河錦江，杜甫筆下「春色來天地」的錦江，我老師夢裡那詩情畫意的錦江，你為什麼沉淪蒙難到這個地步？

回到招待所，心情低落，感慨萬千。坐到桌前，眺望窗外，正要下筆寫點感觸，啊？怎麼桌面又是一層厚厚的塵沙？我知道了，風在吹著，全城都在塵土飛揚，遍地都是泥沙飄盪呀！

我和衣躺到床上，不再勞煩服務人員，無從理會是乾淨或是骯髒。我遙望窗外的樹影，凝視天上初升的明月，回憶今天所見所聞所思所想。人的悲劇，事的滄桑。時光無情，歷史無奈。我深深地懷念起遠方的家人和親愛的人。

風一樣，樹一樣，月也一樣。為什麼天上的景物如此相像，可是地面上的遭遇又會這麼不同？

1987 年 11 月 9 日

原刊登於《中國時報》「人間」副刊，1988 年 2 月 2－3 日。

● 成都平原的文思與豪情

　　飛行幾千里，來到這舊時的錦城成都尋夢，内心不禁激盪，思潮澎湃不已。

　　初到那天，夜裡輾轉難眠。浴室一直在漏水，還沒來得及動手修理，水聲滴滴淒切；招待所牆外有戶人家，夜裡還在不斷喧吵，人語聲聲刺耳。我躺在床上，凝視窗外那輪盈滿初虧的明月，心思飛馳萬里。想起剛才看到的人群，想起與會同行在「文革」期間遭受的迫害，想起街上交通的擁擠混亂，想起錦江河流的污穢骯髒。這時自己倍覺孤單寂寞，周圍一切頓感疏遠陌生。這時真希望房裡裝有電話。但是就算有了電話，也撥不到臺灣親愛的人！

　　旅人，遙夜，寂寞；明月，千里，相思。

　　在傷懷的思念裡，在無可奈何的疲乏中，不知不覺地入睡。沒有間醒，沒有清夢。

　　一覺醒來，天還漆黑。探頭窗外，星光晶瑩，這時街頭的夜燈反而顯得沒精打采的昏黯。一看錶，才清晨四點多。我披衣而起，漱洗整裝，就地取材地修好了浴室的漏水，溜出尚未初醒一片黑暗的招待所。

　　經過一夜那清風、明月和星輝的孕潤和洗滌，清早的空氣顯得格外清新，呼吸起來令人感覺全身舒暢清醒。我按照平時的習慣，沿街慢跑，運動身心。

可是整個城似乎太暗太黑了。雖然街上有路燈之設，可是有好多盞不知是因為年久失修或有意省電，並沒有發亮。而那些正在發亮的，不知是因為電壓不夠或電流不足，也顯得筋疲力盡，黯淡無光。尤其是隔著枝葉扶疏的街樹，這些路燈的光影更顯得飄忽孅弱，有影無光。我沒跑幾步，就發現自己沉落在一個又陰又暗的世界之中。

然而，四周儘管黑暗，但卻一點兒也不冷清。整條街有不同的聲音在飄傳，此起彼落，交響互應。我放慢腳步，定神細聽。啊，原來成都居民的生活脈搏在這麼黑暗的清早就開始跳動了。樹影底下，有工人彎著腰在摸黑掃街，竹掃刷過地面，推動樹葉和垃圾，發出清脆的聲音；路上一群群沒有點燈的腳踏車，不慌不忙地結隊駛過，車輪著地和齒輪車鏈交織出一種低沉沙啞的聲響；更有大小汽車閉起眼睛，在黯淡的街上勇敢前進，偶爾開一下燈，用來看清路面或警告行人，接著立即又閉起眼睛盲目前進！路邊有人在趕路，有人在閒走，有人在練拳，有人在比武。全都在這樣黑暗的清晨，在這樣黯淡無光的世界裡。我全副精神，不敢旁顧，緩慢跑去。儘管如此，有時也險些撞樹，有時誤陷低坑，有一次差點跑進一團敗葉垃圾堆裡。

跑到東玉龍街，由於險象環生，不敢繼續前進，橫過馬路，回頭步行。從此，我不敢在大清早外出晨跑，我沒蝙蝠的耳朵，又沒有貓頭鷹的眼睛！

走回招待所的路上，天仍沒有全亮。但是成都城的生命脈搏跳得愈來愈加速了。我注意街上，除了腳踏車外，

有人力車，有三輪車，有大大小小經過土法改裝拼湊的各種車輛，還有一些各形各色的汽車，它們載著人，裝著貨，在運輸，在趕路，看來有一份生氣，有一種活潑。顯然是經濟政策改變之後所產生的氣象。

街邊的景象就比較沉悶。公家機關固然看起來千篇一律，死氣沉沉。就是一般商店行號，也顯得門面陳舊，設備過時。我差不多一間一間地看過去，絕大多數裝潢古板，不求改進，絕對不如五〇年代臺灣的店鋪一樣，有一種進取向上的朝氣。也許這些商店依然隸屬「國營」。世界上凡是國營官辦的工商企業，全都無聲無息，不死不活。這樣一想，內心也就明白開朗，眼前的一切全都變成事屬必然，一點兒也不待疑惑。

倒是有一些簡陋的小店，比如搭蓋在路旁的小攤，大概是自負盈虧的「個體戶」的關係，想盡辦法推銷商品，招來顧客。他們寫的廣告雖然常常語意不通，用字錯誤。可是他們卻勤於思想，勇於嘗試；不只在守株待兔，坐享其成。

不過，這類個體戶的蔓衍滋生，漸漸造成了嚴重的社會問題。風氣所及，除了全國上下許多人費盡心機，一味爭取鑽營私利而外，個體戶的品質難以管制，他們的道德參差不齊。很久以前，就屢次聽說商人為了謀財而不惜害命之事。現在來到成都，偶爾翻讀地方報紙，發覺這類只求私利不顧公義，只為發財罔顧人命等等傷天害理的事，竟然比比皆是，層出不窮。啊，大陸的商界，由過去沒有

熱心的商人，而變成今日沒有良心的商人。此情此景，怎不叫人嘆息？中國啊，中國，妳到底要往哪裡去呢？

　　走在街上，有一件事情令我欣喜不已。那些令人討厭的政治口號和標語大量減少了，甚至完全不見了。在我跑步的那條街上，我仔細觀察，發現製作得最大，擺放得最醒目的一塊廣告招牌，是用來勸路人遵守交通規則的：它奉勸人家注意交通秩序，快快樂樂地上班，開開心心地回家。這是我在大陸半個月所看到的一塊最富有人情味的標語。令我倍覺得開心的是，它出現在錦城的成都，出現在杜甫的成都，出現在蘇東坡的成都，出現在我老師熱愛的成都，出現在我從小耳聞遙想的成都。

　　正在為這件事高興不已，驀然回首，望見一位年邁老婦靜坐在路邊一張破舊的矮凳上。她滿臉皺紋，無數風霜，眼露傷感，悲情無盡。她望了望我，又望回空蕩的街上。我望了她，一股悲懷忽然湧上心頭。她是因為無親無故，或在這裡懷念已逝的丈夫？她可曾有過像我年紀的子女，他們是否在淒慘的「文革」中被惡浪吞噬？

　　我繼續往前走，不敢回望。可是她那悲苦憔悴的面孔，卻鮮明地烙印在我的心上。我愈走愈悲傷，愈走愈想流淚。我想走回去安慰她，可是又不知道要怎麼開口。我在想：中國有多少悲慘的人間故事？中國有多少像她一樣傷痛的人生？就在她的面孔上，我好像一眼看到了這幾十年來中國悲傷的人生縮影。

　　翌晨，我不敢再去跑步。但聽說招待所不遠處有間寺

廟，大清早有信徒拜佛，可以前去參觀。於是我約同兩三與會同行，未等晨曦初露，踏步前往。

原來那間寺廟叫做「文殊院」，就在文殊院街，佔地頗廣。周圍寺牆高築，與世隔絕。我們買票進去之後，要通過幽靜的庭園走道，折轉迂迴，才抵達廟殿。這些庭園過去顯然荒蕪甚久，現在雖有專人清理打掃，修理照料，但卻只能維持讓它不致荒廢殘破而已。其中幾座神殿本身倒是重新翻修過。整修髹采得煥然一新。連楹聯對子橫匾讚牌之類都是重新刻寫描金，光彩奪目。

最近幾年，大概是為了發展旅遊，裝潢門面，供人參觀，大陸上重新推出不計其數的「舊事物」。比如到處可見的古器古物古書古玩就是明顯的例子。然而這些古董新貴卻往往魚目混珠，真假莫辨。例如，許多匾額和碑銘，論雕工和材料，看來應該是晚近應急充數的作品，可是上面卻依舊標上原先舊時的年代。所以現在許許多多的大陸古跡，籠罩著一襲假冒偽作的迷霧，遊人必須格外小心，或具備鑑賞知識，才不致見到贋品，以為真跡。心存懷古，所見假冒。可是，文殊院有點不同。許多地方都標明是舊聯補書，或古碑重刻，甚至點明重書再鍍的年代。這給觀賞者一個誠實不欺的印象。在今日的大陸，這令人生發出一種清新可喜的感覺！

當我們入院不久，就隱約聽到遠處飄傳出一陣陣悠揚頓挫的唱經聲。等我們走近正殿，只覺那聲音既和諧又嘹亮，像是江河蕩蕩，像是大風呼呼。上百的信徒，排成有

秩序的陣列，低跪俯身，頓首膜拜。口中唸唸有詞，唱和協調一致。從背影看來，這些信徒幾乎全是耆耄，而且絕大部份是孅弱的老婦。平時行動不一定活潑自如，可是現在拜起佛來卻那麼靈活輕盈，像是訓練有素的舞蹈團體一樣。信仰的感召何其神奇，精神的力量何其巨大！想著，想著，我想起前一天清晨在街邊遇到那一位眼光茫然，失魂落魄的老嫗。她為什麼不來這裡一起參拜呢？難道是因為她太早超越了宗教，以致現在心靈無處著落而一片空虛嗎？

　　我的興趣忽然轉移到這個社會的民俗與信仰的力量。因此隔日有人要充當嚮導，帶我去參觀祭拜諸葛亮的武侯祠時，雖然天陰有雨，但是我的情緒高漲，興緻盎然。

　　武侯祠位於成都城西南角，佔地五、六十畝。主要建築除了大門、二門之外，有劉備殿、過廳和諸葛亮殿。大門通往二門的走道兩旁，分別聳立著高大厚重的唐碑與明碑。二門與劉備殿之間，兩側建有文臣廊和武將廊。諸葛亮殿之兩側分別有荷花池、水榭、桂河池、桂荷樓、船舫、琴臺等建築。這些二門、一廳、兩殿都是坐北朝南而建。而整個祠院的西側左邊是劉備與甘、糜兩夫人的合葬墓冢。這樣一片古色古香的祠院古冢，周圍環上一道紅牆，隔離了外邊交通的紛亂和人聲雜吵，保持院中莊嚴肅穆的氣氛。

　　所謂武侯祠是一般的通稱。大門上懸掛的是一方黑底金字的「漢昭烈廟」匾額。字體剛健勁拔，氣勢雄偉萬千。書者是誰，已經無從查考。但相傳這塊匾額是南朝梁的建

國皇帝蕭道成（高帝）為劉備建廟傳下的遺物。「昭烈」是
劉備的諡號，所以這座祠廟名義上是劉備之廟。

　　原來「武侯祠」的由來有著一段有趣的歷史。諸葛亮
率軍北伐，積勞成疾，病死前線。人們感念這位勤政愛民、
軍功彪炳的丞相，紛紛要求建祠立廟。不過那時的蜀漢朝
廷認為此舉有違典章，京師成都只宜興建皇室宗廟，因此
沒有同意。結果人民只好在荒原野地或街頭巷尾就地祭拜。
那就是史書所記「百姓巷祭」和「戎夷野祀」的場面。過
了大約三十年，朝廷眼見無法禁絕，於是在陝西沔陽定軍
山的諸葛亮墓旁，興建了第一座的紀念祠廟。由於諸葛亮
生前獲封「武鄉侯」，死後追諡「忠武侯」，所以這類祀廟
通稱為「武侯祀」。

　　成都的武侯祀建在西晉李雄稱王成都之時。但並不在
今天的地點。根據史書上所記，那是在劉備墓的「西偏稍
南」之處。唐、宋、元各代均屢加修葺。杜甫的〈蜀相〉
詩中的「丞相祠堂」指的就是這一座。可是到了明初，蜀
王朱椿認為丞相祀堂和皇帝寺廟並列不合體統，於是廢了
武侯祠，只在劉備殿旁邊建造諸葛亮的塑像陪祀，以示「君
臣宜一體」，而那座武侯廟也就在明末之時，毀於戰火。現
在這座，是在清康熙年間建造的。前殿奉昭烈，後殿祭武
侯，但為了表示「君尊臣卑」，將劉備殿的殿基加高增厚，
以示等級。可是這座具有三百多年歷史，高懸著「漢照烈
廟」的匾額的君臣合廟，一般仍被稱作「武侯祠」。可見一
般人對於諸葛亮的偏愛與懷念。記得曾經有人寫了一首詩

詠嘆此事：

> 門額大書昭烈廟，世人都道武侯祠。
> 由來名位輸勳業，丞相功高百代思。

的確，中國人自古對於忠義賢良，尤其對凜烈名節，一向尊敬崇拜。諸葛亮死後，紀念他的祠堂在中國各地相繼興建，連他足跡未至之處——如雲南邊陲的騰衝——也修建起武侯祠來，就是一個明證。這種普遍存在於民間的義氣和不斷在人心裡湧現出來的豪情，絕不是什麼朝代，什麼制度，什麼藉口所可以輕易杜塞滅絕的。

購票進門之後，我立即被走道兩旁那些碑亭所吸引。其中最大的一個，就是著名的「蜀丞相諸葛武侯祠堂碑」。它鐫刻建立於唐憲宗元和四年（西元 809 年）。碑文是當時的宰相裴度所寫的，而由著名書法家柳公權之兄柳公綽書丹，由石刻名家魯建所刻。因為文章、書法和刻工三樣全都精湛絕世，所以這塊祠碑被譽為「三絕碑」。我冒著微雨，仰頭細讀碑文，仔細欣賞它的詞藻、義蘊、書法和雕工。這時一份悠悠的歷史感懷油然而生。一千一百數十年前的情義與心懷，突然重現在我的眼前，鑽進我的內心。我忍不住魂飛神往，心潮洶湧飄盪。又想起我那位喜愛文章，喜愛書法，喜愛豪情，喜愛成都的文士老師。他「初至成都」，他「來拜武侯祠」時，一定也站在這塊三絕碑之前，細讀低吟，依依不捨。

通過二門，就到劉備殿。殿上高懸「業紹高光」的大

匾，它和二門上所掛的「明良千古」，互相輝映，交互爭光。

劉備殿蓋得雄偉壯美，富麗堂皇。殿前有一口明朝鑄造的鐵鼎，鼎面鑄著雙龍，抱口侈腹，形態生動。整個寺殿石柱磚牆，木樑筒瓦。正門大柱上有鏤空撐弓之雕刻裝飾，彩繪敷金，閃爍發亮。殿內正中是尊十數尺高的泥塑貼金的劉備坐像。頭戴冕冠，身著黃袍，手捧圭玉，體態端莊。

事實上，劉備殿內也奉祀劉諶。劉諶是劉備的孫子，是蜀漢後主劉禪（阿斗）的兒子。蜀漢被魏所滅，劉禪出降。劉諶臨危不苟，以身殉職。後人敬仰他的志節，所以塑像祭祀。

劉備殿掛有匾額對聯多件。正門楹聯是清人完顏崇實所撰書的：

使君為天下英雄正統攸關王氣鐘樓桑車蓋
巴蜀系漢朝終始遺民猶在霸圖餘古柏祠堂

東壁還懸掛著今人所寫的「隆中對」。那是當年劉備三顧茅廬時，諸葛亮對當時軍事與政治情勢的分析，並建議採取聯孫抗曹為立國大計。現在讀起來，令人覺得諸葛亮高瞻遠矚，胸懷大略。

諸葛亮的武侯祠就在劉備殿的後方。它是一座具有獨特風格的祠廟。除了正殿之外，東側連接著書房，西側通往客廳。此外，殿前兩邊各有一樓，東邊是鐘樓，西邊是鼓樓。

這座武侯祠的建築極為精巧。它雖然像劉備殿一樣，也是單簷的。但是殿頂屋瓦之間塑造有「彌勒佛」，神態優雅從容；殿脊上雕著雙龍戲珠，栩栩如生；殿頂飛簷上所塑製的花葉和動物，更是神韻十足，體態萬千。殿裡歷代遺下的匾聯甚多。正門上高懸著「名垂宇宙」的金字大黑匾。那是清朝康熙帝十七子果親王愛新覺羅允禮所書。後邊一點，掛在入口上的是一塊近人所寫的「靜遠堂」匾額，它取意於「非淡泊無以明志，非寧靜無以致遠」這句諸葛亮訓子的名言。殿前大柱懸有楹聯曰：

能攻心則反側自消從古知兵非好戰
不審勢即寬嚴皆誤後來治蜀要深思

這是清人趙藩在光緒二十八年所撰寫的。

殿裡祭祀著諸葛亮祖孫三代的泥塑貼金坐像。中間是諸葛亮，左側為他的兒子諸葛瞻，右側是他孫子諸葛尚。一門三代，公忠為國，留給後人無限的追思。

諸葛亮的塑像手持羽扇，頭戴綸巾。雙眼凝視，臉露和祥。一眼看去，就是一個大公體國、瀟灑脫俗的丞相模樣。

諸葛亮殿前所擺放的香爐格外地古色古香。那是一尊明代所鑄的鐵爐。爐身上鑄有鳳鳥紋以及仙神飛天浮雕，爐口兩端有財童彎身伏抱，姿態優美。我來時，遊客敬香者眾，煙氣裊裊，在殿前桂樹松枝間繞繚飄傳。殿前石製的欄杆上，有石雕佛手，有石雕小熊，生動別緻。最令我

激賞欣喜的是殿內西牆之上所鐫刻的〈前出師表〉和回廊上的〈後出師表〉。這兩幅草書寫得龍飛鳳舞，遒勁挺拔。相傳是岳飛在軍旅之中，路過河南南陽諸葛故鄉的武侯祠時，深夜有感而寫。〈後出師表〉末有一短跋曰：

紹興戊午秋八月望前過南陽謁

武侯祠遇雨遂宿于祠內更深秉燭細

觀壁間昔賢所贊

先生文詞詩賦及祠前石刻二表不覺

淚下如雨是夜竟不成眠坐以待旦道

士獻茶華出紙索字揮涕走筆不計工

拙稍舒胸中抑鬱耳

岳飛并識

我沒想到一位武將竟能寫出如此勁挺秀麗的字跡。正激賞讚嘆之餘，內心不由得低吟起中學時代背熟不忘的〈出師表〉來。一字字，一句句，脫口流利，如出肺腑。乍覺一股浩然正氣彌漫寰宇，一陣忠義堅貞之情熱烈在內心迴盪。我閉起眼睛想像岳武穆當天深夜的感懷，欲淚強忍著追尋那一片在他胸海裡翻滾激盪的豪情。

走出武侯祠，內心裡缺少了來時的平靜。回憶剛才所見的景物，重溫那時起伏的心思。驀然想起祠內亭中那塊清朝周厚轅所寫的杜甫〈蜀相〉的詩碑：

丞相祠堂何處尋，錦官城外柏森森。

映階碧草自春色，隔葉黃鸝空好音。

三顧頻煩天下計，兩朝開濟老臣心。

出師未捷身先死，長使英雄淚滿襟。

歷史忽然變成一江有情有意的長流。諸葛亮和杜甫，杜甫和岳飛，岳飛和今人，他們相隔幾萬里，相去千百歲，可是他們的情意不是前後一致，他們的胸懷不是萬古如一嗎？

低吟著〈蜀相〉詩。低吟著，低吟著，不知不覺我們已經趨車抵達了成都西郊的「杜甫草堂」。那是詩人杜甫的故居，是他為了逃避安史之亂，由陝西入蜀，耕田寫詩的地方。

那是在浣花溪畔的一片郊野之處。規模頗大，面積有一、二十公頃。整座園林樹木青蔥，翠竹夾道，亭榭掩映，有荷塘水檻，小橋流水點綴其間。走在這片園林之內，但覺葉影花香，鳥語水唱，令人心平氣靜，雜慮沉消。能夠在這樣詩意的園林裡，低吟淺唱，寫作思想，該是多麼寫意，多麼快樂，多麼幸福的事！

可是今日的「杜甫草堂」並不是當年詩人所建的草堂。杜甫避難了三年零九個月（實際居住一年多，中間曾避居梓州），在其中寫下了二百四十多首詩的簡陋茅屋，在唐朝之後已經不復存在了。現在的杜甫草堂是宋朝元豐年間，後人為了紀念追思這位詩聖，才在他故居原址建茅屋，立祠殿，植花樹，起亭閣而成的。中間經過元、明、清各代

的屢次修葺佈置，擴充改建，才有了今日的規模。

今日的草堂正門左側懸掛著今人所書「杜甫草堂」的標牌。楹聯則採自詩人原來詠寫舊時草堂的詩句：「萬里橋西宅，百花潭北莊。」但它只點出了草堂的位置，並沒有描繪裡邊的模樣。等到跨門進園，才見古木參天，葉蔭滿地，瘦紅肥綠，彩蝶送香。向前走，跨過小溪石橋，通到堂內大廳。聽說昔日廳裡懸掛著歷代許多詠頌詩人的對聯。可是現在廳已陳舊，甚至有點殘破。那些名聯佳對也大部份不見了。我們來時，廳裡懸掛著一些今人的繪畫，在那兒標價展銷，與詩人並沒有發生什麼關係。再往前行，就是「詩史堂」。因為自從宋代以降，人們尊稱杜甫為詩聖，稱他的詩為詩史，這就是此堂名稱的由來。詩史堂並不大，而且早已破舊，裡面陳列著一尊杜甫的塑像，似在低吟沉思，極有神韻。此外，還有一些有關他的生平資料，裝掛堂內玻璃櫥中，供人閱讀追思。可是因為光線陰暗，照明欠佳，讀來辛苦費力。也許這樣更可以令遊人體會到當年的詩人是在辛苦中過活的。而且避難西蜀，心懷中原。他雖然在這兒寫成了一生當中六分之一的詩作，但他並沒有將草堂當作是永久的家。看他在〈奉送嚴公入朝十韻〉詩中，不是說「此生那老蜀，不死會歸秦」嗎？他是懷念長安的，他是希望回洛陽的。所以當他寓居四川梓州時，聽說延續七年有餘的安史之亂終於平定時，他是多麼興奮呀！我們現在讀他那首〈聞官軍收河南河北〉的詩，仍然可以清楚地感受到一千二百二十四年前，這位詩人胸懷中的情

思跳躍：

> 劍外忽傳收薊北，初聞涕淚滿衣裳。
> 卻看妻子愁何在，漫捲詩書喜欲狂。
> 白日放歌須縱酒，青春作伴好還鄉。
> 即從巴峽穿巫峽，便下襄陽向洛陽。

可是詩人並沒有立即如願以償。他鄉心依舊，憂世傷國之懷仍烈。約次年，他在〈登樓〉詩中就這樣寫道：

> 花近高樓傷客心，萬方多難此登臨。
> 錦江春色來天地，玉壘浮雲變古今。
> 北極朝廷終不改，西山寇盜莫相侵。
> 可憐後主還祠廟，日暮聊為梁甫吟。

事實上，又過四年，詩人才動身攜眷帶子，離蜀出峽。這時他生活清苦，打算到郴州去依靠舅父崔偉。可是途中交通困難，水道不暢，加以風痺發作，病倒船中。不久詩人就在貧病交迫之中去世了。他死後，家人無力營葬，只有旅殯岳州。連他兒子後來都客死異鄉。一直到他孫子，才有力秉奉父親遺命，將其祖父移葬首陽山下，安息在詩人的祖父杜審言的墓旁。一位憂國愛民的熱情詩人，一生命運坎坷（幼子即在天寶年間餓死），晚景又是如此悲慘淒涼，現在這一片杜甫草堂的林蔭水響，鳥語花香，又有什麼意義呢？

帶著傷感的追思走出詩史堂，前面就是柴門，再經一

條長長的夾道，牆頭邊爬滿刺籬，前面有道門，門上赫然出現「花徑」兩個大字。我心一驚，想起詩人那首〈客至〉的詩：

舍南舍北皆春水，但見群鷗日日來。
花徑不曾緣客掃，蓬門今始為君開。
盤飧市遠無兼味，樽酒家貧祇舊醅。
肯與鄰翁相對飲？隔籬呼取盡餘杯。

現在景象不同，人物全非。當我步入前面的「工部祠」時，要怎樣告慰這位千古詩人在天之靈呢？

詩人的命運這麼悲哀。女詩人的遭遇就更加淒慘。我想起「望江公園」裡的「薛濤井」所紀念的女主人。

望江公園位於成都南郊，瀕臨錦江，與我老師就讀過的四川大學比鄰相對，是一片很幽靜很質樸的公園。園裡最大的特色是滿栽各種各類，形形色色的竹子。有些我從來沒有見過，甚至沒有聽過名字的。我細數了一下，包括佛肚竹、人面竹、龍鱗竹、方竹、綿竹、毛竹、麥竹、花斑竹、實心竹、琴絲竹、大節竹、玉葉竹、雞爪竹、鳳尾竹、日月竹、甜竹、麥竹、籤竹等等，一眼望去，整片幽篁竹海，在和風吹拂之下，枝葉掩映，婆娑生姿，韻味無窮。我從小生長在舉目遍是竹子的鄉間。一向喜愛竹子。但我從來沒有看過這麼大片的竹，這麼高大的竹，這麼粗壯的竹，這麼怪模怪樣的竹。內心不禁一片激動，整個人頓覺興奮活潑起來。

　　我興緻盎然地穿越小徑，向竹篁深處尋幽。但見竹影叢竿之外，有亭榭，有殿堂，有碑銘，有閣樓。走了不遠，眼前出現一座形狀特別的紀念碑墻，上面寫著三個勁挺大字「薛濤井」。頓時，我被這個名字深深吸引，未等與同行的朋友說明，自己就拋下他們，走到碑前。

　　薛濤是唐朝時候的一個女子。本來是長安人。父親薛鄖因為到四川當官，因此舉家寓居成都萬里橋邊的浣花里。薛濤自小聰敏靈慧，常跟父親學習作詩。九歲時，有一天她和父親在院子裡散步。父親指著水井旁的一棵古老高大的梧桐樹，提議以此為題材作一首詩。他抬頭仰望，但見枝幹狀偉，高聳參天。於是開始吟道：

> 庭除一古桐，
> 聳幹入雲中。

　　小小的薛濤不假思索，應聲續道：

> 枝迎南北鳥，
> 葉送往來風。

　　父親聽了，不禁為這個童稚的獨生女高興。她的詩才也漸漸傳了出去。

　　幾年之後，薛鄖去世。薛濤和母親相依為命。到了十六歲，她長得端莊淑麗，落落大方，但卻頗愛傅粉施脂，裝飾打扮，也不理會母親的反對。她顯然是個活潑多情的女孩子。

不久，鎮守西川節度使書皋聽說她有詩才，派人請她陪客賦詩。她也慨然應允，並且在席間唱吟酒令，談笑風生。或許因為家貧而又無人相助，最後她終於淪落青樓，充當樂妓。可是由於她才華出眾，當時的名詩人，像元稹、白居易、張籍、杜牧、劉禹錫等，都曾與她來往唱酬。有一度她還跟元稹相聚於梓州，留在他幕府之中達數月之久。

薛濤雖然身逢不幸，但她自小不但有高超的才華，而且有脫俗的品味。她一生愛竹子，常常以竹子自喻志節。比如，在〈酬人雨後玩竹〉那首詩中，她就這樣寫道：

> 南天春雨時，那鑑雪霜姿。
> 眾類亦云茂，虛心能自持。
> 多留晉賢醉，早伴舜妃悲。
> 晚歲君能賞，蒼蒼勁節奇。

後人因為她愛竹，所以相繼種下這麼多竹子來紀念她。於是這一片地方就成了竹幹勁挺、葉影婆娑的竹子公園了。

薛濤善於寫作短小精鍊的詩。她嫌那時成都一般詩人所用的詩箋太大，不便拿出來吟詠酬唱，因此自己設計一種使用胭脂木製成，色澤鮮麗的小彩箋。她又工於書法，尤善行書，寫詩箋上，用以贈人，情意深長，清麗交映。那時人們就將她所用的詩箋稱為「薛濤箋」。她取水製箋的那一口古井，就是現在的「薛濤井」。

我站在她的紀念碑前低迴良久。追想一千兩百多年前這位活躍在錦城成都的女詩人的風姿和容貌。從她在浣花

里時那聰慧靈敏的稚女，到她周旋於詩人墨客之間那多情含怨的樂妓，直到滿懷淒傷閉居白花潭畔那白髮蒼蒼的老嫗。我俯看井裡，凝視碑文，仰望長空。我要對天發問，為什麼歷史對這位娥眉才女這麼殘忍而不公平，儘管她曾經在這個文化的古城，光彩豔照了一生，可是現在連她的生卒年月，我都無處可以去憑據查考?!

滿懷著一片沉重的心情，依依不捨地離開了薛濤井，腳步也變得無力闌珊起來。抬頭仰望，那著名的「望江樓」就矗立在眼前竹葉花影之間。可是我心淒然，我心悠悠。我沒有閒情雅興登樓遠眺。我只能在這紅樓之下徘徊沉思。我凝望著望江樓外那條千古的錦江滾滾流去。它流著，流著。它流過多少人世的悲愴，它流過多少歷史的眼淚?

比起杜甫，比起薛濤，相較之下，另一位與成都平原息息相關的文人，到底又幸運多少?

蘇東坡出生在成都之南岷江西岸的古城眉山。那是距今九百五十一年前的宋仁宗景佑三年的事。他的整個青少年時期都在這兒度過。成都平原的文化傳統、政治氣候、經濟條件，以及自然風貌，加起來幫助造就了這位文人學士的才華、志氣與風骨。

眉山古城建在岷江之畔，遙望峨眉仙山。自秦漢以降，就是成都與樂山之間的交通要道。四川西邊的富商大賈都來這兒經營買賣，把它變成那時的一個養蠶、紡紗和織布的工商城市。經濟的發達帶動了文化的提升，也促進了民智的開放。所以，在蘇東坡出生的時候，眉山已經是一個

在政治、文化和經濟等各方面都很發達進步的城市。

由於他父親蘇洵喜愛遊學四方，經常離家，因此蘇東坡早年的啟蒙教育完全落到母親程氏的肩上。她是眉州青神縣進士程文應之女。學問淵博，能詩能文能琴能奕能畫，而且志氣高遠，賢德淑慧。蘇東坡七歲時開始在母親循循善誘之下，主動要求讀書。他有書即讀，而且聰敏過人，每讀不忘。八歲能夠作詩。十歲就開始和母親談論天下興亡之理與為政治國之道。難怪長大之後成了胸懷豪放、才氣縱橫的大文豪。

從初中開始，我在老師的指引之下，閱讀蘇東坡的文章和詩詞，很快地沉迷於他的文思與豪情。因此來成都的第五天，遊了峨眉山之後，回程路過眉山。我特別興奮能夠停下來參觀遠近聞名的「三蘇祠」。

三蘇祠位於眉山古城的西南隅，原來是蘇氏的故居。到了明朝洪武年間，將住宅改建為祠堂，紀念蘇洵、蘇軾和蘇轍一門三傑。可是後來年久失修，加上毀於戰火，因此面目全非。到了清朝康熙年間才又摹擬原祠，在廢墟上加以重建，不過擴充了模型。民國十七年，曾經把祠堂改為公園。可是後來又經戰亂，祠內駐過軍，遭過「紅衛兵」的破壞。現在的面貌是近年來慢慢整建復修的結果。

現在的三蘇祠佔地約五畝，周圍以瓦頂紅牆圍住。正門由三層結構的筒瓦屋頂，覆蓋著左右中三道寬敞的楔門。門上懸掛一塊巨大的匾額，剛健挺拔的「三蘇祠」三個大字，在黑亮的匾上閃閃生輝。

　　跨入正門，就是二門，接著是供奉三蘇的正殿。然後就是佈置在庭園裡的亭臺、樓閣、水榭、長廊、殿堂，以及塑像和石碑等等。它們分佈在林木、花圃、池塘、溪流、竹篁和假山之間，虛實相映，對比成趣。走在園裡，在古木和幽竹的枝蔭葉影之中，令人懷想蘇門一家三傑——特別是蘇子東坡的文學成就。我想起進來時在二門的楹聯上讀到的字句：

　　　　一門父子三詞客
　　　　千古文章四大家

另外廊前還有一副對聯寫著：

　　　　蜀中多才子
　　　　三蘇天下奇

　　我凝視著眼前荷塘之畔的東坡坐像，看他怡然自得，瀟灑豪放，心中不禁開始低吟起他那「大江東去，浪淘盡千古風流人物」，以及「但願人長久，千里共嬋娟」。我尤其喜愛他的曠達不羈，想起他那「逝者如斯，而未嘗往也；盈虛者如彼，而卒莫消長也。蓋將自其變者而觀之，則天地曾不能以一瞬；自其不變者而觀之，則物與我皆無盡也，而又何羨乎」的超然脫俗的胸懷。

　　吟著，唸著，我又想起中學時代那位愛成都，愛文學，愛詩詞的老師。如果不是他教我們欣賞〈念奴嬌〉、〈蝶戀花〉、〈水調歌頭〉，如果不是他要求我們背誦〈教戰守策〉、

〈放鶴亭記〉、〈前赤壁賦〉，今天我置身在東坡先生的故居，是不是也只有像眼前許多紅男綠女，青年老幼？他們前呼後擁，喧鬧震天，他們探頭望望蘇宅古井，笑指廳前木質假山，可是他們知道蘇東坡是誰嗎？他們知道他的偉大何在嗎？

聽著那些遊客的刺耳喧聲，我忽然想起同行的人告訴我殿堂內本來奉祀著三蘇父子三尊巨大的彩色塑像。可是「文化大革命」期間，被人拽破搗爛！剛才我也看到院裡偏堂之內，工人在努力補刻石碑，大概原來的古物也被破壞摧毀的緣故。中國啊，你為什麼老是在那兒步枉路，走循環？從「破四舊」到現在的恢復古董，有人好好去思想那代表著什麼意義嗎？

在此起彼落的吵聲中，我忽然想起曾經東坡愛妾朝雲歌喉頓囀，滿淚衣襟的〈蝶戀花〉：

> 花褪殘紅春杏小。燕子飛時，綠水人家繞。枝上柳綿吹又少，天涯何處無芳草！　牆裡鞦韆牆外道。牆外行人，牆裡佳人笑。笑漸不聞聲漸悄，多情卻被無情惱。

好活潑，好多情，好無奈！

活潑、多情、無奈也是這位才子一生的寫照。蘇東坡的詩詞文章雖然留照千秋，可是他一生的參政仕途卻坎坷淒楚。他曾經官至翰林學士、禮部尚書和兵部尚書，也充任好多次地方官。可是他反對王安石變法，遭到打擊；又因牽連「烏臺詩案」，被捕入獄。晚年又因朝廷之鬥爭傾軋，

再遭迫害。他一生當中幾次被貶，最後被貶到那時偏遠又偏遠的海南島。直到他死前一年，才被赦北還。第二年行至常州毒發病逝！

古老的中國，文明古國的中國啊！你竟容許這樣一個有情有藝有志有識有才有能之士，歷經如許苦難，遭受如此淒傷。天下還有什麼正義？世界還有什麼真理？

在斜陽餘暉中踏上歸途。一路追思懷想這古老的成都平原的文思與詩情。我又想起杜甫，我又懷念薛濤。想起有一次薛濤從成都寄了詩箋一札給那時在長安做官的元稹。元稹感其才情，寄了這樣的一首詩回贈：

> 錦江滑膩峨眉秀，幻出文君與薛濤。
> 言語巧偷鸚鵡舌，文章分得鳳凰毛。
> 紛紛辭客多停筆，個個公卿欲夢刀。
> 別後相思隔煙水，菖蒲花發五雲高。

峨眉、錦江；薛濤、文君。啊，文君！我來成都幾日，沒看到紀念相如和文君的古蹟。我追思著，追思著他們戀愛情奔的故事。是的，美好的事物不一定要建祠立碑，留作紀念。只要它存在於人們的記憶裡，只要它活在我們的人生到處。

我又想起有人告訴我四川女子的多情——像故鄉的女子一樣。

1987 年 11 月 19 日

●青年的思想與老年的制度

這次到成都是應邀前來參加學術會議的。這個會議的正式名稱是「第五次全國科學哲學學術研討會」。因為這是此會第一次邀請外面的人參加,所以我特別想要藉著這個機會觀察一下近年來大陸在科學哲學方面的發展情況,親身體驗一下目前他們的學術風氣與思想自由。尤其那時「方勵之事件」已經發生,所謂「反資產階級自由化」的運動也展開了一段時間,我想瞭解一下在主張開放和進行「四個現代化」的同時,這樣的政治運動到底對整個社會會產生什麼衝擊,對學術界和知識份子將有什麼不良的影響。

前往大陸參加學術會議,這並不是第一次。五年以前,在廣東方面的提議和安排之下,香港和廣東的科學哲學界曾經舉開過會議,稱為「首屆省港科學哲學學術交流會」,在經濟特區深圳舉行。去年,這個會又在廣州召開第二次會議。表面上看來,這兩次只是地方性的學術討論會,但是與會人員就香港方面而言,雖然只有中文大學的人士參加,然而大陸方面,除了廣東省的哲學界之外,也有遠自上海、武漢、安徽、貴州、四川、北京、吉林等地的人士參加。不過,比起兩年一次的全國定期會議,當然代表性不足,而且討論面也不夠廣。雖然如此,我仍然常將一次次和大陸學界的接觸經驗拿來對照比較,當作窺看海峽彼

岸一般人們精神狀態的變遷——特別是知識份子心靈趨勢
的變化之窗口。

　　中國大陸有一段很長的時間採取閉關自守的政策，希
望輸出「革命思想」，但卻拒絕別人的文化交流。因此，一
般說來，至今對於外界的實際情況，十分蔽塞無知。就是
對於近在咫尺的香港，以及只隔一道海峽的臺灣，也充滿
著迷惑和誤解。比如，大陸已經大唱「現代化」和「開放」
好多年了，可是，直到一、兩年前，還有一位研究香港教
育的「專家」公開在論文上說香港的清寒子弟沒有機會上
大學，他們對於大學教育，只能望門興嘆。這實在是憑空
捏造之想，顛倒黑白之說。多少年來香港普遍設有大專學
生之獎學金和免息貸款。這位人士居然可以不略加打聽，
就想當然耳地亂發這種欺人之論。至於他們對臺灣的誤解，
那就更加五花八門，迷幻離奇。他們有很多人大概只將黨
報的宣傳直接當做知識，沒有深思熟慮地誤把道聽途說看
作是可信的真理。所以，即使現在氣氛比較自由，胸襟比
較開放，思想比較活潑，在外來的人的面前勇於承認外面
的世界——特別包括臺灣的各方面已經很進步，而自己國
內的林林總總都還很落後的時候，他們常常也並不是很清
楚，到底外面的什麼很進步，自己的什麼很落後；外面的
進步到底多進步，自己的落後到底多落後。

　　今日的中國大陸，最令人憂慮的是知識的落後，是訊
息的落後，是思想的落後，是制度的落後，是管理方式的
落後。

就學術界，甚至一般的知識界而言，中國大陸有的是優秀的頭腦和有志之士，可是為什麼以往這數十年的表現那麼令人失望呢？

根本上說，幾十年來中國大陸是一個封閉的社會。這一個巨大的封閉系統的最大特徵，就是對全國全民的每日生活和一切活動，套上一組籠罩性的指導思想。用這種無上權威的籠罩性的思想去決定什麼是該社會需要的知識，決定什麼是人民可以獲取的訊息，決定什麼是該系統所允許的思想；進而建立制度保證那套籠罩性思想的權威性，採取有效甚至嚴厲的管理方式維護該一封閉系統，使它不致瓦解崩潰。

所以，在過去數十年，中國大陸並不是全無建設，也並不是一切學術都得不到發展。但是所有的研究必須符合毛澤東的意願，所有的探討必須不違背中國共產黨的政策和路線，所有的思索必須不乖離那無上權威的籠罩性的指導思想！

這樣一來，學術喪失一種自發的動力，它只是政治所豢養的侍僕。知識份子不容易扮演一種激濁揚清的獨立角色，而普遍淪為兢兢業業的智力傭工。所以，到今天，一個造得出原子彈，發得出人造衛星的國家，在社會思想上竟然那麼樣的貧乏，在人文學術上竟然那麼樣的落後，而這現象又恰好發生在五千年的文明古國，實在令人不敢置信，也令人無限痛心。

而今，中國大陸的上上下下全都在高呼「開放」，千篇

一律在大唱「現代化」。可是，與此同時，卻又將「四個堅持」高高舉起，大力標榜，甚至將它寫到憲法裡頭，加以建制化。這樣做本身就是最不開放的作法，也是最不現代化的作法。事實上，這是一種自相矛盾，因此沒有出路可尋，不可能兩面成功的作法。因為要開放，只有揚棄像「四個堅持」這樣的籠罩性的指導思想，看重知識，實事求是，講究經驗，尊重知識份子和專家。這才是真正的開放，也才是名副其實的現代化。現在大陸一般人把「開放」和「現代化」隨時掛在嘴邊當作口頭禪的時候，他們是否充分體認到開放和現代化需要有適宜的政治氣候，或者他們決心在籠罩性的驚濤駭浪和狂風暴雨之下，勇往直前地搶灘登陸？

這就是為什麼一方面「開放」，一方面有「方勵之事件」；一方面「現代化」，一方面「反資產階級自由化」的原因。這也是為什麼令人為苦難的中國人民深深擔憂的理由。

在專制的籠罩性的思想指導之下，首當其衝的就是社會和人文學科的思想和學術。其中經常被扭曲、誤用和污染得最利害的首推哲學。

在過往幾十年的中國大陸，尤其是在「文化大革命」結束之前，哲學不是用來對宇宙、人生和文化中的根本問題激發批判性的思辨，培養獨立思考和客觀判斷的能力。相反地，哲學是用來為政治服務，替政治上的籠罩性的意識型態充當把門看家，甚至保鏢打手之用。大陸上很多大學都在課程概要和教學目標之中，明白指出哲學系的學生

畢業之後，是要用來發揮馬列毛的思想，宣揚中國共產黨的理論與政策。所以他們哲學系所開設的課程，幾乎清一色的是要用來強化馬列意識和鞏固忠黨思想的科目。外面世界在大學裡所慣常開設的哲學課程，在大陸的大學裡不是完全付諸闕如，就是斷章取義地亂加批判，套上框框地一筆勾銷。這樣一來，他們所培養出來的哲學系畢業生，和外面的哲學界幾乎完全不能溝通。大家彼此沒有共同的問題，沒有共同的概念架構，沒有共同的語言，更談不上有共同的答案。

「文化大革命」之後，尤其是打倒了所謂的「四人幫」，採取比較開放的政策之後，大陸上的學術界比較活躍起來。大學裡的課程──特別是理工科和商科也慢慢參照外面世界的設計，吸收他們課程結構上的優點和內容上的精華。可是，相較之下，哲學的課程改革進行得最為緩慢。十年來真正屬於建制上的變化，可以說微乎其微。儘管青年學子對於哲學系的傳統課程普遍缺乏興趣，甚至大表不滿。他們還自己組織起來，請人講授一些比較新穎，比較重知識，甚至比較重實用的課程（有些校園將這類課程稱為「第二課堂」）。不過，直到最近大陸的哲學界還有人在大聲疾呼改革馬列主義哲學的教學內容，試圖挽救它被忽略，甚至被遺棄的命運。顯然，在高舉「四個堅持」之下，馬列思想依舊是法定的籠罩性的指導思想，可是這樣一來，開放和現代化又要從何說起呢？

近幾年來，在大陸的哲學界演變得最活躍而富有生氣

的，首推科學的哲學──包括科技哲學。

原來在大陸的哲學課程之中，並沒有科學哲學一科之設。可是自從講究「開放」，標榜「現代化」，尋求與外界交流以來，他們哲學界原來在研究所謂「自然辯證法」的人，有許多轉而注意一些西方科學哲學的論題。這方面的研究，因為表面上看來所討論的對象是科學和科技，好像有利於現代化，因此遭受的干擾和阻力也較小。幾年下來，這方面的研究顯得最有朝氣，也最受青年學子的歡迎。儘管圖書設備和人才風氣等各方面，目前全都未盡完善──甚至可以說距離外面世界的標準甚遠，因此無法對科學哲學的論題做出既全面又深入的研究和教學，可是由於這方面的探討比較不受政治上的籠罩性的意識型態所干擾，因此目前在大陸的哲學領域中變成最有發展潛力的品種，不久的將來或許可望開放成為一枝獨秀的奇葩。

政治性的干擾容易暴露外顯，可是今日大陸另外一個最大的隱憂卻是建構和制度的僵硬和老化。政治的干擾有時可以因為當政者的一時開明而縮小它的危害面，或減低它的殺傷力；可是建構和制度上的僵硬和老化往往卻令改進之心沉淪於浩蕩的建制煙海之內，無處著落；令革新之志阻塞於無底的官僚層階之外，寸步難伸。所以，就學術的發展來說，政治指導一切固然令學術的進步進退失據；「外行領導內行」更令學術的命運氣息奄奄。

記得五年以前，廣東省的哲學界首先提議交流的時候，起先他們是以「廣東省自然辯證法研究會」的名義出面接

263

洽的。香港方面一邊贊成交流觀摩，可是一邊堅持不能以研究「自然辯證法」之名召開討論會，否則礙難參加。這不只是簡單的名謂問題，而是名謂之外的實質問題。「自然辯證法」和「科學哲學」已經各有頗為固定的內涵，兩者的研究題材與研究方法各有不同。有時它們甚至還有不同的背後假定和政治意義，因此沒有區別名謂，容易混淆實質。結果，那次的學術交流會議終於使用「廣東省科學哲學學會」名義發佈消息，但是在該名稱之下卻又括弧寫上「原自然辯證法學會」。所蓋的圖章則標明「廣東省自然辯證法研究會」的字樣。這是過渡時期處於調整適應期間所發生的現象。

去年召開「第二屆省港科學哲學學術研討會」時，在通知和佈告上已經不再出現「自然辯證法」字樣。圖章上也如此。

可是他們自己都知道舊時的名稱依然存在，因為原來的建制並沒有多少改變。在大學的哲學系裡，主持科學哲學的教學和研究單位，仍舊是往日的「自然辯證法教研室」，並沒有改成「科學哲學教研室」。舊時的建構還在，原來的制度未改，新的內容往往成長不易，進步緩慢。

就以這次在成都召開的「第五次全國科學哲學學術討論會」來說：它是由「中國科協中國自然辯證法研究會」、「中國科學院自然辯證法通訊雜誌社」和「中國社會科學院哲學所」三個單位聯合主辦。通告用圖章上還是標明「中國自然辯證法研究會會議專用章」的字樣。中國科學院出

版的那本全國性雙月刊，仍然叫做《自然辯證法通訊》。不過，近年來已經在封面上加了一個標示內容的副題：「關於自然科學的哲學、歷史和社會學的綜合性、理論性雜誌」。需要在學術期刊上加上如此冗長累贅的標題，可見在舊有的建制之下，新進事物成長的辛苦。且看哪一天，這本雜誌能夠名正言順地叫做《科學哲學通訊》或者《科學哲學雜誌》。

這次成都之會所討論的題目範圍頗廣。包括科學的說明、科學理論的結構、科學發現、科學的進步、科學與非科學的劃界，以及各門科學的基礎和方法論等等。因為論題眾多，會期只有五天，參加的人數百人以上，因此有些論文交到大會，但卻沒有機會在會上當眾宣讀，只好充當與會人員的閱讀資料。

在中國大陸，研究科學哲學的人員之中，有很多並不是哲學本科出身的。特別值得注意的是，他們當中很多人具有理科、醫科或工科的背景。所學和出身的紛雜在目前暫時容易引起觀念上的混亂和思想上的分歧，可是經過一段時間的匯流溝通之後，將來會在科學哲學的研討上開創更加廣闊的天地，奠定更加多面的基礎。

我自己在會中所做的報告題目是「科學與非科學的劃分問題」。除了分析討論分界活動而引起的分界問題，檢討分界問題的重要性，指出「科學」與「非科學」之劃分可以針對許多不同的對象而發，並且指出「科學性」可以在系統內部界定，也可以在系統外部界定等等比較概念性的

論題而外，我特別強調要對一個科目加上是否科學的判斷，我們需要採取一種系統外的標準，而這種標準是在一個文化傳統中發展演化出來的。

因此，我倡議將科學或科學性當作是個乏晰的概念。並且主張在容忍價值的多元主義之態度下，觀看科學與非科學之間的界分問題。

我的報告引起頗為熱烈的討論。在座的聽眾中顯然有不少人有意無意地抱持著價值上的絕對主義，因此我特地區別為了維持社會秩序那「約定俗成的一元」，以及為了鼓勵文化創新或至少為了不窒息社會發展，而容忍採納的「方法上的多元」。多元主義和一元主義的問題也應該從多個角度、多種意義下來加以察看。

在會中，我舉了一個大家耳熟能詳的例子：前幾年，鄧小平說過：不管白貓黑貓，能捉老鼠的，就是好貓！這話在當時給人一種很清新的感覺。可是我們也得特別注意像這樣的說辭往往自己在系統內部釐定自己的價值標準。像「好」這樣的字眼是個價值語詞，它代表著我們的價值觀念、價值系統和價值標準，它應該有比較審慎客觀的界定程序。比如，我們可以發問：養貓一定是為了捉老鼠嗎？以往農家養的貓也許是，可是現在城市居民養的就不一定是；中國人養的貓可能是，美國人養的貓大概不是！我們應該容許好貓的價值標準的多元化，看看我們是懷著什麼目的去養貓；也要看我們養的到底是什麼貓：普通家貓可能用來捉鼠，可是波斯貓就不是，更不要說（漫畫裡的）

什麼「加菲貓」！所以，如果將上述的說辭改成「不管白貓黑貓，能捉老鼠的，就是鄧小平喜歡的貓（或是黨喜歡的貓）」，那就比較切合實際而不生誤導。

事實上，我所以選擇科學與非科學的劃分問題，做為這次報告的主題，除了它的學術意義外，就因為它的探討對於當前的中國局面具有實際的重要性。以往為政者常將馬克斯主義的意識型態冠上「科學」之名，令人誤生崇敬之感。現在高唱開放，首先應該將知識歸交知識，將意識型態還給意識型態。尤有進者，提倡開放固然是件好事，可是社會的開放尤重思想的開放。為了避免由一個極端走向另一個極端，由一個獨斷步入另一個獨斷，在現階段努力提倡價值上的多元主義以及方法上的多元主義是合時而又重要的事。

提起多元主義，有一位先生憂慮地發問：那麼在道德上應該怎麼辦？道德上的多元主義會不會導致社會的混亂？

這是對於多元主義一般常見的顧慮。可是我們如果認真細想，多元主義並不是盲目地鼓吹雜多對立，一概不許一元獨尊。多元主義的精義在於一種容忍主義——容忍不同價值標準和施行方法的並立共存。所以，一個多元主義風行的社會，也可以到處存有為了維持秩序的「約定俗成的一元」。比如，大家有完全一致的交通規則，統一的標準時間，同樣的通貨單位等等。而事實上，道德上的多元主義也是如此。

我們在多元的容忍之下，也可以演變出某些「約定俗

成的一元」。問題是，我們不要獨斷地強制一元，當然更不要以武力獲致一元。道德的價值分析到最後是一種藝術價值。我們對於藝術的創造發展應該懷有一種容忍包涵的態度。

我特別強調在學術上，在藝術上，在道德上，以及在政治上等等，全都應該容忍「異端」。今天某一群人所以被我們稱為異端，只因為他們是與我們意見相左的少數。等有一天信持那樣的意見的人成了多數之後，我們這些人反而成為異端。

此語一出，好多聽眾——尤其是年輕的聽眾眼睛為之一亮，面露欣喜之色。他們是在現成制度之下的苦悶的一代。我只是無意之間說中了他們內心裡的癢處、苦處和痛處。

因為討論到這類可以接繫到現實的問題，也因為我是外來的人，說話比較自由直接，因此會場的空氣好似加熱了幾度。有位同行發問，如果科學是種乏晰概念，那麼科學與非科學之間就沒有截然清晰的劃分；這樣一來誰來決定什麼是科學的，什麼不是科學的呢？

我說劃界問題是文化傳統裡的問題，它可以在文化演進中加以修訂。可是在某一個時代，我們要回答這個問題，除了應該注意持有容忍的態度而外，特別應該注意重視知識、聽取專家的意見。我接著說，事實上一切事情全是如此，全應該聽取知識份子的意見。我說，一個不尊重知識份子的國家是沒有希望的！

　　沒想到，話沒說完，一片熱烈的掌聲竟然應接而起。我實在大感意外。這是前來成都參加學術會議的意外收穫。

　　會後，我和幾位同行走出走廊。聽眾裡有一位年輕女子突圍而出，喊住我說：何先生，我只有一句話要說。我心一怔，看她認真嚴肅的樣子，以為她要對我的觀點有所批判。於是佇足傾聽。沒想到她說的竟然是（而且說了好幾句）：我非常欣賞你的報告。它代表一種文化傳統──一種自由、民主的文化傳統。

　　我注視她的表情，深深領會今日大陸年輕人的精神苦悶和心智追求。

　　是的，表面上這五、六年來大陸開放得很多。一般人漸漸可以大膽說話，甚至口無遮攔。可是只要上面還有一套不切實際的籠罩性的指導思想，只要到處留存著一片老化僵硬的官僚制度，一切的開放都成了痛苦難產的過程，所有的現代化也變得像搶灘登陸一樣，危機重重，險象環生。

　　所以，有一個青年告訴我，他們和老一輩的人之間有著嚴重的代溝，大家彼此無法溝通，彼此沒有「共同的語言」。

　　青年人的思想和老年人的制度！中國大陸要在夾縫中求改革，眼前還有一段漫長而艱苦的道路。

1987 年 12 月 9 日

● 清華園裡的沉思

　　五月又到了。

　　幾次到北京清華大學交流講學都安排在五月裡進行，今年也不例外。

　　算來這已經是第四次訪問北京，因此在啟程之前內心並沒有一份莫名而不可知的憧憬和新鮮感。可是一登上飛機，我仍然禁不住要調整感覺的觸角，喚起觀察的敏銳，不希望眼前原來可以揭發世事真情的景象，只因閉目不察，變成無語無奈的過江的落花。

　　尤其是八九年六四天安門事件之後，這是第二次重訪北京。那年十月在北京所感受到的悲涼和緊張，如今固然早已轉向變形，可是這三、四年的辛苦的轉化和調適，不知又把這個古老城市的命運帶向哪裡。想起這些，內心又浮起一片猶豫和懷疑。

　　經過幾天的陰沉，香港的天空已經轉晴。飛機在清麗的朝陽裡升空。剛才那低迷的精神不禁為之一振，心情也舒暢開朗起來。沒想到，北飛不久天色又變得一片陰灰。憑窗遠望，只見煙靄密佈，雲霧茫茫。就是偶然雲淡風輕，四野開闊，腳下也只是一片蒼茫模糊的世界。所以，飛行三個多鐘頭，雖然不時極目盼眺，可是卻不見秦嶺的巍峨，不見江南水鄉的秀麗，也不見華北平原的雄壯，只是在隱

約之間，兩次凝神目送寬廣蜿蜒的江河，靜靜地向後方緩緩退去。啊，那就是長江。啊，那就是黃河。它們是中國古老而永恆的標幟。可是，除此之外，中國在世人的心目中，留下了什麼長遠不滅的印象呢？

正在靜思默想之間，飛機上的擴音系統開始活躍起來。北京就要到了。只見窗外低處一片土灰色的大地，連那稀疏的村莊農舍也是一律塵土的顏色。是因為風沙剛過？是因為灰塵滿天？

廣播員說，應當局要求在降落前收回供旅客機上閱讀的報刊雜誌。唉，快要到二十一世紀了，中國不是在努力提倡「開放政策」嗎？怎麼還是使用這類落後而無效的防堵手法？可見中國的思想環境依然停留在什麼地步。

北京的機場依舊是五、六年前的老樣子，看來沒有什麼根本的改動，不過氣氛似乎輕鬆得多。六年前，入境旅客排隊等候辦理手續的大廳那種燈不明窗不亮的昏暗情景，也有了一點改善。另外，除了「外交禮遇」的特殊通道外，再也沒見到優待臺胞的特別入口。令人有點比較平等的感覺。

啟程之前幾天，香港報載北京又重申禁用繁體字。那時內心不禁頓生懷疑。心想這類由政府管制語言文字的事，通常大多違反民間的使用意願，推行起來，吃力而效果不彰，像五〇年代臺灣規定中文橫寫必須由右而左一樣。果然不出所料，站在入境大廳，抬頭一望，四個水缸大的紅底金字「中國邊防」，耀眼奪目。每個字──特別是「國」

字和「邊」字——全都採用不勝其煩的繁體字寫成，一筆不漏。正疑惑間，舉目再往前望，只是幾步之外，另外一個招牌卻用道地的簡體字寫著「中国海关」四個大字（其中「国」和「关」都是簡得不能再簡的簡體）。連看這兩個官方招牌，內心突然開朗起來。北京的確變了，變得多元起來了。如果文字政策也算政令的話，如今政令好像不出北京城，就連城郊的首都機場裡的官方機構，也率先「一國兩制」起來了。

和我們一起抵達的航機很少，依照告示牌看來，只有一兩班。可是行李的處理卻出乎意料的緩慢。一等幾乎等上一個鐘頭。人到中國大陸，時間的運行好像慢了許多。

海關的檢驗程序有了改善。現在已經區別需要報關和無需報關的紅藍兩類通道。可是，除了外匯和黃金受管制之外，印刷品和錄影帶也在管制之列。我因多帶一個照相機，也得走上紅色通道。好在關員輕鬆自在，問明是自用品，於是順手蓋章如儀，回頭和其他關員聊天去了。

從市郊的機場到另一頭郊外的清華大學有一段長長的路。我坐在轎車後座，一邊和前來接機的清華教授閒談聊天，一邊注意窗外的情景，希望從觀察到的環境的變化，推想出一些內心的答案。

到國內旅行，一向喜歡自己使用眼睛觀察而不願向當地的人求問答案。一方面，中國人向來喜歡隱惡揚善，聽起來常常只是片面之詞；更重要的是，歷經「文化大革命」的悲慘苦難之後，許多人都有不知從何說起，只好輕描淡

寫，甚至一言不發的苦衷。有些人甚至不知道自己過往的
言行是對是錯，因此對於今日的政局也不知如何立論置評。
為了不觸發他們的苦處和痛處，我總是寧可自己尋找不到
答案，也不去增加大陸友人的痛苦。

事實上，許多身居大陸的人都知道，他們對自己國家
所聞所知，並不一定比外面的人更廣泛更全面或更翔實。
許多由大陸外出的人，一出國門，總是如飢似渴地努力吸
取自己國家的消息，以填補自己長期的匱乏與空缺。因此，
有時他們乾脆自己不表示對自己社會國家的感懷，建議外
來的友人自己去觀察，自己去尋求答案。顯然，中國大陸
還是一個管制消息，配給消息和阻塞消息的地方。

北京是首都。它是全國首善之區，也是國內國外千千
萬萬的人引頸矚目的地方。許多外來的遊客自然而然地想
從北京「讀」取一些有關中國的訊息——至少是官方有意
無意傳播出來的訊息。當然北京當局也洞悉此情，深明此
道，並且不時善加利用。所以，人在北京，張眼四望，所
見所聞有的是真情，有的是假象；有的是事實的表露，有
的只是主觀願望的宣傳。也因此，人在北京，如果有意瞭
解中國的內情，除了善用雙眼之外，更需要具備背景知識，
勤於審慎思考和冷靜推理，才能在繁雜的現象之間去蕪存
菁，在混亂的表象之外撥雲見日。

在目前，北京當局急於給外人「開放」的印象，因此
在煩瑣的手續之外，包裝一層比較輕鬆的氣氛。比如，以
往蓋在護照上那看來又兇又狠的紅色圖章，現在已經漸漸

273

由在國際上普遍通行、看來遠較柔和悅眼的藍色印記所取代。北京機場的海關人員也增加了女性關員，她們雖然喜歡聚在一起聊天，看來不夠專業化，但卻消除了以往「女幹部」給人的冷酷印象。

這種爭取開放形象的努力似乎到處在展開。不過，對於像我這樣的外來的人，這次在北京城裡城外所見到的萬事萬象當中，最為典型而又最為突出的，莫過於爭取主辦西元 2000 年的奧運的宣傳和訴求。北京內外的通街要道和顯眼建築上，到處可見一個統一化的標語，上面寫的是「開放的中國盼奧運」。這幅標語不但為了展示給自己的人看，它更要將訊息傳達給外來的人。因此千篇一律地在中文字句之外，附上這樣的英文："A More Open China Awaits 2000 Olympics"。

認真說來，標語的中文語意和英文語意並非完全相同。因此，看上去也可能分別引發不盡相同，甚至很不相同的感覺、沉思和迴響。英文說的並不是「開放的中國」，而是「比較開放的中國」；最多引申為「開放中的中國」。所以，對於不諳中文的外國人來說，這個標語也許只表現出一番平和的訴求和真切的寄望。可是對於中國人呢？特別是三幾年前的「六四天安門事件」的餘波，仍然困擾許多人的心思和情懷的時候，他們會心平氣和地接受自己的社會是個開放的社會，認同自己的國家是個開放的國家嗎？

自從第一次踏足大陸，就深深感覺到中國是個標語的國家。而且許多標語都經過標準化、固定化和統一化的處

理。這一方面表現了強烈的由上而下的治理國家和建設社會的模式，另一方面也可能反映一般民智仍然普遍偏低。於是標語口號不僅大行其道，它的用字遣詞更常常傾向誇張浮泛。比如，用來表示歡迎的標語，一律寫成「熱烈歡迎」的字樣，不管需不需要表明歡迎的等級或熱度。又如，不論是在表揚有組織、有效率、有秩序、講衛生、講禮貌或是講盡責，一律誇以「文明」的稱號，於是文明單位、文明街道、文明商店、文明駕駛、文明乘客等等的「大帽子」到處派發，沒有克制。這是值得發人深省的事。大凡標語之事容易流於形式，在用字上最宜點到即止，恰如其份。否則，當實際的情勢無法充分配合的時候，「熱烈」容易遭到冷卻，「文明」也會逐漸失去原有的份量和品質。當然，標語的訴求更應照顧到一般民眾的心思和感受。我在想，倘若上述期望主辦奧運的標語能夠改寫成為「建設開放的中國，盼望兩千年的奧運」。語調更為積極，含義更加明確。它也一定更能喚起國人的熱情，引發國人深切的迴響。在這方面，國內的記號學學者和語言學家應該努力向創制頒發標語的當局提出適當的建議。

當然，標語的成功不能單憑主觀的願望，它還需要依賴種種客觀條件的配合。以目前的情況來說，經濟方面的有限度開放政策激發了強勁的民間活力，喚醒了各種各樣的生活欲望和人生要求。可是國家在其他方面的建樹和改革上能不能密切配合，相得益彰呢？國家的政治有沒有改革進步，法律有沒有健全，金融與稅務制度是否合時，教

育政策是否開明，人民大眾的知識水準、道德觀念和價值意識是否提高。這些在在影響著國家現代化的成效，標示出人民生活內涵的貧富以及生命品質的高低。這次小停北京，除了「開放的中國盼奧運」之外，另外還有一副刺眼醒目的標語，上面宣傳的是「建設無蠅城，力爭辦奧運」。可是要把北京整治成為沒有蠅患的首都，那又談何容易。這絕非大力宣傳就能奏效。北京城裡城外的餐廳飯館，牆上貼著滅蠅的標語，可是桌上的蒼蠅卻依舊老不絕跡。中國必須努力擺脫革命時代的宣傳至上的政策，而代之以實實在在的全民教育。為了提高整個國家的品質，中國必須儘早改絃更張，去除以宣傳代替教育的古舊的治理方式。在目前的開放改革的進程中，中國應該致力於激發全民的積極主動的創發潛能，培養全民深厚的智慧和品德的根基。一個有前途的國家，不但要致力藏富於民，更應該致力藏智於民，藏德於民，甚至藏情於民。國民的精神基礎深厚了，國家的前途就更加光明。可是，在這就要跨進二十一世紀的時代，國民的精神品質絕不是依靠不斷的宣傳就可以建立起來的。

今天中國人口過多，一般的平均民智仍然偏低，因此配合新時代的國民道德不容易全面建立，更難步步提升。目前國內不僅政風出現問題，法律出現問題，社會道德出現問題，家庭倫理出現問題，生態環保出現問題，大眾衛生也出現問題。這麼眾多的問題因由複雜，環環相扣，解決起來頭緒多端，棘手艱難。可是歸根究柢，民眾的知識

低落可能是其中一個最應立即加以挽救的關鍵。就以衛生問題來說，在我常去用餐的飯廳裡，在遞送飯菜的窗口之上，貼著一張字跡鮮明的告示，上面寫著：「出售非包裝直接入口食品必須使用工具售貨」，下面赫然寫明該告示是「衛生部食品衛生監督檢驗所製」。可是當看過這個告示之後，順眼望過去，窗口之內正有一個飯廳的招待員使用他的真皮赤手，一個一個地將饅頭搬到手推車上。未等他使用工具將饅頭售賣給顧客之前，所有饅頭已經不知不覺接受了一次不甚講究衛生的洗禮。我在想，飯廳的工作也許發包給一些不大有知識的人去經營，他們常識不足，漠視衛生，不理會規定，可能造成令人擔心的後果。

前往大陸從事交流講學的活動時，我經常擔心衛生的問題而不敢盡情吃食。這次的停留更被另一類的衛生問題所深擾，成了難以遺忘的痛苦經歷。在這五、六天當中，每晚都被蚊蟲所侵。沒有一夜平靜安心地睡過。

幾年來每逢訪問清華大學，總被安排住宿在比較早期建成的招待所。那座稱為「丙所」的賓館大約建成於五○年代。設計純樸，但卻寬敞實用。有臥室、書房兼客廳和浴室。加以環境清幽，管理妥善，是個看書和工作的好地方。雖然也見蚊子的蹤跡，但是一經撲滅趨除，也就平安無事。所以這次重訪清華，心裡也沒有什麼特別的憂慮。也許丙所已經客滿，這次我給安排住在三、四年前才蓋好的「近春樓」。

「近春樓」這個名字聽來既熟悉又動人。原來就在距

離這棟樓房不遠之處，正是一個當地人俗稱為「荒島」的地方。那是前清時代的「近春園」的遺址。雖然目前它沒有一個好聽而能引人幽古情思的正式名字。（正式的名稱好像是「近春園遺址公園」，一個又長又平凡的名字。）可是那兒除了不知何時被人敲壞打爛的石雕，棄置在樹邊草叢，引人幽思，發人憑弔而外，四周還蓋有水榭和畫亭，也有紀念碑和迴廊，面對著環繞不斷的外圍荷花池。最可貴的是，那裡巨樹參天，葉影交映。每逢天邊來風，呼嘯而過，樹杪生姿，萬葉千聲。坐在樹下，靜想聆聽，千古心懷，百般思絮，迂迴盪漾，無止無休。這是一個令人心神嚮往的地方。每次前來清華大學交流講學，我總是一天不漏地偷閒走到那裡，將自己交付給樹影風聲，浸染在油然而生的「清華園裡的沉思」之中。

所以，一看自己給帶到近春樓住宿，內心不禁暗生一份興奮激動之情。萬萬沒料到原來自己高興得太早。近春樓遠不如我住了幾次的丙所。近春樓是近年才興建的，可是除了外表的樣式比較活潑而外，它的用料和施工好像都遠遜於三十年前建成的丙所。令我驚訝的是，當我辦妥入住登記，上樓進房，放下行李之後，抬頭一望赫然發現面對樓外的牆上，鑿穿一個不大不小的圓洞。不知是不是以前準備裝設分離式冷氣機，鑽開給管路之需。現在雖然改變計劃，棄之不用，但卻沒有將它封閉填好，只是隨便使用一團報紙，將它輕輕堵住。那團報紙鬆鬆散散的，一定敵當不了外面的蚊蟲。於是我趕緊動手加以改善。希望可

以阻隔屋外入侵的蟲禍。

可嘆的是，我的希望很快就完全落空。從第一個晚上開始，連續五天，每一個夜晚全都沒有例外地屢受飛蚊之擾，弄得整個人疲苦不堪。那些蚊子不知是不是一早就躲藏在床底牆角，或者每等我熄燈入睡就趕忙從窗邊門縫鑽將進來。總之，我明明在睡前才小心察視天花板，詳細環顧四周牆壁，一見蚊蹤，就將牠趕盡除絕。可是等我關了燈，閉上眼，放鬆身心，正要入夢之際，耳邊立即響起嗡嗡蚊聲。於是精神為之緊張。推被起身，開燈察看。在睡眼仍然惺惺忪忪之間，有時隱約若見蚊影，可是有時完全不見蹤跡。看得到蚊影的情況還好，至少可以極目跟蹤，等待時機，趕盡除絕。最怕是扭開電燈，全室通明，刺眼傷神，縱身而起，既不見蚊跡，又聽不出蚊鳴，左顧右盼，不知所為。無聊無奈之下，又不敢立即關燈入睡，因為不出所料，無需多時，在寂靜的黑夜，在溫暖的枕邊，又是刺耳驚心的嗡嗡蚊聲。一兩隻小小的蚊子，在充滿睡意的深夜，竟對一個大大的人做出如此重大難忍的干擾。

經過幾次心煩神苦的折磨之後，人也變得乏力和麻木。有幾次，驚聽耳邊蚊聲，乾脆隨便舞動棉被，希望將牠嚇走。或者開燈遍尋不著之後，留著刺眼的燈光闌珊入睡，希望躲入床底牆角的蚊子，暫時歇息不出。當然這些都不是退蚊良方。牠們照樣總在人最疲累，最愛睏的時刻，幡然再來，死命攻擊。有幾次，實在不想無謂地一直和牠們糾纏下去。聽到耳邊蚊響，不顧一切舉手對準自己的臉頰

揮打。甚至在半空中，合掌拍打出淒厲的聲響。幾日下來，這一切都變成了半意識的動作，在睡夢中也能熟練為之。不是說笑的，有一天清早醒來，赫然發現，就在枕頭旁邊竟然留下一隻蚊子的屍體！

一個人夜晚遭受蚊擾，這本來是件私人的小事。最多算是環境衛生上的公眾事務。這種事在許多地方都可能發生，因此並不是中國大陸、北京或清華大學的特色。不過，從另一個層面看，這類的事也足以引人憂心。五〇年代興建的招待所比起這幾年才蓋好的賓館，更能免除蚊患，更有妥善的環境衛生，管理和保養更加完善，建築用料和施工手藝也更為優良？這是因為目前社會建設的品質普遍不受重視？或是由於大部份的社會資源都給挪用到其他的地方，像大學這類的教育和學術機構，反而得不到充分的照顧？

每次來到清華，總愛在校園裡漫步閒思。今年來時，正逢北京的柳絮滿天飄飛的季節。走在校園裡，但見「荒島」之旁，荷塘之畔，到處是輕柔潔白的柳絮，披在地面，停在亭欄，落到花葉，灑滯在荷塘靜靜的水面上。有的甚至被輕風吹趕得成疊成堆，像是一座座白色矮小的山丘。望著這樣的景色出神，突然記起小時候朗讀《世說新語》裡謝氏兄妹爭相描述天雪的情景：「白雪紛紛何所似？」「撒鹽空中差可擬。」「未若柳絮因風起。」的確，五月的北京，柳絮飄飛的日子，那纖細潔白的輕棉，似飛雪，也像灑鹽。

在沉思奇想中，走過「草木清華」，「自清亭」和聞一

多的紀念塑像，不知不覺又走到一個隔著一片草地與古雅的大禮堂遙遙相對的一尊小石雕。那是舊時清華大學的畢業生贈送給母校的一座日規時計。石雕上除了以中文刻上「行勝於言」「庚申級立」之外，還附有拉丁文「FACTA NON VEBRA」和英文「CLASS 1920」的字樣。我從 1987 年初訪清華以來，一直被這一座古樸精緻但卻歷盡歷史風雨的石雕所深深吸引。以後每到清華，一定前往探望。一方面它是清華校史上的一件寶貴信物，令人見了尋幽懷古。另一方面，它雖然無言地矗立在那裡，日復一日，年復一年。但卻以自己的軀體如實地反映出今日國內在管理、保養和修復古物方面的情況。

原來第一次見到這座日規石雕時，內心不禁湧生感嘆。它和許多歷史文物一樣，在文化大革命的狂潮中，歷盡滄桑，顯然遭受一番無情的破壞。它雖然全由堅硬的花崗岩雕刻而成，但仍然抵受不住鐵鎚的擊砍。它的身體給鎚打斷裂，日規上的指針散落不見，連石雕上面的文字也被人挖鑿破壞。斷裂的身體勉強用水泥加以修補，散落的指針早已失了蹤跡。而最慘的還是那些文字。負責這座石雕的修復工作的人，顯然沒有徵詢過專家的意見，只憑剩下的痕跡紋理，就大膽地加以複刻。現在，那碑上的中文無誤，可是英文「班級」一字裡的「L」現在改刻成「Ⴑ」，拉丁文的「實踐」一字中的「C」給刻成「G」，而「言說」一字裡的「V」刻成「Λ」，另外「E」則刻成「Ⴜ」！整個勸人力行而勿空談的字句，現在變成天書一行，令人看了搖

頭嘆息。

清華大學原是人文鼎盛的高等學府。它吸引聚集過多少文人和文科專家。現在校園裡還重建了王國維、朱自清、聞一多、吳晗等人的塑像和紀念碑亭。雖然經過五〇年代的大學科系調整，文科的人才絕大部份遷往北京大學。可是我不相信現在整個清華校園沒有一位懂拉丁文的人。就算大家都無心理會拉丁文，那負責整修這座日規的人，至少可以拿出預定重修的草樣，跑到近在咫尺的北京大學，向他們的專家徵詢請教啊！

可是，日復一日，年復一年。五、六年的時光過了。每次我重訪清華，都會到校園裡散步，每次散步總會經過這座石雕。每一次經過，我總會望一望它四邊所刻的文字。這麼多年過去了，而那些錯刻的文字依然若無其事地突出在這座富有紀念性質的石雕日規之上。

或許目前大陸的情況令人無法認真面對文物和古物。否則懷古念舊之心，很快變成傷痛悲淒之情。自從改革開放以來，一、二十年間，為了吸引觀光旅遊，以及其他的經濟利益，全國各地到處整修古物和仿製古物，弄得許多本可令人思古懷舊的事物良莠不齊，以假亂真。許多大學為了吸引過去的校友——特別是多年前的老校友的回歸，更加積極地搬出歷史文物，整建校園，以達號召團結的目的。清華大學自然也不例外。不過，古事、古物、古風、古情雖然常常隱含著它的歷史意義和文化價值，但是必須經過適當的尊重保愛和闡釋發揚，這種意義和價值才能顯

現出來，才能融會於當今的生活方式之中，產生積極正面
的社會效果。相反地，如果一個國家只因為政治的狂熱，
就不顧一切地打爛歷史舊物，破除文化上的古情古事。而
今，只為了經濟上的利害關係，又急急忙忙地加以整理和
仿造，不尊重原有的品質，不考慮所造成的社會人心的效
應和歷史文化的功能，那麼這些復原的古物也就淪為膚淺
的實用或點綴的工具。喚之則來，揮之則去。這樣的古物
重建能夠產生什麼長遠的正面意義，發揮什麼深刻的積極
價值呢？

　　這次趁郊遊之便，重上長城的時候，就看到一場令人
洩氣的情景。長城旁邊小村小鎮的商業化自不待言，就連
長城本身也在追逐觀光旅遊的利益熱潮中，不斷庸俗化和
醜陋化。我們不但見到在長城的牆堞上插著五顏六色、沒
有記符、沒有標幟的彩旗；更見有人穿著莫名其妙的仿製
古裝，手持似是而非的仿古武器，似站崗非站崗地擺置在
城垣上。這幾個人身材並不雄偉高大，精神也不飽滿振作，
姿態更不端莊威武。他們行止散漫，隨便與人閒談，完全
不知自己正在扮演著什麼樣的角色。這樣的穿插點綴、畫
虎成犬，怎能表現萬里長城的歷史意義，發揮它的文化價
值呢？我在想，這一定是什麼商家個體戶瞎搞亂作出來的
賺錢花樣，一定不是有知有識的人所計劃出來的安排。說
不定遲早會被政府當局勒令禁止。

　　這類的現象雖然足以敗壞社會風氣，引起不良的社會
效應，可是由於它本身不是一種永久性的建構，因此也就

比較容易改良，比較容易清除，比較容易改絃更張，從頭做起。反之，有的事物一經建立，很快變成永久性或半永久性的建構。許多的建築物和社會制度就是如此。在這情況下建築創造的時候就得三思而行。

這次重訪清華，走在校園散步的時候，赫然發現一座以往未見的仿古建築突現眼前，觸目驚心，神傷不已。

數年前第一次來到清華大學時，曾經聽說校園裡原來保存有一座俗稱「二校門」的建築。那是滿清晚期所建的清華園的兩道宮門之一——大宮門的遺跡。門上還有在八國聯軍犯京時，與李鴻章一起前往參與議和，並在「辛丑條約」簽訂之際，被委為專使前往日本道歉的晚清大臣那桐所題之「清華園」三個大字。那道宮門遺跡的確是早年清華大學校園中，令人懷古憑弔的地方。它一定曾經吸引過早年清華師生的心情和目光，是令他們懷念回憶的古跡。可是當文化大革命的狂潮席捲大陸時，在胡亂的「破四舊」（舊思想、舊文化、舊風俗和舊習慣）的浪濤中，那座富有紀念性質的小校門卻給當成一文不值的舊事物而遭打爛敲毀。聽說那時候紅衛兵驅趕著一大批清華的教職員，從事敲打破壞和搬走磚石殘塊的工作。遇有不如其意，就無情地動用皮鞭抽打。有一位老教員就在這樣挨苦受辱之下，負傷成疾，最後不治而終。這是一個多麼慘痛悲哀的事件。我們究竟應該怎樣教育下一代，應該怎樣提醒世人的關注，才能令人記取文化大革命的教訓，重建出一個比較文明的社會，改造出一種比較理性的國度，塑造成一種比較健康

的人性呢?

而今,只見到一座似真似假的仿古拱門矗立在那兒。它的設計雖然盡量仿古照舊,可是它的材料一定趕不上原來的品質,看來它的施工大概也不如舊有的精緻。不但如此,在這座仿古宮門的建築上竟然仍舊寫著「清華園」、「宣統辛亥」和「那桐」的字樣。天啊,二十年前那段悲慘的血淚史呢?我們為什麼這樣隱惡容惡,為什麼如此含冤茹怨,為什麼百般飲恨吞辱?今天,為什麼要整修舊朝的宮門,除非為了要教育下一代?為什麼要再建這座用來裝飾點綴,位居校園中間的「二校門」,除非為了要將它奉獻給當年受苦受難的人?

文化大革命的瘋狂暴戾已經是二十年前的事。然而它給中國大地和中國人民所帶來的傷害,卻似乎久久無法康復痊癒。加以三、四年前的天安門事件,軍隊以武力鎮壓學生的民主運動,仍然在人們的心靈裡留下淒苦沉重的烙印。所以儘管為了爭取主辦 2000 年的奧運,而大力宣傳開放;為了吸引外界的同情相向,而普遍搬出仿古的事物,連繁體字也不正不順地重新出籠了。可是歷史的大風大浪不僅帶來驚人殘酷的破壞,它更隱含著對於歷史文化,對於社會政治,對於人性人情等等的深沉警告。人類在經歷這種摧殘破壞之後,必須能夠靜心沉思,忍痛改過,才能免於再蹈歷史的覆轍,令中國免於長久在錯誤的軌跡上徘徊循環。

許多人都擔心中國的貧窮,令現代化的步伐不能暢順

昂揚。可是，我們更應該關注中國人民一般的民智低落，使整個國家不能毅然決然地抽身脫離落後的狀態，從容堅定地走出文化的糾纏和歷史的迷亂。從這個觀點看，今天中國最需要認真進行和全力以赴的實在莫過於教育的事業。對於中國的現代化以及中國未來的命運來說，教育至上，教育第一。只有當全國的層層教育推行有功，人民才能有智有識。有一天，中國能夠深厚地藏智於民和藏識於民，這樣的國家自然實力充沛，創發性強，適應力高。這樣的國家自然能夠輕易走出標語和口號社會的規模。這樣國家的人民也就不再容易隨便臣服於宣傳的魔力，聽信浮詞空言的擺佈。這樣想來，外界的努力發動來資助大陸興學校辦教育的「希望工程」，實在具有它深遠積極的意義。也因此外界的學人撥冗前來交流講學，對社會的前景也具有正面的價值。

這次前來清華交流講學，停留的時間較短，因此所進行的學術活動也略為緊縮。除了在清華校園進行一次公開演講，並到中國社會科學院進行一次院內的學術討論而外，只和清華社會科學系的教員研討聚談一次，並和一小群研究生非正式的談論了一次。關於在清華的公開演講主題，我擬了兩個，供主辦人士選擇。他們挑選了「記號行為與人類認知」，而捨棄「記號·意義與人性」。大概有關人性的討論，目前還是一個敏感而不宜隨便觸碰的區域。

前來大陸交流講學之間，最令人引以為喜，深以為慰的，大概就是見到不少青年學子認真向學，孜孜不倦。每

次演講之後，發問和討論都十分熱烈。在清華大學如此，在社會科學院也是如此。這是未來學術界的希望。可惜自從提倡開放以來，開放運動大都只局限在經濟的領域。但卻失控地發展。現在社會上普遍地「經濟掛帥」，許多人無知無識，有時甚至無情無義地「向錢看」。就連教育機構和學術機構也在現實的壓力下，被逼要去「創收」生財，開闢經費來源。這幾年來，有不少的傑出才幹棄學從商，令學術界流失了大批的生力軍。這又是未來中國學術大地裡的絕大隱憂。

所以每次走訪中國大陸，放眼身邊發生的現象，沉思親歷其景的經驗，總是令人既喜又憂，喜憂參半。什麼才不算是盲目的歷史的反動？怎樣做才算是合理的文化拓展和開明的社會建設呢？

近乎一個星期的學術訪問很快地過了。我還偷閒遊歷了北京郊外那風景優美，山水秀麗，可是已經開始商業化、粗俗化和散見人造污染的巍巍山峽和森森水庫──龍慶峽。途中也重登長城，看到似在整修的居庸關。可惜到處沒有妥善計劃，亂出旅遊觀光奇招。我更趁此次訪問的地利之便，首次參觀了北京大學。北京大學至今仍然門禁森嚴。可是一經進入校門，也就自由輕鬆。走在校園裡，看見許多舊有的建築都因年久失修而殘破不堪。可是細看那些久經歲月的雕樑畫柱和朱門墨瓦，掩映在青翠的古木之間，令人不禁嚮往昔日「燕京大學」的風韻和姿彩。

當然，每次來訪最令人難忘的總是同行同道們的盛情。

我雖然不敢對他們多所打擾，也不願勾起他們舊時的哀怨和往日的傷懷。不過他們總是在辛苦忙碌之中，多方面的引導和幫助我，令我的訪問順利進行。偶爾遇到我水土不服而感覺不適，或者人地生疏而不知如何辦理種種手續時，他們更加不避煩瑣，鼎力相助。如今，我已來過清華幾次，照理應該懂得自己來，自己去。可是他們仍然照舊安排接機和送機。

清華大學位於北京西郊，要到北京以東的機場，中間有段長長的路。這次照舊有一位教員和一位研究生陪我一道乘車前往機場。在車上，我們總是閒談一些比較輕鬆的事。我自己對兩岸三地的語言歧異深感興趣，尤其對三地之間的語言習慣之相互影響更覺好奇。這位同行告訴我最近在年輕人之間，流行說「侃大山」（我有點懷疑原來是不是真的是這個「侃」字。本來是口語的，轉成書面語時，可能給人「文雅化」），意思約略等於三十多年來流行於臺灣的「亂蓋」。但是這個詞並沒有登上大陸的口語舞臺，反而有一個原來日文的詞，在臺灣普遍使用之後，現在傳播到大陸，正式流行起來。原來日本人使用「台」字作為單位詞（量詞），來計數像車輛這類的機械物品。臺灣人在日語的影響下也跟隨使用。在臺灣，有很多人都愛說——尤其是講臺語時——「一台車」、「一台電視」和「一台電腦」等等。這樣使用的「台」字，不像「一台戲」似的，並非傳統中文用法。可是那樣的用法現在已經廣泛流行於大陸，逐漸要變成中文正式用法的一部份。（不過，在大陸電腦叫

著「電子計算機」。）更有趣的是香港的廣東話對大陸的中文用法的衝擊。比如，由可可子烘烤製成的糖果，在大陸和臺灣都稱為「巧克力」。可是，在香港人們根據英文粵音，叫著「朱古力」。大陸開放之後，外邊的商品擁入。據說曾有一段時間，大陸的人將舶來品，素質良好的巧克力，叫著「朱古力」；平常一般的，仍叫「巧克力」。一物而二名，但是區分的標準未免太過勢利。比這個更加好玩的是「計程車」（出租汽車）和與它有關的一些詞語的有趣用法。香港人使用粵語英譯，將計程車稱為「的士」（粵語讀音）。大陸上的人，不知是好奇或是好玩，也將這個詞引進國語，不再以粵語發音使用。不僅如此，由於在國語裡頭，「打」這個字具有極為廣泛而又活潑生動的用法，因此有人靈機一動，也就將叫喚計程車稱為「打的士」，簡化為「打的」。到此為止，在創造新詞的過程中，已將中文的構詞方法推展到一個危險的極限。然而，這卻仍未完結。大陸把一種長型閉體，可以乘坐多人的車輛叫著「麵包車」。這種車可以用來充當計程車，負載較多的人。這類的計程車順理成章自然給人叫著「麵包的士」，以顯時髦。於是召喚這種的士成了「打麵包的士」，簡稱「打麵包的」。再進一步簡化，就成為了「打麵的」。這個詞語乍聽起來實在令人摸不著頭腦。不知「打麵的」和「打水」、「打飯」、「打酒」、「打麥」、「打魚」等等，是否屬於同一類型的動作。這還不止，更令人驚心的是，大陸善用簡體字，把「麵包」一律寫成「面包」。因此「打麵的」也就成了「打面的」。可驚的是「面」

和「臉」具有同樣的意思，讀到「打面的」真害怕所打的
到底是什麼！

當然這只是個笑話。說些輕鬆些的笑話令人不覺旅程
的遙遠。只見車窗外，高高的樹排空倒退而去，車座間，
笑聲話語連綿。大約一個鐘頭的時間，終於到了機場。

依依話別之後，順利進入機場航站的通關管道。北京
機場的旅客出境處比以前寬敞一些，也光潔明亮一些。不
像八七年第一次來訪北京要離開時，一大群出境的旅客擠
壓在一個小小的大廳入口，水洩不通，進退兩難。不過直
到現在機場旅客的疏導業務仍欠高度協調，辦起事來總離
不開一個「等」字。首先排隊等著進入海關，接著又等著
航空公司的登機排位手續，再等經過邊防檢查，還要進一
步等待安全檢查。上等下等，左等右等的背後，顯然是辦
事效率不高，作業協調有待改進的緣故。

這幾年來，北京的國際機場的管理已經有了一些改善
——大陸的話稱為有了「一定的」改善，可是比起外面許
許多多的國際機場，它仍舊顯得頗為落後。今天，中國正
在努力創造良好的國際形象，當然需要更進一步從大處著
眼小處著手，努力改善社會上各種各類的經營手法和服務
品質。

談起小處著手，機場的經營和服務就是一個顯明的例
子。

當我隨著其他旅客辦完邊防關卡的出境手續，接著就
是一片商店購物區。我見到有文房四寶和扇面、印石等陳

列一隅，因此走了過去。可是文房的櫃臺並沒有人看守。我問了旁邊另一櫃臺服務人員。她卻只是冷淡而簡單地回答我說「沒有人」，也就算是了事。後來還好問了賣鼻煙瓶的一位男子，他才由旁邊酒吧的櫃外，找來文房櫃臺的服務人員。原來工作時間也可以隨處去走動閒談。我因對陳列出來的一種套筆產生興趣，所以耐心等待那位服務人員姍姍而來。可是細看之下，每一組套筆至少有一枝筆桿有著裂痕。如此品質的東西陳列在那兒，不是一種反宣傳嗎？

過了安全檢查，走到旅客候機室休息的地方。只見一幅大標語高高懸掛著，它寫的是「中國的機遇，北京的榮譽」。英文是 "A Chance to China, an Honor to Beijing"，還附有法文。意思不甚明確，不知是不是「開放的中國盼奧運」的另一訴求？

候機室仍然是那樣狹小而擁擠，面對日益繁忙的國際交流，中國顯然還有一段長長的路要走，才能應付二十一世紀的要求。

1993 年殘稿，1997 年 11 月 25 日補寫畢

永遠的院長——
永恆的沈宣仁先生

曾經立志不願活成別人的影子，
可是哼出來的却是他的歌声。

如果沒有他那一千個日子的榜樣，
何來往後我那三倍時光的順暢？

待焚集

——代後語‧獻在沈宣仁先生的靈前

我不是基督徒，不解「原罪」的深意。

可是由於鼓吹良心，在內裡深處默默自責。

若說有什麼原罪，那一定出現在每逢眼見世人為惡，追宗溯祖懷遠沉思之時；

然而良心上的最大罪狀，明顯起於走在沈宣仁先生之前，擔任大學的「通識教育主任」，而且一□就是十三年。

（至於擔任大學「文學院院長」的罪過則遠較輕微。雖然連做三屆，但沈氏已先做一屆。我努力跟隨沈氏，把他當作教學的典範和良心的榜樣。）

● 懷傷・傷懷・懷念

不管生命有什麼價值，不論人活著有什麼意義，人生總有令人珍視，令人保愛的東西。對我來說，沈宣仁先生的友誼不可侵犯。不是因為他有恩於我，而是他所樹立的榜樣。一個人在整個人生的遙遙路途中，能夠風雲際會，遇上幾個生命的榜樣。

所以，當我為了這本懷念文集而啟開塵封的舊日檔案時，有封沈氏的信令我迷惘疑惑，傷懷不已。不知到哪裡去追尋答案，不知要向什麼人求取線索。那封信好像由我致函他而引發的。那時（1990 年 12 月）他接任崇基學院院長不久，而我也正步他後塵，在他擔任一屆三年的大學文學院院長之後，開始我那三屆九年的院長工作。那時，雖然我也兼任大學通識教育主任，而且一做轉眼十三年，但那時已進入第四個年頭。由書院的通識教育（絕大部份而非全部）合併整合成為大學通識教育的繁瑣工作，也完全風平浪靜，輕舟出山。（記得在最初的三年，我必須同時計劃並執行新舊兩個大學通識教育課程。舊的課程為當時的二、三、四年級的學生而設；新的給當年的新生開始沿用。經過三年，舊制學生能夠畢業的已經離校，整個中文大學只剩下新制的學生和夜間部的兼讀課程的學生需要加以照顧考慮。）那麼，位處崇基學院院長之尊的沈氏，和我之間

會發生什麼公事上的誤會，或是私情上的危機嗎？

　　沈氏的信依然是英文打字，稱我小名秀煌（H. H.）而自稱宣仁（PS）。我在他的信上標明：「1990 年 12 月 3 日沈先生親自交我」。該信如下：

秀煌如晤：

　　遲遲提筆為你兩星期前的來信致謝。我一直把信放置隨身的公事包，想找一個比較清靜的時刻覆信。當然，我深受感動。

　　首先，我要說我以前不知道人家要你轉到另一間書院。雖然這樣的事，就是不僅發生一次，我也不覺訝異。我很高興你沒有為之所動，也希望萬一再次發生，你也不會動搖。崇基學院需要你。

　　我對崇基學院的前途也同樣不感樂觀。不過，我認為仍然有一些崇基同事秉承學院理想，用心投入。在我就職擔任院長之後，我們的「院務委員會」正在重新解釋並揭曉這一理想。（我附去一份申明文件。你可否提供意見？）（註）我希望藉著像這樣的東西，或可以在我們學院所能夠做而且應該做的事情上，吸收到足夠的支援。

　　我對書院的構思是，它必須能夠讓同仁合作共處。儘管大家各有差異，也能在一起從事一些有意義的工作。通才教育——特別是現在留給學院管理的兩門正式的必修課（「大學修學指導」及「（畢業班）專題研討」）在這關鍵上就有其價值。我不願在此減消大家從事有意義之事的機會，那些事

過往至今意義顯著。這是否牽涉到「權力」一事，則是另外的問題。也許（當其中任何一方）將此事看成是有利害衝突的時候，權力問題就出現，但我卻希望大家可以避免利害衝突。不過，我同意品質的問題是個重要的問題。（參見我給耀基兄的備忘錄。）

我們有同事願意從事一些有意義的事，以盡職責，為了崇基。我歡迎他們的投入，雖然我不一定總是和他們同意同調。人各有其長處和缺點。我希望能夠審視區別，做出必要的調整。這一點，我從一開始——也就是從自己不察不逮被徵召委任為院長，而需要構思成立一個新的「院務委員會」開始——就一直在不斷學習當中。我盡可能做到穩重平衡。我引以為憾的是大概你只見到其中的一個面相而已。我亟需來自多方——包括來自你的忠告。我希望你能繼續效勞，繼續當我的真正朋友——不論在你的職務所在或是我的職務所在發生了什麼事。

永遠不渝的宣仁
1990 年 12 月 2 日

（註）原件上我註有「未附此文件」字樣。

十多年前的信，現在展讀一過，依然無限驚心。我已經忘記為什麼寫信給他。照理那段時日，既有行政二職，又要正常教書，也要寫作；若不是為了要事，我不會隨便寫信給沈氏——而且他也忙於崇基學院那又繁瑣又惱人的許多大大小小的雜務。這樣一想，我推測那時一定有什麼

要事提醒他留意。如果是這麼重要的事，我一定存有信函底稿。不過，我一時遍找不著。

我常覺得自己沒有沈氏純潔。在他七十大壽的慶賀研討會上，我甚至當著大家公開這麼說。因此倘若天堂居民的名額有限，在沈氏的面前，我大概不敢多所寄望。那一年大概是看到有人在他面前假裝熱心，事實上所做所為違背崇基精神，也敗壞了沈氏的教育理想。

不過，在學院漸漸變成不是大學的教學中心以來，學院院長即使懷有崇高理想，也逐漸發覺支援不足，孤掌難鳴。這時，也是在教育界容易發生「劣幣趕走良幣」的時候。不符合沈氏的品質要求，達不到他的人格要求的人，容易偽善充數，乘虛而入。如果得逞，良知退位，惡性循環。不過，我知道沈氏自己必定不會敗壞，不致同流合污，因此讀到他親自遞交給我那明確的訊息，也就放下心裡的憂愁——雖然作為崇基的一員，作為沈氏一手熱情招聘而來的崇基教員，我一直憂心忡忡，深怕他的純潔敵不過別人的城府深藏。他信上的話，現在讀來依然銘心感動：

> 我們有同事願意從事一些有意義的事，以盡職責，為了崇基。我歡迎他們的投入，雖然我不一定總是和他們同意同調。人各有其長處和缺點。

我曾經寫過：「當我們批評別人的時候，同時也照出自己的影子。」證諸自己，沈氏比我光明磊落得多。

光明磊落的人不一定不會受傷。我特別憂心他這麼說：

「我希望能夠審視區別，做出必要的調整。」當需要調整的不是沈氏自己，而是別人的時候，到時他的內心會不會於情不忍，心痛如割呢？

令我特別傷心的是該信的結尾。沈氏在崇基那崇高的職位上（不是民選的，而是委任的）和我在文學院的普通職位（民選的），兩者會產生任何的利害衝突嗎？有人在他面前讒言誹語嗎？是什麼令他需要重申受惠於他而培養出來的二十多年的友誼，重新希望我繼續給他忠告，繼續為崇基效勞，繼續充當他的真正朋友？是什麼令他需要以「永遠不渝的宣仁」結束該信？

沈氏親自送信，我們大概當場坦然談論。我現在完全記不起當時的情景，也來不及仔細翻查日記和備忘錄。我想那時一席傾談，雲消霧散，因此這封信並沒有在我的心湖裡投下盪漾多時的漪漣。

後來，倒是因為另一件事，更令我覺得在沈氏之前，自己再怎麼自負，也談不上偉大。

大概沈宣仁先生已經退休，或者半退休了。有一次他和沈夫人一起出現在我面前。不知怎的，我們談起一位大家熟悉的同事。我聽說幾年前那位同事在沈氏面前表現熱心，沈氏委任他擔當學院內一份數一數二的重任。可是後來，沈氏在離開院長的職務之前，萬不得已，不得不忍痛將那人免職。於是，這個人就不再對崇基事務熱心如昔了。過了很久，也許客觀環境改變，或許主觀要求不同，他又再出現。有一次，據沈氏侃儷說，大家在崇基學院的社交

場合中巧遇。沈氏欲前往寒暄，那人卻轉頭拂袖而去。沈氏伉儷談起此事，好似學者談說歷史的故事，也好像雲端的天使講起人間的事跡。他倆既不動氣，也不感嘆。我不知道他倆有沒有對人生起過懷疑，有沒有對人性生過失望。

　　在另一個場合，也不知為什麼原因或基於什麼理由，沈氏也對我提及此事。他還說等我有空，要將詳情告訴我，大概怕我重蹈覆轍。我們大家都忙，我也沒有什麼興趣細聽人性敗跡。所以至今沈氏對這件事的心路歷程只記載在雲外的天上。我只默默追想，但願我在他初任院長時所寫給他的信和此事絲毫無關。

　　在不算太短的大學裡的教育行政經歷中，我常常在思索一件有關人性和人情的事。外邊的世界總是將大學看成一座「象牙塔」。這種先入之見，一方面高估了大學的理想，另一方面卻也看輕了大學的力量。大學學術和知識的領導地位往往無法和它所表現的倫理情操和道德勇氣相比。欠缺道德力量的象牙塔往往令人不知道到底是社會的良心燈塔，或是社會的人性負擔。

　　我的經驗是我們需要努力創造一個透明和公正的生態，這才是大學教育行政的要務。我相信這也是沈氏從事三十多年的教育行政工作的目標。

　　儘管自己希望從沈氏那兒學習經驗，踏著他的足跡前進。然而，也許因為兩人作息習慣的差異，也許因為我們管理的事務對象的不同，我竟然很少和他討論在大學裡所見人性陰暗的層面，很少請教於他處理人事紛爭的方法。

在自己摸索前進，遇上疑難困惑的時候，也只能自己提高
心境，摒除私情，設想如果是沈氏，他可能如何處理，怎
樣解決。

沈氏最不愛聽人閒言，我也不習慣見人暗中誹謗他人。
可是怎樣積極鼓勵負責的批評和反省，卻不是容易施行，
一蹴可幾的事。

只是消極地完全不理會象牙塔內的陰暗角落的聲音，
有時可能變成繼續容忍誹語讒言流通傳播的藉口。因此在
就任文學院職務兩年多之後，終於在不得已的情況下，向
院內各學系和各單位主管發出如下簡單訊息。備忘錄是發
給院屬之主管，希望他們將訊息轉告各自的同事。我也將
副本寄送校方當局，校長、副校長、祕書長等。內容如下：

一、文學院偶接匿名信或其副本。對此，文學院一概不
加處理。

二、文學院對具名之機密私函，做如下處理：
(1)收悉後通知發信人前來取回，或
(2)經發信人同意，由院方銷毀。
(3)私人密件一概不予存檔。

印象中，此一小小文件發出以後，我就不再收到匿名信。
不知是否因為也將副本抄送校方，我也就沒有再收過由校
方轉來的匿名信副本。

我不知道沈氏在我之前如何處理匿名信？我也不知道
若他見到這份文件，會不會認為我在小題大作？會不會認

為我不知寬懷恕人？

當我們相信一種品質值得加以制度化時，如何施行，如何推廣是長期困擾教育行政人員的問題。我們不僅需要良好的制度，我們更需要活生生的榜樣。

好像是高中時代，讀過一篇教科書上的文章。作者是一位信佛的人，他到了晚年——不知是不是今日意義下的「老年」，或只是近年來日本人所說的人生有了豐富收成時的「實年」——寫下「回思往事，憶及書之，待向佛前一一懺悔。」（如果引文有誤，證明親切鮮明的記憶也要靠日記的記錄來印證。）五十年前全文背誦流利。即使今日，這幾句話也聲聲在耳，有如繞樑。

自己雖然在小時候鄉下放牛讀書的時代（但從未騎在牛背上）負責全家點燈（油燈）燒香，插花（河邊野花）獻佛的每日「功課」，但目前卻很難說自己是教徒。同樣，我雖然由接觸沈氏而感動於基督徒的虔誠，但自己好似也與上帝無緣。所以，現在所寫的，以及將來會繼續寫下的，大概無法在佛前懺悔，也不能當作祈禱求饒的告白。想想，沈氏是我人生的榜樣，讓我寫出來，不斷地寫出來，託付清風，交給流水，遙遠遙遠，在他靈前，尋求啟示，獲取指導。

在處理文學院的職務中，曾經有幾件令我動氣的事，不待翻看日記，也歷歷如新。我說出來「待焚」，遙求感應，徘徊思想他會如何處置，如何擺平。

在大學裡（以往繼承基督大學的崇基學院如何，我不

得而知，如今「老成凋謝，不可諮詢」）教員的「留任」（獲取「長聘職」）和升等（由助理教授，直到教授之擢升）是人事上的大難題。在那時中文大學的體制裡，在教員升遷的進程中，院長絕不是至高的權力職位，不過卻是一個必經的中途站。

就以升等而論，不論教員自己申請，或是由單位推荐，（通常指「學系」，但大學裡結構複雜，也有與學系平行的「單位」、「中心」和這個「室」，那個「處」等等。更複雜的是，這些單位與正式學系的正式關係，有時也錯綜複雜。）一般說來，系主任、院長和校方專職委員會，甚至校長，副校長以及校外的評審委員一組多人，各也扮演著在諮詢上，在鑑定上和在決策上的各自不同，而又輕重有別的角色。

學系通常不是很大的教學工作單位，人與人的距離比較縮短。即使學流分派，甚至「文人相輕」，到底也比較易於觀察，看清底細。加以系主任在自己同事的包圍下，很難不顧情面，不出面推荐同事升等。另一方面，校方的專職委員會門高戶遠，校長、副校長等人又好像似管此事非管此事，於是（於是的於是——正好像「一切的一切」同一構詞原理），院長的辦公室就變成「□待升等」的教員和他們的系主任或單位主管跑動走訪的地方。

1989 年莫名其妙地，繼沈宣仁先生之後，被選為文學院院長的時候，我就決定要以沈氏為榜樣，尤其在人事方面，特別是在教員的升遷方面。我立下決心決不在我任內

談論自己的升等問題，也不支持別人考慮我的升等問題。
我堅信沈氏一任三年期間決不會想到自己的升遷。雖然那
時我絕對思想不到自己會連任又連任，一做九年。但是人
一立志，總不是三天兩夜的事。而且，日後發現，果然「無
欲則剛」，無欲則清，無欲則勇，無欲則□！（只遺憾事隔
多年，至今仍未尋找到「無欲則剛」一語的出處，大約是
「集體智慧」。）

　　二十多年前有一位現在已成古人的哲學系同事笑我。
他在其他同事的面前感嘆那時的學生、助教等年輕人的疏
懶。那時我大概是崇基學院哲學和宗教系中的哲學組的主
任，兼管助教。我每天很早就到辦公室，開亮著大燈工作，
讓遲到又遲到（「遲到的遲到」）的當值助教知道我早已開
始上班工作。那位同事大概看得出我這樣做成效不彰，進
步有限，所以笑我說：「他還在作夢，以為時下的年輕人會
受感動！」這位已故的同事是系中數一數二關懷學生，親近
學生，常常自動自願組織課上學生的討論小組，自己額外
（而非「份內」）努力工作的人。他表面上在譏笑我，但內
心裡卻一片傷感。

　　不等我當院長，我就發現，其實在大學裡，學生並不
是最難教的人，助教也還不是最難教的人。在大學裡，尤
其是在目前大學的行政結構和教育生態之下，教員（教授）
才是最難教的人。他們給人聘請來教別人，（否則就失職！）
不是請來受人教。（否則豈非形同學生！）我尊敬沈氏的理
由之一（不只是原因之一）就是因為他從頭到尾總是沒有

自以為在教人。他總是秉承希臘先哲蘇格拉底，總是以為他只是在發問問題，啟發學生。當然他也效仿萬世師表的孔子，循循善誘，有教無類。

所以我在負責文學院的職務之後，一心一意鼓吹教育良心，我相信教育畢竟是一種良心的事業。

不過……。

有一回，事實上是有一陣（不是有一次）某系有位教員進到辦公室討論他的升等事。他走出走進，有時空手有時帶著他的著作樣本和報刊剪貼等。有時在校園室外，他也當成洽公問私之處。我本來認人不多，為了職務，開始注意文學院內各系編制下的全職教員。（兼職教員難以全面認識，一方面年年有變，另一方面人數眾多。只音樂一系就有兼職的「術科」教員數十人。一種樂器的教師請來兼職，只教一名學生。）這位教員已經成了我比較認識深刻的人了。

我常常提醒自己，不要以己相人，不要以己品人，也不要以己量人。領導一個大團體的人最怕剛愎自用，最後只剩下奉承的人繼續支持，正直的人全部遠離。我更加小心，不要成群結黨，最後變成自外於人，自搞分裂。不成群黨一事很符合自己的長年本性，我早睡早起，沒人忍心拖我下水，參加夜間活動；我不善口才，除了上課教書時好像滔滔不絕之外，「打也打不出一句話來」；我也不愛交際，更不習慣需要整裝戴掛這個那個的夜間宴樂。1997 之前香港港督是大學監督，耶誕年末除了寄卡賀慶之外，也

常邀正式晚宴。我沒參加過半次，每次在那前後，全都請人代理院長職位，由他出席。有一次，不知為什麼在沈氏面前提起此事，他竟天真自然地細聲說:「不過港督請的飯，很好吃。」我很喜歡他那時那種像小孩似的真摯表情。不過，之後連續多年我也未曾心動。我常常自我檢討，從能否自得其樂地參與社交活動的觀點看，沈氏遠遠比我適合擔任文學院院長。可是天地顛倒，他當了一屆三年就離去高就（往當崇基學院院長），而我一屆一屆又一屆，竟然接連當了九年。這對文學院不知造成多少的損失，造成多大的遺憾。

為了處理那位同事申請升等的事，除了詳細閱讀他所遞交的個人資料及著作樣本而外，由於他還附帶送來一大堆個人在校外活動的各種資料和剪報，這些表面看來似與學術無關的東西，既然教員依自己的學術判斷送來，我也不能視如泥沙。記得沈氏曾經很容忍寬大地表示：大學是學者唯一可以為所欲為的地方（大意如此）。因此他對於教員所表現的疏懶，對於他們的自大自傲，對於那些只知破格而無視紀律的同事，也一向同情含忍——雖然他對自己要求嚴格。他愛才，不希望有漏網之魚。

不但要讀文件資料，要約見他的系主任，請求提供專業意見，遇到自己無從判斷時，還得訪問院長無權隨意約見的人。經過認真研究，我認為這不是一樁我能本持學術良心，提出向校方推荐的案件。

有一天，我據實以告，但只提「學術」，沒說「良心」。

過了幾天，他又補來一大袋的資料。我認為與學術無關，他卻認為他是這方面獨一無二的專家。言外之意，我找不到其他學者可以助我品評他。這回他卻出示幾件（確數忘了）社會人士的推荐讚揚的函件和報上文字。經與系內資深人員（不僅系主任）諮商，我只同意直接將他的案件帶到校方專職委員會商議討論（尤其他所說自己是獨一無二的權威一事），但我不擬加入推荐。

不久，整件事尚無最後答案，他又出現在我的辦公室。他一聽說校方仍未能給他正面的答覆，竟然光火。接著氣急敗壞地說，他要將此案件訴諸社會公眾，他要召開記者招待會。我記得很清楚，那時自己仍然心平氣和，對他說，一切請自便，記者招待會不是文學院的事，不必跟我討論。此人大概沒有料到我的平和，沒想到我的無動於衷。他見我站了起來，從接見他的會客沙發，走向自己的書桌座位。他見我沒有被他威脅恐嚇所動，竟然大聲吼道：「你們這些官僚！」。

平時我最不滿官僚，不論是政治官僚或學界官僚。聽他此言，未等坐下，立即大聲回敬：「你說我是官僚，你出去！」我清楚記得那時連「請」字都省略，完全不像我的家庭教育，我的小學中學的修養。他大概見我在幾秒之間，前後判若兩人，一時心急，不知應對，竟然語無倫次，文法不通地說：「你不是官僚，我，他們是官僚。」我見他轉舵，但我已無心跟他敷衍，告訴他不管是官僚不是官僚，都請他出去，要談改日再談。這位教員比我年長，本來應

該以禮相待。可是他無理取鬧，我能愛「禮」不「理」? 最後我只好愛「理」不「禮」了。

此後，他沒有再來。後來在校園遇上，就是狹路相逢，他也裝成未曾相識。

若是沈氏，他不知會如何處理。我知道他比我更能恕人，更有修養。

這個案件只關私利，似未危害教育生態。過了幾年，另外有一個案件，那就非得正視，非要認真處理不可，否則損失的不是個人，而是機構，虧欠的不是物質而是精神，甚至敗壞的不是品格而是人性。

每當一個機構在不斷成長的過程中，為了應付新挑戰，為了解決新問題，而引入新的架構，吸收新的人事，建立新的規模的時候，隱隱之中，就有一個重大的難題遲早必須嚴正面對。那就是體系上的龐大臃腫，以及結構上的架床疊屋。龐大臃腫導致周轉不夠靈活，甚至終久喪失競爭能力。架床疊屋則容易引發籐樹相牽，權限不明，久而久之，人事名目堂皇，責任歸屬難解難分。於是自相抵制，自我消損。教育機構也像一般的機構一樣，時時都處於體系的變異和結構的調整之中，一不小心，未加留意，有時變為僵化而不自知，失卻創造力量而未察覺。教育機構（尤其是大學）所以容易這樣在體系上誤入歧途，在結構上橫生弊端，因為在維護學術和創造知識的虛榮下，我們變得不知如何計算成本，也不明確把握產品如何訂價，生產線的效率如何評鑑等等的問題。當今我們的大學一方面似乎

財政困難需向社會、向政府努力爭取資源，這點值得同情；可是另一方面，平心而論，我們的大學又是個十分浪費資源的地方——我們只要檢視一下他們登記報銷的物品名單和數量，甚至只要看看他們的垃圾堆（垃圾山），就可以窺知一二。本來大學聚匯著各行各業的精英，集結有各門各路的豪傑，但是他們的眼光在於學術，他們的志趣在於知識，他們有一部份人的精力放在專心培養社會人才（我又想起沈宣仁先生），有誰還有餘力關心大學的體制和體系，有誰更進一步細心思察行政的組織和結構？

十年前有一天，好像是大清早（因此大學的垃圾尚未給校外公司的卡車收集帶走），我爬上短短斜坡，提重上班。在文學院的其中一棟樓房廊下，有個龐大的垃圾籠。我看到一大堆花花綠綠的「垃圾」。走近一看，好像有人將整個文件櫃的懸掛式卷宗套，不要了，傾倒在準備交給外人運走的大籠裡。再細看，好多卷宗套完全是新的，並沒有使用過的痕跡。我順手抓起四、五個，繼續前進，走到辦公室。

到了辦公室，仔細察看這些由垃圾籠拯救回來的東西，愈想愈不對。我們實在不應該如此浪費。那種懸掛式的卷宗套可以用上十年八年而不壞。（我辦公室裡的那些，有的可能已經用了二、三十年。）於是我簡單寫了一紙小備忘錄給使用該樓的某一單位的主管。他是位美國來的女士，過了幾天就要為一些公務前來與我討論諮商。從他那兒我終於獲悉是誰近日搬遷，大概就是那人將好好的公家文具當

成垃圾，隨手拋棄。因為他「新官」上任，大學有資源讓他重新佈置小小的「中心」的新辦公室。

這位教員也是美國來的，聽說原任神職，但是後來還俗結婚，從事教育。他常跟單位內的教員（尤其是主管）意見不合，需要我召開小小會議，排解紛爭。我沒有時間，也沒有興趣介入文學院轄下各學系各單位的內部事務。我屢次強調，那要他們利用自己的專業知識，本著自己的教學抱負，在自己單位的行政結構下自行解決。院長的職責是代表各單位向校方說明文學院各系的教育理念和行政計劃，代表他們向校方爭取同情，爭取理解，爭取資源。院長決無能力為各單位的內務「越俎代庖」。這是干預他人職責的事，有時更會演成「外行領導內行」。在學術界，尤其在大學，這是十分可怕，後果不堪設想的事。

因為這樣，我也常加警覺，不想院內同事將單位裡頭的事，提升為院方需投入處理的事；避免讓各單位教員的事，上綱變成校方政策上的事。我想努力避免讓學術作為和教學活動變得「政治化」──而我基本上認為所有大學內部的事，大學內部的每一件事，全都是而且正正當當、應應該該成為要麼是學術作為，否則就是教學活動。因此，大學基本上不應該政治化。

可是，我要怎樣避免有人只是利用學術之名？我要怎樣透視有人只在高舉教學的旗幟？

到了 1994 年的冬天，我對那位教員瞭解漸深。有一天，他為公事單獨來見，而不像以往多次和他的同事、單

位主管相偕而來。談過公事，不知怎的，話題峰迴路轉，他竟提起他的身世和遭遇。他講啊講地，竟然觸動感情，聲淚俱下。他並不是我的親友，我沒有表現得過分同氣共鳴。但我卻破例邀請他，在他年底佳節返美度假之前，請他夫婦一起餐敘，以便大家在良好的氣氛中，寄感述志，暫時忘卻他的憂傷和不平。

這將是一次純粹私人的相會，平靜無爭的交談。可是事與願違，沉落無跡。我們兩人在人性人情上的交會失敗了。有一件公事把我和他推開。他翻臉，他懷疑，他要啟動另外一場學術與政治之間的角鬥。

現在回想起來依然內心淒然。一個有志教育，至少是正在從事教學的人，為什麼會在教學行政和校內文化的衝擊下迷失了自我，甚至挑戰他人。我沒有和沈宣仁先生討論過這件事，只是常常沉思默想，如果是他，到底應該怎樣兼顧人情，啟發人性。

那年冬天，跟這位教員約定私下餐敘閒話。可是幾天之後，我們在檢討教員的工作負擔，接著要向校方提出預算時，發現這位教員當時雖然任職小小中心的主任，卻沒有回到所屬單位去教書，尤有甚者，他那經過內部批准，院長附署的「有薪外務」卻特別多，幾乎位居文學院之首。也就是說，他向大學支薪，但卻沒有在自己所屬的單位教書！可是卻在其他地方授課，賺取外快。這樣的話，我還有什麼理由去向校方爭取，增加他們單位的人手，以提高他們的教學品質──提高教學品質是我們文學院藉以向校

方爭取額外撥款的最大理據，然而「教育畢竟是種良心的事業」不也是文學院院長白紙黑字印在文學院出版的《人文學刊》，同時也節錄轉載於通識教育辦公室（在校方的「教學發展基金」贊助下）所刊行的《中大教學》上所作的宣言和呼籲嗎？

1994 年 11 月 6 日，我寫了一份備忘錄給這位教員的單位主管，最近我們由美國聘來「訪問教學」的講座教授。他剛上任，但熱心投入。不斷前來洽公討論，因此早已熟悉。他每次都取出筆記本，記下我們的談話要點，以便回去作為構思大計，整頓事務的參考。他如此認真不苟，我更要努力協助。

記得有一次他把我請去，跟他單位的全體人員見面，討論他們面臨的困境和疑難。他是從外國引進的主管，需要明確的上層支持（包括院方、校方的助力），才能團結內部，致力改革。我支持他的雄心，但也不能只是充當他的政治工具。我欣然與會，但也親手寫就一篇幾頁的文件帶去分發給每一位參與見面討論的人士。我的專業與他們的不同，但是大家的教育理想和教學熱忱應該一致。有了彼此相似的熱忱和互相認可的理念，大家才能一起工作愉快，我也才能全心全意支持他們向校方陳情施壓，改善他們的教學生態。所以那位主管和我都有相當程度的互敬互信，我期待他對我提出的問題認真處理。當然我也明白，而且在內心裡也會默默同意，他也要設法保護他的下屬，以爭取他們對他的支持。

11 月 6 日那份備忘錄的內容如下：

□□教授：

　　煩你諮詢貴單位幾位前任單位主任和學科主任，然後擲下報告一份，說明貴單位的□□博士為何無需講授單位裡的任何課程，同時又在最近期間從事如此多量的（有薪）外務。（參見附件。）

　　每當我附署同意□□博士從事外務時，總是假定他滿足貴單位自行訂立的全職教課負擔的規定。此事也已清楚通知貴單位。有一次，當你之前的前任主任□□女士前來與我商討，以便決定□□博士前去擔任□□中心的教學主任後，怎樣減輕他的授課時數時，我建議他說，就讓那教員比照文學院院長，教一樣多一樣少的課吧。（而目前這學期院長教兩門課，此外也統籌一門大學通識教育的課，並在書院的通識教育課程中，客座開授三班各兩節的課。）

　　我最想知道的是：在貴單位裡核准教員減輕工作和降低授課時數時，所用的程序到底如何。

我註明此一備忘錄出自院長，以便他公事公辦。

　　這位新來的□□教授態度認真。他大概問遍前幾任主任，查遍校方政策的檔案資料，致電人事組及其他大學當局，以便把握資訊，瞭解情況。終於在發出備忘錄十天之後，我收到他一份很長很長的答覆。

　　我仔細讀他那長達三頁，密密麻麻的回覆後，深感失望。我問他一個簡單的問題：單位內部的「審批程序」。可

是他卻來個大轉彎，大上綱，並說經我一問帶出三大政策問題，而這些問題目前都尚未有最後答案，因此不宜只將他的單位中的其中一員特別提出調查。

我大感失望的原因還不在於他將問題推向遙遠的校方，也不在於懷疑他是否要玩弄學術政治。我最大的失望在於警覺到一個可能性：如果是他，他是否也同樣批准這位教員不必在單位中授課，但可以從事有薪外務？我開始對他「另眼相看」。

果然，不出幾個月，在一次院方召開，討論他提議聘請專家前來客座講學的議案時，他不滿意於我當會議主席而斤斤計較對方的資歷和可望貢獻，不肯依從他的提議向校方推荐支付一筆天大的薪金時，在大家面前——在包括也是祖籍美國的另一講座教授，我們請來擔任院外委員參與洽商討論——以及其他幾位由他單位內外請來的同事委員之前，竟然失態地脫口而出，大聲說：「這又不是你的錢！」我聽了，實在無法忍受，立即不講修養地還以顏色。我也一樣大聲，說不定更高聲地說：「所以我們必須加倍謹慎！」他大概沒有三思而後「言」，因此只好語塞，只好沉默。

當然他所說的「不是你的錢」，不一定指我私人的錢。他可能是指文學院的經費。他可能認為對於文學院無損的事，我何以要過問，何以從中阻撓。不是文學院的錢，也是大學的錢，也是香港納稅人的錢。我們可以在象牙塔裡，只要關起門來就為所欲為嗎？

（不過還他一個公道：當他留任兩年期滿，確定要回

國重返原職時，他也一樣態度認真。他不再與我多爭多論，能夠就事論事。因此他們單位的同事舉辦歡送他的午餐會，我也答應參加。我還對他說：「謝謝教授，有空再來。」）

既然他選擇以三頁文件來迴避問題，我也準備等他下次前來洽談公事時，出其不意，看他怎麼回答。我還沒有等到這個機會，那位當事的教員卻在「無意間看到」我給他的主任的備忘錄。他氣急敗壞說我誹謗中傷，罵我從事「人身攻擊」，說那不應是一個院長所應為。他並且詳細列出他在自己那中心裡的多項貢獻。只是他一時忘了，那本來就是他的職責所在。

我向他的主管追問審批程序問題。主管一時不便回答。這還不算，現在你這位並非我的備忘錄的收件人，反而當起主角，想跳出來亂咬一口！

他那寫得滿滿一頁的備忘錄仍然只印自己中心的名稱，不印其所屬的單位，好像自己坐在一個從天而降的獨立王國的寶座上。（記得我曾經提醒他，在信箋信封上要印上所屬單位名稱，以明行政上的責任職權。）我將他的文件複製寄交他的主管，請他對此表示意見。同時也回給這位教員如下的備忘錄。時間是 12 月 13 日。學校快要放假，他將離港度假的時候。

我剛剛收到你 1994 年 12 月 9 日寫的備忘錄，並且複製一份寄交□□教授，請他評論。在他的評論尚未送抵我的辦公室之前，我不願與你討論你的備忘錄的內容。不過有件事

我要絕絕對一清二楚地對你說：我絲毫沒有興趣從事所謂的
「人身攻擊」。作為院長，我要竭盡所能，改善我們文學院
的體制、程序和作法，提高其品質。至於我們教員的品性人
格要如何改善，我將它交給上帝。

緊接著的 12 月 21 日，他的主任教授寄來下列備忘錄。
他自稱也將副本寄給該教員。內容如下：

我寫這份備忘錄來評述最近你、□□博士和我之間的文
件往來。第一，我要這樣說：我發現□□博士對你的譴責，
說你 11 月 6 日給我的備忘錄是對他的「誹謗中傷」，是對他
的「人身攻擊」，這是完完全全無根無據。正如我在給你的
答覆裡指出的，你所提出來的問題原則上可以應用到許多同
事之上，不僅□□博士一人而已。不僅如此，你所要求的，
合情合理，而且完全在你文學院院長的職權範圍之內。第二，
我發現□□博士在 12 月 9 日給你的備忘，表現出無視指示，
不合體統，而且明顯缺乏專業精神。我曾幾次和□□博士討
論那些問題，我勸告他，不要再繼續這樣的行為，那樣做得
不到任何正面的效果；我也強調要他不再興波起浪。不過顯
然我的忠告未見成效。最後，我要擔保明示，我不同意□□
博士的見解，那也不是我們□□單位的看法。

這位教授把文件副本也送寄大學校長和幾個副校長，
大概因為□□博士用來罵我的備忘錄副本也如此做。（不僅
如此，他分發給他能想得到的許多校方人士。）

次日，12 月 23 日我給這位主任如下答覆：

　　謝謝你昨天的備忘錄。我接受你對□□博士晚近言行的評語，接受你對整件事情的說明。不過，我在 11 月 6 日的備忘錄中所提的問題，以及其他那些像□□博士在其 12 月 9 日的備忘錄中，也許無意觸及而呈現的其他問題，這些都需要在短期間加以面對。我會在這個假期之後找你討論。現在，祝你和家人聖誕快樂。

　　一個多月前我只要求這位主任回答我一個簡單的程序問題。不幸經此演繹，他的手上平添幾個燙手的洋山芋。

　　文學院當然不僅由一班教員組成的。除了教員，還有各種層級的名目複雜的職員。他們有的足以影響教育理想的實施落實，有的可以增進教育行政的有效執行，有的直接關係教學文化的經營開拓。我們往往沒有足夠的精力去思考如何精進這些職員的工作熱忱，改善他們的工作環境，將他們的表現融合到大學整個的教育生態環境之中。

　　沈宣仁先生常常對屬下職員的指導監督仔細認真，過去崇基學院初創時期也的確創建過學院上下親如大家庭的教學文化。可惜，當機構變得龐大，體制變得臃腫之後，首先少受關懷但卻承受巨大工作壓力而卻不知何處宣洩的，往往就是這班有功無賞，有過受罪的職員。有時，在有些大學，在不知不覺之間，甚至動不動演成教員和職員之間的對立。教員歧視職員，不當他們為同等公民；而職員也懷疑教員，不知他們是從哪裡冒出的品種。大學不像

具有一個上下融合一體的教學生態。

　　遠在七〇年代就曾見證發生過一椿教員和職員之間摩擦不快的事。我曾以「崇基哲學系聯絡人」的身份，為一位職員投書大學人事處：

本人應邀表示對□□□女士之服務意見，敬答如下：

　　(1)□女士係□□系文員，但也處理崇基通識教育之文書等工作。本人之大量通識教育之教材與文件係由她經手處理。

　　(2)又因承□□系之好意，目前在崇基的四名哲學系人員及另外四名助教之一般日常事務亦由其經手處理。其工作令人滿意。

　　(3)基於數月的經驗，本人認為□女士工作負責，態度友善。尤其難能可貴者，乃其自動前來詢問是否有工作待辦，因此許多辦公廳的日常公務得以辦理得更見順利。

　　(4)在能力方面，本人已知其中文程度令人滿意，抄寫文件字體整齊；英文方面亦可應付一般文書工作，而無困難。

　　(5)本人樂意就其他有關方面充當□女士之諮詢人。

　　備忘錄寄出之後，馬上就收到人事組的答覆。該女士「現已調歸祕書處人事組接受短時期之訓練及觀察。」可見她已經被調離原來的服務單位。事隔二十五年，至今我還無法確定她的問題是否真是能力問題、態度問題、錯置問題，或是與大學的教學文化無關的政治問題。不過，此後我的注意力不時停落在大學內的職員的事務上。比如，學

系裡的職員和其教員之間的工作關係等等。

1994 年 12 月 14 日，曾以文學院院長的身分給各系各
單位的主管親筆寫送下列備忘錄的影印本：

> 近年大學不斷推出新制度，學院院務室及學系辦公室之
> 工作量也相應增加。為了保證各系（單位）有充分人手辦理
> 公務，目前院方正準備協助各系處理未完成事務，以利日後
> 系務之開展。請各系將目前執行助理、文員及技術員所承擔
> 而未完成之非公事務（如為教員之文稿抄寫打字等）加以統
> 計，並設法著其於 1995 年 1 月底前完成。未能完成之工作，
> 由各系直接向院務室彙報，請求協助。

> 1995 年 2 月之後，院方將假定所有學系辦公室之公職人
> 員只專職處理學系公務，不再兼做私人事務。

備忘錄中所提及的工作有時公私難分，可以交由內部
討論界定，但是在暗地裡公私不分，不但有失公平，更可
破壞大學體制，敗壞教學文化。因為事屬敏感，可能更涉
私人祕密，所以文件的用語斟酌，略費周章。如果我將它
交給祕書代筆，成稿後一改再改，未免浪費祕書時間。所
以在此情況下，只好自己起稿發放。不過靜心一想，我的
前任的沈氏所自己構思自己打字發放的文字必定多我十倍
百倍。作為一個人，每逢感覺自己生命辛苦，工作過勞，
或者待遇不平的時候，不妨抬頭仰望那些走在前面的生命
楷模和人性榜樣——不然的話，也可以長望天上星星，付
託清風明月。

「別人起稿，自己出名」的確是件不好玩的事。文學院曾經創建「人文學科研究所」，其下轄管有一個研究計劃，名為「人文科學之計算科技及人文科學之方法論」。成立之初，沈宣仁先生是該計劃的主持人之一。後來他事忙，將它交給一位年輕有為的學者教員。有一年，這位學者教員希望向臺灣南港的中央研究院選購古文古書的電子版，但對方基於版權及投資考慮，開價天文數字，遠遠超過我們人文研究所的財政能力。這位教員滿懷學術熱情及知識公義，希望能由文學院院長出面，向對方主持人傳言說項，動之以理。我支持他的想法，但著他基於專業立場代我執筆起稿。他很快有所交代。不過那份初稿語氣強硬，易惹反感。我簡要地對他說明此意，請他改寫。他也樂意照辦。很快地他又交來修訂版本。我邊讀邊感嘆。但卻簽了名，交他著人發放。他寫的內容完全合理，但對方讀來必仍刺眼。可是我可以再要求這位學者教員一改再改，浪費他寶貴的時間嗎？因為是我具名的，我猜在我尚未踏足南港中央研究院之前，已經先得罪了他們，大家傷了感情。

注視周圍的職員，有時也產生沒有預料到的反應。

1992 年文學院所屬的一個學系，有位服務熱心的職員突然提出辭呈求去，改投大學另一不是教學的單位。系主任挽留無效。我獲悉此情答應一試。我寫了一份早已記不起文辭，只記得請她考慮留下的大意的備忘錄，寄到離自己辦公室有大半校園半徑的該系辦公室。沒想到，我們很快就成功地慰留了她。更意外的是，我收到她一封長信，

輕聲抗議我的干預系事。此後我更相信在職員的隊伍之間隱藏精英，不容忽視。該信原文略加小小改動，減少香港式的粵語色彩：

很希望寫完這封信，可以不再心神恍惚，可以正正經經地生活。

這是我第二次想寫信給您。

第一次想寫信給您是剛看完您 58 年的書和上完你一堂邏輯課。和您相處多次，很欣賞你的為人和藹可親，沒有一點架子。看過您那本書，很神往您的氣質和深度。上您那堂課，看見您在臺上那種我未見過的神采，我很感動……。58 年的您和 92 年的您是一致的，沒有背棄理想──一個教育家！這是我最難忘的您的印象。我內心很高興認識您，很欣賞您，您為我的生命留下一點「美」，很多謝您。作為一個讀者，很應該表達對作者的敬意，但又礙於您的雙重身份，我有點尷尬。還是寄語清風，送上我的敬意和無限的祝福吧。

此次算是第二次想寫信給您，卻懷著帶點矛盾和不知如何是好的心情。

原因是這次和上一次所要表達的心意有點不同。我很想撒嬌地問，你為何站到□□□博士那邊來為難我？（我是多此一問的。）

說實話，我已下了決心離開□□系。文件已送上人事組，內心已憧憬未來的新工作新生活。另一方面也說實話，我滿心離愁別緒。畢竟我看著□□系的「兼讀學位課程」長大的，

我擬人化地將它比作我的戀人。我很戀這個戀人，但礙於客觀環境：例如這個戀人的親戚朋友諸多要求，在這個小社會對我的身分的「認同」等等，令我對這份戀情戀無可戀。我只希望趁著彼此感情還未破裂，彼此還未厭棄對方時離開，讓大家有個好回憶，好印象罷了！（您是否在笑我傻，或看太多小說？）

但，這是我對□□兼讀學位課程的真忱，也是我對「美」的留戀執著。

我明知□博士會留我（但不知他那麼在意），我已打了防疫注射，一次一次婉拒。經過多天，我哀求他念在多年實主情誼，「放我一馬」，他才無計可施。我其實也很難過，覺得自己很「衰」。但對□□系真的有點灰心，對大學行政也很心冷，但有何辦法？

怎知在十一天後，您竟插上一手。可能太突然，也可能太「迷」您。推您的大名出來，我也就沒多加考慮就答應留下來。您可知我踏出辦公室就有點後悔，太衝動，太不理智了？但，算了罷，還是相信自己第一個感覺吧！

可是，諾言呢？我要如何面對那位肯為我遷就的□小姐？實在太難為情！況且一傳開去，相信這輩子再也免想要「調職」了。有誰希罕一個沒有信用的人？何教授，您的面子真大！但也請您教我如何思考。

因□小姐外出旅遊，聯絡不上她，這令我急得像熱鍋裡的螞蟻。我希望自己是第一個告訴她此事的人，免得我更感內疚。所以，我寫了一封信先向她道歉，等她回來，再親身

請罪。何博士，有機會請您和□小姐說兩句老實話，這事確非我所料。我是迫不得已的，我確實抱歉非常。

我也很多謝□博士的錯愛。他這次真的「錯」。我並不能幫他什麼大忙，只是撫心自問，我對□□系兼讀生是真誠的，對工作是忠心的。我猜想□博士見我一向忠心，所以當我向他提出轉職之事，他很愕然，嚇他一跳。我也有點不好意思。其實，我資質平庸，沒有什麼優越表現。

工作是我人生的一部份。我既下定決心去做（況且是受薪的），我當然會敬業樂業，但，絕不會成為工作狂，以致犧牲家庭、自修、娛樂、休息等等的時間，希望您們不要冀望過高。

好了，大部份的心聲吐露了，希望從此刻起，不再心神恍惚。我要專心完成每天定下的心願。

祝假期愉快!

尊敬你的讀者

□□□敬上

29-6-92

如果這位女士不提邏輯課，我還以為她要寫給沈宣仁先生。但我並未在 58 年出版過什麼書。整件事，包括我眼前她寫的信，會不會是誰替我「注入的記憶」像打針注射呢? 畢竟生命如絲如煙，難怪人生如霧如夢。

2004 年 9 月 13 日冬山

舊時人女人孫帶孝哭靈七七日
今歲知音知己思情懷念九九篇

銘謝・感激

我未曾將手稿送人，
　　那年我空前絕後地恭贈給沈宣仁先生。

我歷來不為了出書向出版家書末致謝，
　　但是這回史無前例。

振強先生大鑒：

月前之聚，見您精神奕奕，健談如昔，欣喜愉快何似。

返港後，無時不在思考您所提的寫作內容，尤其當日向您提出的「反建議」——由編輯部選挑一、二人員，整理編寫您的口述故事。此事進行得當，必能完成遠比《三民書局五十年》更有系統、更為真實的啟智傳心之作。若有需要，弟當隨時提供給您所指定負責編輯，在文字上或體裁上的建議。

至於自己動手，寫舊時農村的故事，則想先寫教我惠我的師長，以及後來所接觸令人感激感動的人物與事蹟。正好日前由外地開會返港時，驚聞一位令我欽佩不已的教育家逝世。除了動手寫悼念文字而外，心想宜為此一學者教師專出一文集，以為紀念。10月10日左右，在香港中文大學將有追悼會。不知一個月時間（九月整月）貴局能否趕忙編印出一本十幾萬字的文集（除一、兩篇外，均為這幾年來寫成，尚未出版之作）。深知編輯部人員工作忙碌，此想未必能夠付諸實現；因此懇請切勿過份介意此一臨時發作的不情之念。您百忙，亦請不必回信。等我 7 月 30 日返鄉路過臺北，再與王韻芬小姐聯絡。

最後，還請認真考慮當日的「反建議」。此事無論在文化上，或就年輕人的人生指導上，皆意義深長，請勿等閒視之為荷。專此。

敬頌
大安

弟秀煌拜上

2004 年 8 月 19 日

● 雲開星萬里
——□書人和□書人的情牽小記 ❶

　　不知何故，素昧平生而初次見面的人常提起自己寫過的兩「本」書。一是《0與1之間》，一是《人生小語》。前者係幾近四十年前的第一本少作。出版之後，命運坎坷，後來面目全非。後者則是這二十年來陸續交付出版，已出九輯 ❷ 的著作。同樣地寫書，同樣的人寫的書，彼此之間卻有天淵之別。這當中莫非潛藏著什麼深層的象徵意義，反映這半個世紀臺灣出版界和出版人的酸甜苦辣的腳印和心跡？

　　《0與1之間》是在 1964 年出版。它和另兩本相隔一年前後出版的少作《記號學導論》和《現代社會與現代人》

---

❶　作者提倡「空心詞」的思考方法，主張以空心詞方式研究現代漢語之構詞造語，也正在著手編寫空心詞詞典。在此也順便以最簡單的空心詞（一元空心詞）入句。關於空心詞的引介意義，可參見作者已於退休時贈送給香港中文大學哲學系的教學網頁 (http://humanum.arts.cuhk.edu.hk/~hhho/) 或附錄三〈「空心詞」的引介意義——論構詞函數與構詞規律〉，頁 341。

❷　編按:《人生小語》系列迄今已出版十輯。

一樣都由當時的文星書店出版。它們的部分內容也都曾在該店出刊的《文星雜誌》發表過。《文星雜誌》在六○年代的臺灣文化界曾經引起一陣旋風──另一本在那時的臺灣造成風潮的是政論雜誌《自由中國》。《文星》匯集了不少當年的作家，也吸引不少知識份子和年輕學子。一時幾乎要為當時臺灣沉悶的思想界揭開一場小小的「文藝復興」。然而⋯⋯。

出版了那些少作後，同年離開故鄉，出國求學。之後十年未曾踏足臺灣一步。可是那十年，以及接下來的一、兩個十年，那三本書卻遭遇到可算悲慘的命運。起先是《文星雜誌》被勒令停刊，接著文星書店也跟著倒閉。事隔近二十年，臺灣經濟起飛，思想開放，文化界百□爭□。舊日的當事人亟思東山再起，宣布《文星雜誌》復刊。他們懇請寫稿，可是自己尚未定神細想，不久便又傳夭折。而那苦命的三本書呢？

自從文星倒閉，上述三書的版權屢易其手。在香港和臺灣出現過盜印本。最不堪的是，大約十年前偶然重見「改頭換面」的那些舊作。不翻看則已，一翻之下不禁為故鄉臺灣的□書人──「讀」書人、「寫」書人、「出」書人、「賣」書人、「吃」書人、「敗」書人⋯⋯傷懷感歎，苦悶懊惱。比如，在《現》書自序裡，當年付印時這樣結尾：「而今在學術上我只是一個嬰兒，發不出精確的音符，可是我掙扎著要成長，希望有一天輕輕地哼出一曲可聽的歌。」並且註明是「1965 年 6 月 18 日星光裡」。可惡的□書

人竟將這個屬於遙遠的年輕時代的日期留誌偷偷抹去，改頭換面地告訴讀者該書是三十年後的 1985 年出版的！聖人三十而立，作者三十年後還「只是一個嬰兒」。此情此景，怎不令人嘆息失望，不堪回首。

相反地，《人生小語》這系列已出九輯的小書，卻有過一長串健康發展的歲月。出版這些書以及作者另外十數本著作和翻譯的三民書局，卻能在漫長的五十年，不算沒有風浪，不算沒有挫折地穩步成長，日臻日興。

不說別的，三民書局在 1971 年出版了作者主要在留學時期發表的散文《異鄉偶書》。兩年之後再版時，書局就不得不在作者寫的〈後語〉之後刊出一段一六五字未經作者過目的〈附記〉（見該書第 318 頁）為作者申辯「忠貞愛國之思」。從類似這樣的小事可以推想，三民書局的今日成就絕非憑空而降，天生自然。這中間居功至偉的，當然是五十年來辛勞備至的主持人劉振強先生。

作者於 1972 年到香港教書。那時香港政府對臺灣居民的來港申請管理甚嚴。因此在那之後的好幾年，劉先生偶需來港辦事，常由作者就近代為擔保促成。就這樣與他之間開始了私人往來，也因此有幸在他努力奮鬥的五分之三的時間內，直接間接見證了一個令人欣喜的成功的故事。

作者一直認為，文化這種公益和私利交織相生的事，最宜大處著眼，小處著手；而教育（包括社會教育）這種良心事業最需以身作則，正派為之。劉先生在他經營書局的歷程中，不忘自己的文化抱負和書局的社會教育功能，

努力親作親為，正派從事。他的成就絕非僥倖，更非偶然。

　　記得在那比較有私人來往的七〇年代，劉先生來香港，我帶他去邊界的落馬洲，站在丘陵高地，俯望隔著蜿蜒的深圳河外的大陸，遙見小隊高舉紅旗的農民外出耕作，偶看零星飛鳥跨河越界自由翱翔。他出生對岸廣東，觸景生情，百感交集。我是在這樣的機緣裡認識劉先生的心懷，感受到他的抱負。又有一次，也是前往落馬洲。這次他帶著不久之後就要遠赴國外的千金。我做了簡便的三明治郊遊。（那時的落馬洲仍然荒涼，平時只有兩三攤簡陋的飲品和手工紀念品的小販。）三人坐在松林石頭上，閒語清談，天南地北。一個人在子女幼輩面前的言行舉止，常常是他人生真實的鏡影。我也在這類情境下，親自經驗到劉先生的律己和待人。在那些也算遙遠的日子裡，我曾經聽過劉先生怎樣處理偷書學童的往事，聽過他佇立九龍尖沙咀的天星碼頭，靜觀報攤賣報，統計出當時銷售量最高的日報。劉先生自己努力投入前線工作。那時他每年必定親赴臺灣中南部，推動教科書的銷售工作。他常與員工在店內共餐，激勵士氣。就是坐在理髮廳閒暇閱報，他也不忘注意尋找可能的作家。《人生小語》就是這樣應他親自之邀，收輯在他書局出版。那是十五年前的事。至於三十五年前自己身在海外，初次在三民書局出書，那又是另一段遠較曲折無法在此詳說的際遇。

　　劉先生的成功不僅來自認真投入，細心為之。他更是一位謙懷律己，虛心從善之士。記得《大辭典》剛出版那

一、兩年，他曾幾次在我面前檢討得失。接著過了一、兩年，只因為在另一本辭典的序言中，為他做了細微改動，加上一個「或」字，他卻喜如知己，頻頻稱謝。

這麼多年的相識，自己也積壓了不少欠情。礙於自己的能力，常常無法輕易答應劉先生的徵召請求。不過，有件事日後或許能夠設法補償：自己未曾追隨名師學習寫字，只因小學中學那時使用毛筆寫過大小楷、週記和作文，因此家中常備文房四寶。三十年前處身異鄉，沒有書畫布置屋內。一時興致來潮，寫了兩幅唐詩字句，裝裱補壁。後來劉先生看過這些字，有一年竟然囑我寫字相贈。他辦公室懸掛的不乏名家墨寶，自己怎可貿然充數。如今退休，將來有閒或可勤加練習。但願有朝一日，寫出一幅可以用來送他的字。

自己常鼓勵學生後輩幾件修身養性的日常小事：早睡早起、勤做家務、用心寫日記、抬頭看星星。凡是勸人做的，自己也設法身體力行。有一個大清早，外出觀星，回家在葉片上寫了兩行小語：「雲開星萬里，月落人天涯。」這就是本篇小文題目的出處。

2003 年 4 月 9 日

（附錄二）
● 空心詞的思考和字頻研究

　　2001 年 7 月我要退休離開香港中文大學的時候，哲學系關子尹教授——那時他擔任哲學系系主任，也是文學院「人文電算研究室」主任——提議將我在「人類認知跨科比較研究」計劃之下，所完成的香港、大陸、臺灣三地的「跨地域」和「跨年代」的漢字使用字頻研究成果，使用新的資訊技術，將原來十四冊的報告書，以嶄新的形式發表於網路上，供人研究，供人使用。❶他還希望我撰寫前

❶　·本計劃的基礎工作（以下稱「原計劃」）是由何秀煌教授主持的「人類認知跨科比較研究室」於 1992 至 1998 年間進行的。計劃完成時，研究人員把研究所得，包括基本統計數表、和各種跨地區、跨年代的比較數表等材料，印成一套共十四本的研究報告，作為研究的總結。該份報告只印了三份，其中一份曾交予中文大學圖書館庋藏。後來，由於經費理由，研究室的工作沒有繼續，而字頻計劃報告亦未有相應推廣。
　　·到了 2001 年初，由於何教授行將榮休，「人文電算與人文方法研究室」同仁乃向何教授提出把有關研究材料以新一代的資訊技術重組，和於網絡上發表的建議。建議得到何教授的首肯和全力支持，於此謹代表廣大的用者向何教授致以謝意。

言，報告原有研究計劃的理念構思和執行經過。我有點猶豫，但後來勉強答應。我答應他的其中一個原因是想藉之懷念從頭到尾，六年之間，前前後後，參與這個計劃的人員。我自己從頭到尾把這個的計劃當成是個尋思、討論、學習和創作的過程，而不是將它看作是刻板的收集整理，以及統計分析的工作。我預料到那些工作成果對其他研究人士的意義——尤其是跨地區和跨年代的統計資料，但我同樣重視的是我們內部研究助理和其他工作人員在工作過程中，因投入思索，為了解決疑難，而思辨，而探究，而辯解，終而養成的關懷和心智。

關教授要求我做的，我至今未有交代。現在我要說的，也不是那份前言。

如果不是為了更高層次的研究目的，字頻研究的工作

・關於漢字的頻率統計，大陸和臺灣都曾多次進行，並都取得了不菲成果，都為各地基礎教育作出了一定的貢獻。至於香港，據查證所得，只有一項針對初中學生的詞匯和常用字統計（見蕭炳基等主編：《香港初中學生中文詞匯研究》，香港教育署出版，1986），因此，是次計劃的推行，其難得固不待言。不過，更為難得的，是這次的研究計劃提出了「跨地區」和「跨年代」的理念，為字頻研究開闢了新的領域。「人文電算與人文方法研究室」接手這份工作，亦因為覺得這些理念用於字頻研究上，將有極大的發展潛力。是以，在重組材料和鋪排上網的過程中，除了克服各種電算層面的困難外，最重要的工作就是設法把「跨地區」、「跨年代」的理念充分予以表達。（引自關子尹教授序言）

不必放在「人類認知跨科比較研究」的「研究計劃群」之中。因此，從計劃施行之始，我們談論的就是構詞而不是處理單字。我們抱持著一個理論上的工作假設，單字的意義和用法緣起於它參與組成的語詞；而語詞的意義和用法又決定於後者參與構成的語句。所以，我們的工作方式基本上可以說是「心懷語句，研究語詞；通過語詞，處理單字」。不然的話，單字的研究充其量只有語文教學的意義，延伸不出更基本的文化甚至文明的價值。

所以討論一個一個的單字時，我們的眼光放在藉它可望成就的構詞。但「可望成就」不等於「實際成就」。前者是個假設概念，有時是種意願尋求。

為了捕捉這個「可望」而不是「實際」的假設情境或意願磁場，八〇年代中期之後，我提出「空心詞」的設想，作為一種理論工具。於是在整個字頻研究中，它成了有用的思考媒介。所以，我們是在追求構詞函數或構詞規律的「指導原則」下，進行各層次的字頻研究的討論。❷

字頻研究告一段落之後，我將「空心詞」作為捕捉可能詞語的工具，加以推廣擴大，當成一種尋思的方式，可以稱之為「空心詞的思考方式」。這種思考方式一方面和一般在數學或邏輯裡的變數「公式」所表現的思考方式有別，另一方面也和全以不含任何變數（或空位）的實心詞為媒介的思考方式不同。因為空心詞中所含的實心詞是在日常

---

❷　參見附錄三〈「空心詞」的引介意義──論構詞函數與構詞規律〉，頁 341。

語言的開放系統中闡釋的，不像數學或邏輯是在專技語言的封閉系統中界定。也就是說，空心詞的思考方式是緊靠著日常語言的思考「架式」。在不同的日常語言裡浮現著不同的思考架式。藉著對於跨文化或跨時代的不同思考架式的考察，我們走進「比較文化」的課題之中。於是空心詞的研究就更加名副其實地表現出「人類認知跨科研究」的性格。

2004 年 9 月 14 日

○○：

　　一兩個月前，我已告訴系務會的副祕書，擬在本學年最後一次系務會議之「其他事項」中略作發言。不巧臨時急事頻生，需要自行處理。不得已，只好請假離校，趕往應急。茲將本擬於會中發言之要點酌情記下，供你參考，並代向多年共事之同仁道別致意（註）。

　　一、自從香港的大專教育景觀大大改變之後，學系面對著種種層次和種種類別的「內外夾攻」的壓力。這樣的壓力並非在文學院舊人舊政將去、新人新政就來的變化下，就能有所根本紓解。正相反，時窮或許可以「無為」，只計「獨善其身」；等客觀環境有利於發展，則更宜奮力投入，共謀哲學系自己和文學院全體之成就開拓。這時，我們需要的不僅是熱心的投入，我們尤需長遠的眼光和高超的識

見。這時，集思廣益變得不再只是件理想上的事，而是防範錯誤的必要途徑。以前是「貨比三家」的謹慎，現在更要強調「三人同行」的智慧。我曾口頭建議你設立諮詢、討論的「智囊圈」，或許宜早日實現。

二、今日我們的學生看來自信又自大，可是在內裡卻亟需師長的關懷與指導。我們的輔導制度仍待加強。個別學生固然可以交由個別先生照顧，但是「學生一族」的心態、的文化、的習性，則有賴較有組織、較有結構的系方建制。我建議加強目前「師生諮詢委員會」的職責與功能。甚至考慮加設「系派（哲學系委派）」學生代表，令此委員會之決議能更加直接，也更加有力地影響系務運作和系方政策。

三、在三年制的壓力下，學生逐漸養成「急功近利」的心態和價值觀。現在，我們的學生普遍地並不以「為學」為自己的職志。「學」生而不為「學」，則我們的教育遲早變成自欺欺人。目前系裡有研究圖書室之設。雖在硬體（硬件）方面積極求進，但是要怎樣配合學生的學習生態和學習心態，以及先生的教學措施與習慣，這可能要及早深思一遍，以免日後慌忙應付。比如，現在我們大量選購重要辭書，準備供師生研究參考之用。可是如果我們未能在教學的措施和輔導的政策上加以配合，只讓學生「自學自用」，我很擔心現在同學早已習慣於讀二手資料，「拾人牙慧」做學問，將來會不會更進一步，演變成讀辭典抱辭書做學問的地步？

四、在這個變化多端，七、八所大學互鬥長短，各施奇謀之際，我們可能更需強調推陳出新。許多我們原有的長處，若長年掩藏在冰山一角之下，則非但社會一般認不出我們的成就，大學當局看不出我們的優點，就連我們自己的學生可能也無從由此真正得益。只是自認係香港最佳的哲學系，不一定自動帶出最佳的教育理想、最佳的教育行政和最佳的教學文化；也不一定自動地培養出最佳的哲學畢業生。我建議趁校方現在注意到互聯網上的網絡教學的重要性——不管大學當局注意到的是其「外在」重要性或「內存」重要性——而願意投入資源，鼓勵教員建造教學網頁之際，我們宜有組織、有系統地全面建造本系每位教師的教學網頁。（我在此附上自己申請這方面資助的文件資料，請交同仁參考。）

這方面的工作若能在今後一兩年內見效有成，則其在教、在學之上的效應和功能必定無與倫比。比方，我們可以據此更上一層，一步步開展出下列的教育生態和教學文化：

⑴系內或系外個別教員之間的教學網頁之整合互聯，進一步深化集體教學的成果。

⑵配合多媒體上的教學輔助軟體和硬體，令我們的哲學教學打破傳統的「枯燥」與「沉悶」。我們不要只是自滿於這樣的思考：哲學本來就是枯燥的事，它本來就是沉悶的事。

⑶越洋（或先在本地各大學之間）開闢校際哲學教學

網絡之整合互聯。比如，我們可以首先選定一些和我們較有密切聯繫的「海外考試委員」教授，進行和他們之間的整合互聯。不論是在夏威夷，在巴克萊，在臺北，或在北京。

這樣一來，我們的哲學教學不但更能具備多元的方法——學習方法和講授方法，更能發揮集體教學的長處，更能促進教學觀摩和教學相長，也更可以順勢開展出我們未來應該舉辦的遙距教學——包括國際、越洋的遙距教學。我們的先生到時「正式」所教的也就遠遠不只是香港的子弟。

這類教學網頁工程宜由哲學系打先鋒，進軍大專教育界。哲學系不是一向立志領導文化潮流和學術走向嗎？

五、在比較私人的層面上，有幾件事提出，望你諒解。第一，這兩年你屢次提及我在今年任教期滿之後，再申請延長服務的事。每一次，我都一口氣婉謝。有時你還振振有辭，提出「理由」，我也一概不為所動。此舉並非起於我對本系不存感情，不願在關鍵時刻再出力工作。回想過去，我也曾經多方思考，試圖尋求改進系務之方。我在此附去一些自己一筆一字、一刻一劃所寫繪而成的教學講義、系務表格等等，供你一笑。說老實話，我最怕在兩種人的領導之下做事。一是不正派的，二是沒有修養的（還有三是不知「虛懷若谷」的）。因此，很多的事，在邏輯巧辯上當然無可無不可，不過站在歷史的尊嚴之前，有些決定當屬難以迴避。願你諒解。第二，最近你對我那堆字頻研究資

料，費盡心思，廣加演繹，完成多彩多姿的電子版本。此事令我喜憂參半。喜的當然是茫茫人海，知音難求。我不善於宣傳，你竟也看出其中□□（空心詞）。可是，此事難道全無令人憂心之處？記否，你在學生時代，已在崇基教學樓八號館，哲學與宗教系的佈告牌上寫下 "Chung Chi Circle"（崇基學圈）的字句（仿自「維也納學圈」(Vienna Circle)? 那時何等大志，要開創一片天地！豈可將自己投身沉淪於這類構詞比較研究、認知比較研究的汪洋大海之中！我自己明知此類研究繁瑣而不易見其功，而今，倘若在無意之間，「拖」人下水，或「誘」人下水，或「惑」人下水的話，就算在法理上沒有虧欠，但在道義上也無以求心安。所以每次你興高采烈地前來和我討論，提出你進一步發現的問題，以及想出解決的方略時，我似乎總是簡短而草草作答。此舉絕非閉關自重，不欲傾囊□□（空心詞）。實在是不忍見你走離（□離）學業有「專精」的一貫追求。現在，本校本系已培養出多位後起之秀──你、……。大家都各有專精，大家都在百尺竿頭，更上層樓。大家切勿因俗務，因這因那，偏離學者、學人、做學問的方向。人生難百歲，莫負好時光。願你、我、他們大家共勉之。

六、有件事我一時忘了，應該寫在上頁。這次系方開設拉丁文課程，廣受學生歡迎。這是值得高興的事。我們應該設想下一步可以做些什麼，免得學生的熱情無以為繼。這件事令我聯想起另外兩件事：

⑴上面提到本系研究圖書館廣購辭書之事。也許我們

應該考慮多購置一些能夠啟發學生的「（尊嚴）歷史感」和「（優質）文化感」的書籍和文物。比如，選購 Loeb Classical Library 裡的書就是一例。這類的書真可以說「開卷有益」——不只益了頭腦，也益了心靈。

⑵幾年前有同事倡議，加入研究生之第二外國語規定。那時未受系務會接納。我想若現在再次提出，也未必受歡迎。但是，如果我們有同學對第二外國語，特別是並非現代語言的「第二外國語」（如古希臘文、拉丁文、梵文等）有意投入學習的話，系方理應考慮是否訂立某些鼓勵條款——比如博士班學生容許少考「半」卷的（西方）哲學史，或少考與所選第二外國語相關的試卷。當然，系方也應該建立機制，確保此等學生在第二外國語的學習上認真求進，而非敷衍「取代」了事。

臨去多言，不知所云。

又及：其他的事，不贅。參見附件即知，聊供參考。

附件 1　供同事申請課程網頁發展基金及工讀生基金之參考樣本。

附件 2　某學生之陳情書。（請注意今日學生之一般心態。）他們需要及早加以關心、協助與輔導。提供同事參考。

附件 3　曾經一筆一劃耕耘過。供你留念參考。

附件 4　要我寫的字頻研究簡介到時可能只好到我教學網頁中的「也是記憶」頁中摘取。目前的「也

是記憶」印本一份供你參考存閱。

附件5　某博士生論文摘要之修改意見。指導過這篇論
　　　　文後，突發一嘆：「指導論文真不是鬧著玩的!」
　　　　供你一笑。

附件6　我在你提的大綱裡更動了一個字。供你參考。

（註）這是我退休前最後一次系務會議。由於請假未參加，
　　　因此也未參加會後之「話別聚餐」。

（附錄三）

● 「空心詞」的引介意義

——論構詞函數與構詞規律（論文大綱）

在漢語（書面語）裡，（單）字是明晰的語法（語構）單位，可是（語）詞卻是乏晰 (fuzzy) 的語意元素或語用元素。然而，從語言的功能和效用上看，語句是最值得注目的使用單元。不過，一個語句的表達功能和其所可望引發的效應卻直接受制於該語句所含有的語詞——當然間接地和其所含的單字牽連掛勾。因此詞的研究（虛詞和實詞都是）成了研究漢語最關鍵的而且最迫切的課題。可惜到目前為止，漢語語詞的研究——比如斷詞程式和構詞規律的考察——卻仍有待大力增進和努力加強。本文藉著引介「空心詞」的概念，試圖指出研究漢語語詞的另一個方向，探討另一個研究領域的可能做法和可望前景。

簡單地說，所謂「空心詞」與一般的語詞（可稱為「實心詞」（不一定是實詞））相比，是種含有變元（變項、變目、變數）的語詞架構或語詞類型（形式）。隨著其所含的變元數目之多寡可以區分為一元、二元、……、n 元空心詞。比如：「吃 x」是一元空心詞，「一 x y」是二元空心詞等等。含有實詞的空心詞稱為「常義空心詞」，不含實詞的稱為「非

常義空心詞」。

　　事實上，空心詞是種構詞函數。它的一般形式是 $y = f$
$x_1, x_2,..., x_k$（k 元構詞函數，其中 x_i 和 y 均為語詞——可以
是實心詞或空心詞）。這樣的空心詞容有簡繁各異的內部結
構，因為空心詞內還可以含有空心詞。理論上，可以層層
入裡，形成深度有別的「環套式」（nested）的空心詞。

　　本文分別討論下列論題：

　　㈠常義空心詞和非常義空心詞在語詞研究中各自扮演
的角色。

　　㈡空心詞的研究在斷詞程式的建立和對構詞規律的尋
求過程中，可望做出的貢獻。

　　㈢何種研究方法或方法原理最能幫助建立（實心）語
詞（語意乏晰單元）和空心詞（語法明晰單元）之間的聯
繫，並且進一步促進「語言處理」或「語言加工」(language
processing) 和機械翻譯的開拓。

　　㈣空心詞研究和作者另一研究專題「空心句」研究之
獨立性和關聯性。

　　㈤作者並不假定空心詞與空心句之間具有明晰的界
分。事實上，正相反，作者主張空心詞只是空心句的一種
特殊類型。依此，（實心）詞和（實心）句之別也是乏晰而
非明確的劃分——句縮成詞，詞延成句。

1994 年 5 月舊稿，2001 年 5 月 18 日補訂

教學網頁

當我要把自己的教學網頁贈送哲學系時，寫了
兩句「贈言」送給哲學系的同學：

在人生裡，每一樁有理想的志業都是一樁無止
境的志業。

在學海中，每一個有生命的教學網頁都是一個
未完成的網頁。

哲學系同學共勉之。

● 教學網頁重整感言

0 前言

1995 年始建這個教學網頁以來，除了供做教學上的輔助工具之外，也成了與校外同好之交流媒介。幾年下來，除了選課學生在上課及課後入網使用外，似有不少其他人士進入參觀閱讀。曾經有人就其內容電郵討論，也曾有身處遙遠地方的海外華僑要求轉載內容。

為了有所交代，我於今年年初在網頁上宣佈，7 月 31 日退休之後，放棄此一教學網頁，將它廢棄，停止運作。其間，曾有幾個外間的網頁經營站前來邀請加盟。可是，由於這是一個「教學網頁」，它曾直接間接地使用大學的資源建立起來的，因此我一一加以婉拒。後來有一天，不知怎的，哲學系系主任關子尹教授興致來潮，進到這網頁，見到我準備棄置的宣佈，於是跑過來，提議留下網頁供系方教學之用。我沒有立刻答應，原因有二：第一，我一向不主張多留自己的足跡。先前，哲學系成立「研究資料室」，要求我留下一套已出版的著作，我也並沒答應。我希望自己輕輕地來，也靜靜地去，不要多留半片雲彩。所以，我

在網頁刊頭那片枯葉的陰影下寫道：「我從生命的殿堂走過，但不在出口的門外徘徊。」第二，這個網頁基本上是個教學輔助工具。當初設計的時候，就沒有準備充當學生「自學」或充當「遙距教學」之用。因此，它的內容本身不完備不說，更重要的是，網頁內每一個課程的設計全都旨在配合自己的教學構想和實施步驟。比如，在每個「語言·思考與寫作」的課裡，必然規定學生每天寫日記。這種作法帶來學生和教員兩方面的沉重負擔。在強調寫作的靈感培養和「觀察入微」的習慣養成時，又多鼓勵學生觀看星星。所以網頁上附有觀星的輔助軟件，供學生下載使用。這樣的作法也不一定適用於其他的教員。不說別的，時人對於西洋星座也許瞭若指掌，可是對於中國固有的天文知識可能付諸闕如。應用一個中文的教學網頁所公佈的星象圖，然而解說起來滿口外語洋名，其間不也多有極不調和和極不優雅之處？

所以，當關教授提起這是當前哲學系唯一的教學網頁，棄之可惜時，我並未為之所動。不過當他道及留置此一教學網頁，有可能在不久的將來令「語言·思考與寫作」的課復活再開設時，我終於答應認真考慮他的建議。

我仍然認為自己人生的足跡不應打印在生命的殿堂之上。而今有人以「工具論」的角度來說動我。我只好由他去自證其說。不過，我向關教授建議：此事宜由系方做最後決定。系方應該建立一套原理原則，決定是否接受某一退休同事所留置的某一教學網頁。

哲學系的執行委員會在今年三、四月的一次會議中，決議接受系主任之提議。我也接著開始構思，著手重整此網頁，準備將它贈送給哲學系使用。

1 網頁緣起

既然留置這個教學網頁的目的是為了「實用」，而不是旨在「留影」，讓我在此藉機略為交代當初建構網頁的動機。這對未來的使用者──不論是教員或學生，或許會有一些啟發的作用。

1995 年開始創造這個教學網頁的前後，在我的教學生涯裡遭遇到一些看來愈演愈緊迫逼人的情境。第一，自從 1972 年歲末加入中文大學的崇基學院以來，轉眼二十多年。期間，大學學制的改變──由書院分治聯邦的大學轉變為統一集權的大學，令教師的工作習慣和學生的學習風氣逐漸拋離過去的傳統，朝向一個未盡可知、難以預測的未來進發。加上在專上教育普及化的要求之下，大學愈演愈大，教學的品質也愈來愈不知有無堅實的保證。表面上看來，好像學生的平均素質漸漸不如從前，學生的讀書風氣和為學習時尚也愈來愈比不上從前。可是這只是學生單方面的問題嗎？做為教師，在體認到這類問題的時候，有沒有想過自己也可能需要改變教學習尚，建立新的工作方式，以收取改善教學的成果？二十多年來，如何改進教學常常是橫在心頭的大問題。第二，自己雖然志在教學，可是加入大學之後不久，就開始不知不覺地兼顧教學行政的

事務。到了 1995 年，我已當了十年的大學通識教育主任(一共當了十三年，從 1985 年到 1998 年)。與此同時，那年又開始了第二次連任文學院院長的工作(一共當了三任九年，從 1989 年到 1998 年)。不論是在主持大學通識教育也好，或在主持文學院院務也好，教員的教學和研究品質以及學生的學習成果都是最基本的和最引人關切的問題──其他的問題全都是為了精進教與學的派生問題。於是，怎樣改進教學措施，改善教育行政安排，建立健全的教學施行制度成了不時浮現心上的問題。第三，教學講究方法，有時更講究手段和輔助技術（包括輔助器材等）。平心而言，自己雖然也當過「大學教學發展委員會」主席（1982?–? 待查），受命思索改進大學教學事務，可是對於許多教學器材所能發揮的作用常覺受了過度的評估和宣傳──直到 1995 年前後，大學的互聯網設備漸臻完善，網絡教學呈現一道前所未有的曙光。第四，八〇年代之後，深深感到大學生的語文能力似乎愈演愈成問題，可是所謂語文問題其實不只是語文本身的問題，它經常是語文和思考、語文與情懷、語文與意念、語文與意境等等的關聯問題。於是，除了在大學通識課程中，提議開設通過語文以精進思考的課程之外──這些課程起先是由在大學內專職負責學生英文能力的「英語教學單位」籌劃開設，自己也嘗試開發「語言‧思考與寫作」和「語言‧哲學思考與寫作」這兩個課程。前者為通識教育而設計，於 1994 年第一次開設。後者開給哲學系的學生，1995年推出。這兩個課程都在課名後

註明「漢語」字樣，是設計來給學生使用中文做為思考媒介，進行中文寫作的課程。這類的課程提倡觀點交流、意念分享和寫作觀摩，這和我常教的另外一些課程，例如「邏輯」、「邏輯與論辯」和「思想方法」等等，都極適合在網絡上經營建設，以達教學密切之功，收取教學相長之效。

於是就在 1995 年講授「語言·哲學思考與寫作」一課時，這個教學網頁正式應運而生，逐步生長。那時負責助理此課的助教是哲學系的碩士班畢業生伍美蓮同學。他事先並沒有設計網頁的訓練。可是憑著確定的目標，堅強的意志和不辭勞苦、不恥下問的為學精神，他獨立地開發出這個網頁，並且立即在課堂上實驗應用。

有了個這個網頁之後，我決定從此將每個學年所教的每一個課程悉數搬上網頁。這樣做，不但能夠充分享用當今資訊科技，將課室生態環境延伸到世界上遙遠的角落，同時也能更加快速而有效地建立起師生之間的教與學的互動關聯。這是傳統的教學措施所無法企及達成的。

網絡教學──尤其是將教學內容和教學安排全部都公布在自己教學網頁上的網絡教學方式還有一個顯而易見的優點：令自己免於盲人摸象，免於閉門造車。把所有的教學內涵公佈在網頁上，等於把自己的教學公諸世人，接受審察，接受意見，接受批評。這是織網人的大收穫，也是教學相長的時代演繹。

這幾年的網上教學當然也不是事事順利，沒有障礙。由於我堅信若要發展自己文化裡的學術，那就必須通過自

己的語言為之，因此我堅持構作中文的教學網頁，並且以中文——盡可能的純正和純淨的中文——作為教與學的工作媒介。可是目前大學裡的中文教學網頁並不多見，因此不容易產生互相觀摩之功，收取他山之石之效。再者，目前學生的中文之「語言處理」能力也未普遍熟練，因此面對辛苦經營的中文網頁有時令人不免生發「事倍功半」之嘆。不知何年何月，至少在標榜中文的中文大學裡，中文的教學網頁能夠雨後春筍，欣欣向榮。那不只是中文教學的成就，那更是中華學術的發揚。

2 教學網頁的重整

答應留置網頁之後，就積極構思加以重整，以便贈送給哲學系一個有用的教學網頁。在這個「善後」工作過程中，首先獲得的支持當然是來自關子尹教授。他本身是文學院的資訊工程的弄潮兒，為文學院創立各種網頁，獲得不少的網上獎章。他熱心於保留我的教學網頁，安排系方對我重整網頁工作上的支援。

恰巧在今年 4 月，我無意間發現大學設置了一個基金，鼓勵教員申請撥款開發課程的網上設施。我自己行將退休，自然沒有什麼新的網上課程等待開發。不過鑑於準備要因應哲學系之邀，重整現存教學網頁以便移交系方使用，於是也就冒昧申請。6 月獲得校方該項撥款，更充實了重整網頁的資源。運用系方和校方的資助，我們聘請了下列人員進行重整工作：趙子明（研究助理）、朱敏翎（學生研究助

理）、另外工讀生二、三名。

他們的熱心投入和認真工作令我可以順利地將此一教學網頁加以重整，移交給哲學系。

本來我計劃於退休之日辦理贈送移交。不巧，7 月 31 日那天我辦公室所屬的電腦網絡突然遭受病毒入侵，無法上網工作。翌日我又得因事離港他往，只得略為拖延。現在決定於 9 月 1 日正式辦理移交，比預定的日期延遲了整整一個月。人生的事常常如此難以絕對確定。

3 銘謝

上面已經提過，此一教學網頁的建構始於伍美蓮同學的辛勞經營，後來的版面重建也是他努力工作的成果。有一年，另一位哲學系的助教劉熙賢同學負責助理「邏輯」和「語言・思考與寫作」兩課的教學，他也無師自通地積極參與網頁的開發和經營。特在此一併致意。有了他們的努力工作，現在才有這個可供移交哲學系的教學網頁。

2001 年 8 月 31 日

（附錄五）

● 日記例示

1995 年 9 月 19 日（二）　　　曇

　　一下樓望見「哈哈月」，心情暢快。雖然天空滿是碎雲
斷片，但心知星子總會露臉。果然不錯。走入公園，瞥見
雙子、小犬；接著獵戶、金牛、御夫。體操時，順勢上望，
更多星子隱約呈現，連昴星團的七姐妹都約略可見。心喜
無限。御夫之外，是英仙，是仙后。北極星也隱隱在天。
可是，不一會，當我繞走公園小徑兩圈之後，中天又為片
片白雲所掩。星星不見，月兒獨自蒼白孤獨，沒有了笑哈
哈的臉，只是一彎清淡的明潔。

1995 年 9 月 22 日（五）　　　晴

　　連續幾日均早起，約三點半之前。早起真好！一早踏
出樓外，即瞥見樓群上的狹窄天空裡掛著獵戶，看似無雲，
好樂。雖然到處街燈，也無法阻擋眾星的清光。昨晨一點
星星都沒有，回家寫了「天上無星，心上有星」之句，接
著本來要寫「……等待『明』日」，但覺沒把握，改為「留
待『他』日」，沒想到上天早早成全我的心願。在公園裡，

見一大狗縮身由大鐵門底下的窄隙鑽過。看似縫小狗大。但那狗顯然有自己的自覺、判斷和縮身通過的技巧。在學校，偶見窗外樓下蜻蜓飛舞，想起小時在家鄉農村，蜻蜓滿天，有時停落在竹枝上，一整串一整串的。偶爾見到大紅的蜻蜓，是珍奇之物。

1995 年 9 月 24 日（日）　　　曇

　　幸好昨晨把握時機去湖邊躺望眾星閃耀。今晨的天，變得滿是雲絲，星子淡然，天地了無生氣。看不清七姐妹。寫下「極目苦追尋，望斷昴星處」（「望斷星來路」?）步上曬草灣道（今名「茜發道」?），工地處又是晨早狗吠。不同的是，今早眾狗在籬外的路上逛蕩。籬笆裡的狗一聲一聲地吠，引起路上的狗也應聲一一吠叫起來。其中兩三隻甚至跟著我，包圍著我吠叫。還好心神鎮定，不慌不亂。當牠們纏得太近，就做低身撿石投擲狀，威嚇之。奏效。但是由於「狗」多勢眾，清早吠叫吵人，只好暫時走入附近的空中走廊。不一會，回頭再向山走，狗隻已不知去向。

1995 年 9 月 25 日（一）　　　晴

　　用測光錶計量看書寫字地方的亮度。在燈光下，需要 EV 4.0 才覺眼睛舒服。可是在微弱的晨光窗下只有 EV2.9，就可以舒適工作。自然光真好。早起有理，早起有因，早起有據！（補記：晨 8:45 辦公室桌上 EV8.6，加上桌燈 EV

9.3。）

1995 年 9 月 26 日（二）　　晴

　　曇晨，有星。但卻沒有秋天該有的燦爛。浮雲水染，淡抹天上。

1995 年 9 月 27 日（三）　　上午晴，午後轉曇，傍晚漫天灰灰白白的雲

　　秋日清早，天高，有風，星星明亮，南極老人星也歷歷在望。心曠神怡。回家，細查老人星左近不太熟悉，隱現在天幕邊陲的散疏星點。

1995 年 9 月 28 日（四）

　　早起，感覺真好。4:00 外出，秋涼、風急。滿天雲，不見半絲星光 *。體操、漫步、心神馳聘，想起一個小句：「全無星星全無月。」若是少年時，若是「少年不識愁滋味」時，可能接以：「滿天低雲滿天愁。」可是現在「盡識愁滋味」後，不如接以：「滿天盼望滿天心。」不過國語「星」和「心」發音太近，倘若以臺語或粵語或其他近中古音的方言來唸就好得多；所以改成：「滿天盼望滿天情。」
*本來寫到「不見一絲星光」，但又改為「不見半絲星光」。暫停日記，寫下「一」與「半」的這類用法的區別。雖然

全是灰灰白白的雲，可是灰色的雲外，人們看不見的地方，此刻星星何等燦爛。全天最大多數的亮星都集中在此閃爍啊！天狼、南極老人、參宿四、參宿七、畢宿五、五車二、北河二、北河三、南河三；就連軒轅十四開始要在地平線上遙遙閃亮。雲下無星，天上有星；人間無星，心中有星。足矣！語文可以促進有思緒的奔馳轉化。回家早餐時心想也可以套用「如此江山如此月」的形式，唱出：「如此星星如此月。」或是清人句：「『如此星辰』如此月。」接下去的，就要看個人的心胸、懷抱和感情遭遇了。也許是：「滿天思念滿天愁。」或是：「滿天盼望滿天心。」或是：「滿天⋯⋯。」

今早有風撲面，又有似雨非雨迎面飛來的輕微水氣顫動，似乎不能算是「灑不濕頭髮的雨」，只是雨的先聲，雨的靈魂⋯⋯。不久果然來了一陣濕不了頭髮的微微細絲，算是雨，可以稱做雨的「輕絲」。

1995 年 9 月 29 日（五）　　　曇

昨夜未睡好。時起，閱讀。3:30 起床。未四時外出。風急。抬頭上望，塊雲滿佈。走到路口，遙望雲破處有二星，是雙子？今晨忘了戴眼鏡，幸好也沒甚星星可看。進公園，高樓間「一片天」處，迷矇中見天狼星。不久，風略停，天上全是濕濕漉漉的雲。接著一場小雨，滿地濕透，一片水光。雖少頃即停，但總是淋濕了頭，濕了腳，濕了身。滿載輕輕的雨歸來。偶爾淋點輕輕的雨，亦醒人也，

亦一樂也。

1995 年 9 月 30 日（六）　　曇／晨雲破天

　　晨早風特急，搖撼著身體。舉頭四望，只見雲天一片，半點星光都不見。徘徊在公園裡，只見雲破，但天不開。怎知如此？因為星星不出來。想起語文的邏輯事——特別是針對「雲破天開」這一「陳語」。究竟「雲破天開」的意思是下列的 (1a) 或 (2a) 或其他？比較：

(1a) 雲破（且）天開

(1b) 雲破（但）天不開

觀察下列語句構成的推理：

(2a) 雲破天（就）開

(2b) 天沒開

(2c)（所以）雲未破

又：

(3a) 天開星（就）來

(3b) 星未來

(3c)（所以）天未開

然而，事實上天上之景堪稱「雲破（但）天不開」，否則會有秋日清晨那些燦爛的星光。是故，「雲破天開」在此應瞭解為上述的 (1a)，而非 (2a)。也因此「雲破天開」也可寫成「天開雲破」，可以「逆置」也。若解釋為 (2a) 則需另外處理。比如把「雲破天（就）開」等同為「天開（因）雲破」

等。日後著手寫《現代漢語邏輯》時，可以另闢一章討論漢語成語的邏輯。

1995 年 10 月 3 日（二）　　　有風有雨

　　晨早在床上已聽到風雨聲。昨夜顯然風雨大作。約 6:00 外出晨運察看。風風雨雨。地上飛「風」走「水」。站在樓群之後體操。有一度雨略小，走入公園。不過只在環園小徑上走了一段，風雨又大，折返。（後來才知道原來今晨 5:00 之後，香港才由 3 號「風球」改掛 8 號。如果我依慣例，四點左右外出，可能景象大為不同。）雖然 8 號風球，但仍到校。

1995 年 10 月 7 日（六）　　　曇，午後陽光普照，夜又（有）雲（將「雲」當動詞可好？不知可否創一上「月」下「雲」的新字，上「星」下「雲」呢？）

　　早晨，滿天柔柔軟軟的雲。（如果說是「綿軟軟的雲」或「軟綿綿的雲」又有何不同？）雲開處依舊是雲，薄薄細細的雲。不見半點星星。可是體操時，仰頭上望，驚見雙子、五車二和畢宿五（或參宿？）各自在雲縫中閃現。四、五顆星竟然一起在滿是雲花的不同狹縫中同時探頭！只是好景不常，不到一分鐘，又各自躲回雲衣裡。

1995 年 10 月 8 日（日）　　　晴

4:00 外出，一眼望見獵戶座，心喜。入公園，又見西天圓月正要下樓去。心驚又是一個月過去了。走上曬草灣山道，好久沒上來，眾星閃爍。山道盡頭向東南遠眺，南極老人星及其鄰近的星星歷歷在望。提起曬草灣想起語文俗化的事。先是第一次走上那山道，路牌上寫的是「茜發道」，英文註的是 "Sin Fat To"。把「茜」讀成 "Sin" 是正確的。（國語讀ㄑㄧㄢˋ。）可是就在該道左近處，有一所社區活動中心，中文標出的名字是「茜草灣社區中心」，英文名卻是 "Sai Tso Wan Community Centre"。把「茜」翻讀成 "Sai" 了！這一混亂大概來自某一自作聰明的小官員。他大約覺得「曬草灣」太俚俗，因此換成「茜草灣」。他不知茜草也非什麼高雅之物，何況該處所曬的到底是什麼草並沒有定數。更錯的是，改成「茜草灣」但卻想在口頭上從俗，仍然保持「曬草灣」，於是「茜」字就被他改教人讀成「曬」音，而且公然以英文標在大樓上 ("Sai")！

1995 年 10 月 9 日（一）　　晴，一早圓月高掛西天，圓月與輕雲的戲

不似昨日，一入公園，圓月已近高樓之巔，過後不久就「下樓」去了。（以往月亮下山，今日月亮下樓。）可是今晨的月，依舊在西天高掛。西南邊有雲，清月的光照得半邊的天空亮亮的，星星也就淡了許多。月亮處，時有雲彩相伴嬉戲。有時是淡淡的雲舖成大地平溪，一輪清月廣

原聞照。有時灰雲成烏，蒙起大部份的月，這時月兒反而顯得更加明亮，似乎有隻明亮的眼睛從烏紗的面罩之後，露出閃閃的眼光。

1995 年 10 月 11 日（三）　　陰／雲疾風，天涼，沒星沒月，有雲低懸

入公園心知雲上有月。偶爾上望，見有光暈處，是月也。沒露面，但你知我知，那是欲虧仍盈的你。黑暗中晨運靜思：人之可貴在於身體走在黑暗的世界，內心依舊點燃良心的光明。

1995 年 10 月 13 日（五）　　曇晨，幾絲雨

滿天沒有形狀的白雲。偶有雲縫，只見淺淺的青青的天。沒月沒星。但是，就在小徑漫步時，似有心動，似有心通，乍然抬頭，見半圓仍盈的月露臉片刻——只是片刻。又回歸一片滿天的白。

1995 年 10 月 16 日（一）　　晨，地上有水，昨夜雨

半邊仍好的月在雲間。偶見亮星突破雲層，遙遙比鄰輝映。

1995 年 10 月 17 日（一）　　晴，半月欲虧

晨早風急，站起都覺不穩。天氣好，半月當空，在小犬與雙子之間。原來半月在一日之間消瘦了。昨晨是「半邊仍好的月」，今日已成「半邊略虧的月」——已經隱隱見到月角的「鷹鉤」。月明而星稀（想起「月明星稀」句，又想起成語邏輯的事：「月明（又）星稀」、「月明（因而）星稀」……）。可是因為天氣好，只有薄薄淡雲。獵戶、大小犬、金牛、御夫，均好。連七姐妹都時時可見。看到今日的星陣，才知昨日前日從雲層中閃現的並非金牛的畢宿五，而是獵戶的參宿四（以及小犬的南河三）。走向公園盡頭，南邊有雲，見不到南極老人星，有點失望。不服氣，移步走向茜發道曬草灣山道，在球場建地之旁，南方的老人星光耀地面上方，清晰明亮。回頭見遙遠北極星，也隱約在高樓之巔。回程，沿路遙看老人星和天狼星——這一對全天最亮和次亮的星星。

1995 年 10 月 19 日（四）　（美國緬因州 Rockland 城，海濱小客棧）哈哈半月，亮星聚閃

晨 1:30 即醒，2:00 起身，閱讀旅遊小冊 *Mid-coast Maine, Gateway to Penobscot Bay*，發現此地內容豐富，值得深入察看。昨日在公路上見到歡迎的大招牌，上面寫著 "Welcome to Maine, The Way Life Should Be"，也許不無道理。4:00 剛過，輕聲啟門外出，木屋客棧上下樓梯時，地板都會發出沉沉的木響。一踏出門，見清明皎潔的哈哈月

低懸半空，獵戶座的銀光閃閃，北斗諸星歷歷在目，北極星升得比在香港為高，顯得更亮，南極老人星不見了，顯然沉落地平線下，可惜。這裡真是人間觀星的地方，不虛大清早開門外出一探。（相形之下，我平日晨運的公園顯得多麼蹩腳！）海濱清早天涼，但不算太冷，也許 5 ℃－8 ℃。下次旅行宜隨身攜帶溫度計。

1996 年 1 月 17 日（三）　　　晨陰轉多雲

　　病中未能外出晨運，算來已近十天，時光飛逝，令人感嘆。我未見星星，星星未見我；我不知那對老者是否依然前來晨運，他們也不知我發生了什麼事故。可是一早跨出高樓，就覺輕輕雨霧，雖非淋非灑，但卻在面上撲飛。公園的紅色小徑佈滿著水光雨影，輕輕的一層、薄薄的一層，就像去年的輕雨季節。走上去令人踩印上自己的足跡一樣。看自己踩踏的路，就像回憶自己走過的人生。在晨運時，仰頭看星看月時，偶爾我是倒著走的——像行星有時逆行一樣。今日在小徑上，有時是順行的腳印，有時是逆行的足跡，如果給蝸牛「觸見」，如果蝸牛中有科學家，他們要怎麼描述一個一個有時順行、有時逆走的腳印現象呢？他們的理論又是什麼呢？（我不是故意走來迷惑蝸牛。）小寒剛過，大寒未來，可是天氣似已日暖。雖然依舊會有冷風侵襲，可是許多人已準備好迎接春天到來。今天看見公園裡的一大片竹子給園丁削剪成矮矮的枝，光禿禿的排

站在那兒，像是剛完成的插枝。其他還有些可以剪枝的花
木，也遭同樣的處理。看這些給人削剪了枝葉的禿枝，覺
得清冷寒涼。當然那是為了讓它們春天裡活得更青綠、更
茂盛、更壯大。

1996 年 1 月 18 日（四）　　　晨，天上全是雲

　　清晨 4:30，低低的捲雲，像密密的綿羊的厚毛，也像
一堆堆的潔白的積雪。偶有雲開處，微微天色但無星光。
想起以往的觀察——雲外仍雲，只是較薄的雲。走在公園
小徑上，不時眺望滿佈濃雲的天，希望能在雲破處看到星
星的影子。走了兩大圈依然全無所獲，明知雲間無星，心
中有星足矣，可是仍然追尋仍然期待。也許再走一圈，再
走兩圈，終會在雲海變幻，天窗轉移下喜見星星露面。可
是我要回去抹地，桌上又有一堆學生作業、校稿、未完成
的書稿和文稿、公事等正在等著，只好開始回程。失望地
走，看看樹木花草有沒有被我忽略。這時，突然在「觀月
角」邊，在小小的雲破天開處，一顆亮星顯現。大角星，
一定是大角星！可是，在一兩秒間，又躲回重重的雲簾裡。

1996 年 1 月 23 日（二）　　　一早有風，感覺上又清冷
了

　　下樓，天色依舊是灰灰淡淡的白。抬頭，驚見一顆孤
星，心想一定是大角星。病後（病中？）算是今天最早到公

園，大約四點半，其他晨運的人都還沒有出現。仰望天上，孤星獨懸。公園四顧，沒有人跡。天上只有一顆孤星，地上只有一個人影，這時那星和那人就更加顯得形影對映，意氣相通。（「形影相印，靈氣相通」?）走在環園小徑上徘徊，頻頻上望，全天一片融化了的輕雲。遠處地面也似蒙著一層迷茫的煙。突然，在西南的樓角，瞥見淺淺的角宿一，浸沉在雲煙裡。轉頭極目尋找，果然五帝座一也隱隱在望。這個冬天清晨的大三角又在眼前浮現，也在心上連接。可惜角宿和五帝都像未睡醒的昏迷模樣，轉瞬間又蒙上雲花織成的薄被，閉眼沉睡了。在大地上，不知是不是也有一個人——也有兩個人——睜開眼想學大角星那人一樣早起，可是閃了一下明麗的眼睛，接著又躲回溫暖的被窩裡？

1996 年 1 月 27 日（六）　　雲，晨甚冷，又有風，大概 10 ℃左右

無星無月，灰白的雲，無形無狀。在清冷的公園裡，那兩排低低的椰子樹算是屹立安穩了，不再怕風吹雨打，天冷天熱。記得兩年前初種的時候，有的在風雨中折腰，有的在熱天裡枯乾。每隔一段日子，就見到有的只剩一條枯幹，有的折斷死亡。經過不斷再植再種，現在屹立園中大道兩旁的，雖然仍未長大成蔭，但是都已植根地下，不愁夭折。其中有的長得比較粗壯，有的長得比較細瘦；有

的高，有的矮；可是枝枝都能繼續成長，面對將來的季節天候的考驗。園丁不斷的照料看顧總算沒有白費。教育何嘗不是如此：今日的栽植，盼望明日的壯大成蔭。辛勞有價，人才是尊。在小徑上走過，突然驚起灌木裡的一隻大鳥。在深黑的清早，看不出牠的模樣。但卻猛然記起去年夏日的清早，公園樹枝上的清脆鳥語，隔著樹枝，彼此唱應。牠們唱聲有節奏，字字句句可聞可辨——我寫下了「早起知鳥音」的句子。也記得每年春日，一種大鳥不分晝夜苦苦長鳴。時光轉移，而今沉沉冬日，公園裡一片深鎖的寂靜。

1996 年 2 月 2 日（五）　　晨冷，薄薄的雲

像昨天清晨一樣，冷風撲人，只穿背心短褲晨運，起先也覺寒冷。可是等體操之後，暖了身體，疾風不再刺人。只要有意志，這樣的寒冷不會令人退縮。也像昨晨一樣，凝神注目，才尋找到星星。也像昨天一樣，天上仍有輕雲，只是薄而不顯——北極星就看不見。心想：在這季節，如果寒風才能吹散天上的濃雲，才能令人間看到星星，我們不妨迎接這樣的寒風。

1996 年 2 月 3 日（六）　　仍冷，有雲無星

不像昨天和前天，一早風急，吹散了天上的雲。今晨雖冷但無風，天上一團團的白雲，不濃不厚，但卻掩蓋著

整個的天。偶有疏淡處，也濾走天上的星光。閒步中耐心等待，頻頻抬頭，但見天上只是一片無聲無息的沉靜。久等不見星影，內心忽發奇想：或許像這個人間一樣，即使我只求一顆星星露臉注目，可是她也會勞累——可能昨晚挑燈夜讀，現在仍然沉沉甜睡。於是我不再頻頻注目天上，不再打擾星子。我繼續閒步，看看地面人間的景象。冷冽的大清早，公園的燈也像凝結了的光影。還沒有人跡。這麼冷的天，人們不再依從鬧鐘早起了，大家或許暫時將意志收藏——轉而聽憑感覺行事。環走小徑第二大圈時，因為不再頻頻抬頭盼望，眼光自然投向公園的草地和小叢灌木身上。突然，在不遠處，有個像是裝滿樹葉雜草的袋子斜置在暗黃的燈光下，就在修剪得矮矮的小灌木邊。這並不是罕見的現象，園丁經常將滿滿的枯草樹葉，一袋袋暫置路旁。可是等我快步走近，啊！幾乎嚇了一跳。出現在腳邊的竟是一個大男人，捲縮著身體，背向小徑，沉睡在矮短樹叢邊的草地上。他除了身上並不特別厚重的衣物外，全無遮蓋，就這樣露睡在黑黑暗暗、冰冰冷冷的雲天之下。他能挨過這樣的寒冷嗎？我要不要叫醒他呢？在這冰冷的早上，公園裡突然出現一隻白色的狗。牠迎面而來，但卻掉頭跟在我的後面走。我偶爾轉向逆行，見到牠一直跟隨，但全無敵意。想牠也許又冷又餓，試看能不能找到暫時的施主。只可惜我身邊沒有食物。只有不太膽小的人才好在大清早的冰冷的公園中，一人獨步閒走。這時忽然又想起蓋著雲織的棉被的那顆星星，也許連她也怕單獨早起。

1996 年 2 月 5 日（一）

　　一早雲塊滿天心想著昨晨的月，可是一跨入公園，滿天雲塊，間有雲縫，但透不出星光。圓月則不同，在西天裡吐露出她特有的光芒。她有時鑽破雲層，明亮清透；有時卻躲在雲後，光染雲邊。是不是因為她的光芒，於是遮住她的雲，看起來變得不是灰白，而是烏黑。月在雲後，黑裡透金，更覺奪目，也更加神祕。體操時仍不忘順勢抬頭，望向白茫茫的天空。突然，在有厚有薄的雲上，大角星居然鑽出雲外，睜大眼睛，閃示她的明麗。可是未等我細看，未等我高興，未轉眼就又消失在雲端裡。我來不及在腦海裡構思那一份感覺，來不及在內心中形成一個鮮明的概念。人生多少這樣的際遇，來不及定神細想，來不及細細品嘗，已經消失在宇宙時空的大流裡。

1996 年 2 月 6 日（二）

　　大清早，圓月當空，萬里無雲。經過多星期的灰白的沉悶，最近大清早的天空又漸入佳境。起先是幾天前的刺骨的寒風，吹散天上的濃雲，不過晨早的星星仍然深藏在雲花編織的被窩裡。前天晨早的圓月照亮西天，昨日又偏躲在雲塊之後，半露清光。今早則完全不同。一走出高樓、仰望群樓圍拱的天池，大角星晶瑩閃爍，心知公園上空定有星月交輝。一入公園，果然。明麗的月仍然沒有虧蝕，依舊像是昨晨前夜的圓。她正在獅子座下，以輕柔的光輝

浸洗著獅子頭上的幾顆亮星。西下的獅子給籠罩在月的光輝裡，更突顯了牠那懶散的睡態。倒是室女座的那顆明亮的角宿，今晨比以往更努力發亮，她那年輕的清白的光輝，直逼著這個季節中天最亮的牧夫座的大角星──他的光度雖然大過角宿，可是他發出的卻是老成的黃色的光。角宿顯然是遠較年輕的星星，遙對著成熟明亮的大角星，不停在閃亮，努力在發光。北望中天，大熊的北斗七星掛得好高，小熊的北極星也在高樓之巔閃現。再東望，織女也出現在天上的舞臺，她正等待著牛郎，要在日後春天的晨早開始他們留給人間的故事。在公園小徑邊的長廊內，有對情侶靜靜私語，捨不得離去。但願他們也能望一望西天的圓月和中天的亮星，將他們的心思和情懷投向天上，使開始於人間的感情更能在高遠處發揚，在深刻中著落。

1996 年 2 月 7 日（三）　　晨，天上全是浮雲，13-18°C

　　黑黑的晨早見天上全是雲，也就沒抱太多看星看月的希望。可是體操過後，仰望西天，有些光彩，不久，見仍圓的淡月從潔白的雲層中露出臉來，她跟雲花一樣的白，一樣的淡，一樣的清清淨淨，好像是冰雪中剛要解凍溶化的月。想起國畫裡的雪山月夜。要離開公園回家，再抬頭上望，中天的雲海之中開出一個小小的天池──很小很小的。可是就在那麼小的天池裡，室女的角宿浮現飄蕩，發出清麗的光。

1996 年 2 月 8 日（四）

涼而不冷晨早的天上一片完全沒有變化、沒有區別的灰白，好像誰為這廣闊的天球油上一層均勻的薄漆，鎖住天上所有的光芒。走在這麼無趣乏味的天下，人們卻以自己的心思和想像構彩出自己心靈世界的光華。不久，從人間的思情回到天上的寄望，卻見天空昏一帶、亮一帶，灰一片、白一片，多形多姿，互相交錯。啊，原來油在天上的是一層變色無定的漆。

1996 年 2 月 11 日（日）

晨涼大清早，滿天快速變化的雲團。鬆鬆軟軟的，輕輕飄飄的，潔潔白白的。不停在飄動，不斷在變形。高樓外，月兒變成略盈的半月，在雲間偶爾露出光潔的明亮。舉頭等待著中天那顆亮星，果然不負地上的人的願望，兩大團浮雲之間開出一大片的天，大角星——這全天第四大亮星就在那片天裡閃爍發亮。只有這麼一顆星，多麼孤獨，多麼靈氣，多麼神情。不久，高樓之外，也開出一片小天來。半月略盈，像是一隻要在天湖中啟航的肥肥胖胖的小船。可不是，就在離開不遠的地方，室女的角宿好像是一個孤單的的旅客，正要招船上路。她要渡過那天湖，飄到什麼地方呢？在小徑旁見到一隻被小朋友遺棄（遺忘？）的小猴子，又冷又髒。帶牠回家，為牠乾淨後，公告招領。

1996 年 2 月 13 日（二）　　　轉多雲

昨天聽說班上有同學大清早在校園看不到星星，心覺有異，準備日後選一次晨早，一次夜晚，帶領班上的學生認識天空裡那些神祕的星子。今早，特別注意天上，廣闊無邊，中天沒有雲跡，牧夫、室女、獅子、大熊諸星晶瑩閃亮。天高星麗，心曠神怡。只有西邊的天上，在室女之外，有一團雲跡。走在小徑上，看天色變化，西面的雲無聲無息地東移，不知不覺間席捲全天，像是潔白的棉花，一團團地佈滿天上。高樓外，群樓間的「一柱天」上，月兒清瘦多了。日昨那肥肥胖胖的小船，張起了盛載的雲帆。室女不見蹤跡，已經坐在船上，在雲海的浪花中揚帆前進。她要去哪裡呢？

1996 年 2 月 15 日（四）　　　暖，25–26°C

昨晨天空全是雲，天氣轉暖。今晨更暖，雲花如棉如雪，空隙處亦不見星星。可是天文曆說今日木星合月，所以眼見全是浮雲，內心甚感失望。繞走公園小徑一圈後，走向曬草灣道，看看那兒有沒有清瘦了的月——那揚帆待發的月兒船。果然，就在上山的彎路上，望見那扁扁亮亮，清清白白的船，好似揚掛起所有的船帆，船身變得彎彎淺淺，輕輕盈盈，像就要在飛雲之間，破浪乘風而起。它載著一顆美麗的星星，要去天涯雲海的彼岸。歸途，下山的路上，不時回望明麗的月兒輕舟，目送它在雲浪中前進。

1996 年 2 月 16 日（五）　　晨，無星無月，多雲潮濕

　　沒星沒月，好像月兒船已抵達天涯雲海的彼岸，船上的星子好嗎？

1996 年 2 月 17 日（六）

　　天上全是雲，香港如此，臺北如此，羅東、冬山也如此。

1996 年 2 月 18 日（日）　　除夕

　　帶著星圖回到老家。整天雨霧，不見星星。想起今年夏日在屋頂指看美麗的天蠍座的情景。

1996 年 2 月 21 日（三）　　年初三，有雨

　　冬山冷，臺北冷，香港也冷。一大早陰陰冷冷的細雨，困在樓下走廊晨運，為母親灑掃清潔。遙望雨霧低空，懷想星子閃亮的日子。

1996 年 2 月 22 日（四）　　晨冰冷，約 6–8°C，氣象報告 5–8°C

　　天上全像冰封似的，由凍結的雲所封鎖。自從彎彎的月兒船揚起雲做的帆破浪而去，自從室女乘雲遠行，天上

就沒有出現過星星和月亮。月前可愛的星子飛去雲天之外，海角之濱。

1996 年 2 月 24 日（六）　　微雨，甚冷，大清早仍冰冷

下樓，見一片水光，地濕。那輕輕微微細細柔柔的雨絲，眼看不見，只能用心感覺。乍然間心裡浮起一個句子：「地濕知雨落。」要怎樣接起下聯呢？「心動見情生」好呢？或是「心動憶情生」？「情動見心存」？「雲動盼天開」？「雲動盼星來」？盼星來。盼星歸。盼星回。不見幾天如隔三秋的星子，何時乘雲歸來？先前給修剪成禿頭短枝的竹子，竟在這幾天，這麼冰冷的天氣裡，吐出細細的枝來，更有竹筍衝天而起。也見杜鵑花在寒冷的雨天裡開始吐放。大自然的生命力啊，不像那縮頭縮尾的人間意志——像今晨，整個公園裡就不見半個早起前來晨運的過客。

1996 年 2 月 26 日（一）　　晨冷，有雨，天氣預報市區 12–15°C

大清早，高樓下空無人跡，一片寂靜。可是在滿地飄浮著水光的淺灘上。一滴滴的細雨濺起一圈圈的漪漣。在群樓長廊下晨運，隔著高籬望向深鎖的天空，全無生命氣息。可是籬外公園裡那片水光中的草木，卻好似暗藏多少玄機。這時靈竅一通，乍然明白。為什麼這些日子不見天

上的星子?! 原來天上的精靈已悄悄降臨，飄落在林園裡的
樹木和花叢上。天亮後，去尋找，看看哪一叢是室女座，
哪一朵是角宿一。想著天上人間的事：(1)也許眾星並不是
一起投胎人間。室女仍然在雲海的彼岸。(2)每一顆星星，
不論大小、光暗，不論德行如何，都能輪迴人間？(3)好像
不是每一朵春霧裡的花，全都充份表現天上的性靈。天使
會墮落，星子亦然。(4)有些人是天上星星的人間變體，他
們擁有天上星星的靈魂。他們的愛是天上的情。

1996 年 3 月 1 日（五）　　清早有亮星，白天有陽光

　完全不同的一天：新的星光，新的陽光，不同的心情。
昨日仍然一片雲霧，今日突然星光閃閃。原以為天上的靈
魂輪迴到大地的草木，因此不再多懷眺望星空的夢想，沒
料到晨早步入公園，即見大熊、小熊明亮高掛。牧夫、室
女也都在中天。細看之下，星星的明麗甚於幾個星期之前。
由大角星、角宿一和五帝星所構成的亮星三角，雖然略為
西斜，但仍安然無恙。最令人驚訝的是，當走到公園西門，
仰頭一望，啊，整個龐大的天蠍座竟然高高地豎立在那兒，
筆直地掛著半個天邊。星座的樣兒本來已經鮮明奇特，主
星心宿二更泛紅得溫柔可愛。久久沒有這麼多亮星可看，
因此在小徑上徘徊流連，不想離去——直到後來，天上起
了白雲，天幕一片片掛起。想著日前自以為天上的精靈已
降臨大地。原來大地上的叢叢花影只不過是天上顆顆亮星

的柏拉圖式的人間拷貝而已。（不過，人們仍然前往尋找花叢中的星星。）

本節日記原名〈星和月〉，主要記錄晨早觀星的印象和聯想。